Couvertures supérieure et inférieure
manquantes

L'ÉVOLUTION DIVINE

DU SPHINX AU CHRIST

Copyrigt by Perrin et Cie 1912.

ŒUVRES D'ÉDOUARD SCHURÉ

HISTOIRE DU DRAME MUSICAL. 7ᵉ édition. 1 volume in-16....... 3 fr. 50
LE DRAME MUSICAL. — RICHARD WAGNER, son œuvre et son idée. 8ᵉ édition, augmentée des *Souvenirs sur Richard Wagner*. 1 volume in-16.................. 3 fr. 50
SOUVENIRS SUR RICHARD WAGNER. — La première de *Tristan et Iseult*. Brochure in-16.................. 1 fr. »
LES GRANDS INITIÉS. — *Esquisse de l'histoire secrète des religions*. — Rama. — Krishna. — Hermès. — Moïse. — Orphée. — Pythagore. — Platon. — Jésus. — 24ᵉ édition. 1 fort volume in-16.................. 3 fr. 50
LA VIE MYSTIQUE. Poèmes. — Sur le Seuil. — La Muse d'Eleusis. — La Courtisane et le rischi. — L'épreuve du Pharaon. — Empédocle. 1 volume in-16.................. 3 fr. 50
LES GRANDES LÉGENDES DE FRANCE. — Les légendes de l'Alsace. — La Grande-Chartreuse. — Le mont Saint-Michel et son histoire. — Les légendes de la Bretagne et le génie celtique. 5ᵉ édition. 1 volume in-16.................. 3 fr. 50
SANCTUAIRES D'ORIENT. — Égypte, Grèce, Palestine. 3ᵉ édition. 1 volume in-16.................. 3 fr. 50
L'ANGE ET LA SPHINGE, roman. 1 volume in-16.................. 3 fr. 50
LE DOUBLE, roman. 1 volume in-16. *Epuisé*.................. 3 fr. 50
LA PRÊTRESSE D'ISIS. — Légende de Pompéi, roman, 4ᵉ édition. 1 volume in-16.................. 3 fr. 50
LE THÉATRE DE L'AME (1ʳᵉ série). — *Les Enfants de Lucifer*, drame en cinq actes, et *La Sœur gardienne*, drame en quatre actes. 1 volume in-16.................. 3 fr. 50
LE THÉATRE DE L'AME (2ᵉ série). — *La Roussalka* (drame moderne). — *L'Ange et la Sphinge* (légende dramatique). 1 vol. in-16.................. 3 fr. 50
LE THÉATRE DE L'AME (3ᵉ série). — *Léonard de Vinci*, précédé du *Rêve Eleusinien à Taormina*, drame en 5 actes. 1 volume in-16.................. 3 fr. 50
L'AME DES TEMPS NOUVEAUX, poèmes. 1 volume in-16.......... 3 fr. 50
PRÉCURSEURS ET RÉVOLTÉS. — Prélude au XIXᵉ siècle. — Les Souffrants. — Les Chercheurs d'avenir. — Prophètes et Voyants. 4ᵉ édition. 1 volume in-16.................. 3 fr. 50
FEMMES INSPIRATRICES ET POÈTES ANNONCIATEURS. — Mathilde Wesendonk. — Cosima Liszt. — Marguerite Albana-Mignaty. — Charles de Pomairols. — Madame Ackermann. — Louis Le Cardonnel. — Alexandre Saint-Yves. 3ᵉ édition. 1 volume in-16.................. 3 fr. 50
HISTOIRE DU LIED, ou *La Chanson populaire en Allemagne*. Nouvelle édition. 1 volume in-16.................. 3 fr. 50

ALBANA (MARGUERITE). — Le CORRÈGE, sa vie et son œuvre, précédé d'un essai biographique sur Marguerite Albana, par ÉDOUARD SCHURÉ. Nouvelle édition. 1 volume in-16 orné de deux portraits en héliogravure.................. 3 fr. 50
STEINER (RUDOLF). — LE MYSTÈRE CHRÉTIEN ET LES MYSTÈRES ANTIQUES, traduit de l'allemand et précédé d'une introduction par ÉDOUARD SCHURÉ, 1 volume in-16.................. 3 fr. 50

ÉDOUARD SCHURÉ

L'ÉVOLUTION DIVINE

DU SPHINX AU CHRIST

> Nous vivons du Divin, nous tous tant que nous sommes
> Au terrestre séjour comme au ciel radieux.
> Le souvenir des Dieux est le nectar des hommes;
> Le parfum de l'Amour est le nectar des Dieux.
> L'Ame des Temps Nouveaux.

PARIS
LIBRAIRIE ACADÉMIQUE
PERRIN ET Cⁱᵉ, LIBRAIRES-ÉDITEURS
35, QUAI DES GRANDS-AUGUSTINS, 35
1912

Tous droits de reproduction et de traduction réservés pour tous pays

Il a été imprimé 10 exemplaires numérotés sur papier de Hollande Van Gelder

PRÉFACE

AU DOCTEUR RUDOLF STEINER

Cher maitre et ami,

Ce livre, dont vous fûtes le généreux inspirateur, je ne pouvais le dédier qu'à vous. Il est indispensable, pour ceux qui le liront, qu'ils sachent pourquoi et comment je fus amené à l'écrire. Et quel meilleur moyen d'en faire comprendre l'idée-mère, que de montrer au grand jour la source de sagesse et de vie où j'ai si largement puisé ?

Dans une de vos récentes conférences, vous m'avez fait l'honneur de prononcer les paroles suivantes : « Le succès européen des *Grands Initiés*, d'Édouard Schuré, a été pour moi et mes amis le signe irrécusable que l'Occident était mûr pour l'ésotérisme chrétien et que l'heure était venue de le propager dans le grand public. » A l'époque où vous preniez cette décision, j'ignorais totalement votre existence. Aujourd'hui que j'ai le grand privilège de vous connaître, m'incombe le devoir et la joie de proclamer, à mon tour, ce que votre rencontre a été dans ma vie et quel pas immense elle a fait faire à ma pensée.

Pour cela, il me faut remonter un peu plus haut.

Écrit, il y a plus de vingt ans, dans des circonstances très spéciales et sous une puissante inspiration personnelle, mon livre sur les *Grands Initiés* a eu une destinée aussi singulière que son origine [1]. C'est le cas de dire : *Habent sua fata libelli.* Pour moi, j'y avais trouvé mon chemin de Damas, un éclat de lumière après de longues erreurs et de cruelles ténèbres. A mesure que j'écrivais ces pages ardentes, je découvrais un certain nombre de vérités que l'étude et la réflexion n'ont rendu que plus irréfutables à mes yeux. Les plus essentielles sont : la continuité de l'inspiration dans l'histoire, l'unité fondamentale des grandes religions et la révélation d'un monde divin à travers l'âme des grands prophètes de l'humanité, lorsqu'on sait pénétrer jusqu'à leur foyer incandescent, à travers le fatras des textes et des traditions. Car là, comme derrière un voile qui se déchire, fulgure, sous forme

---

1. J'ai raconté la genèse de ce livre dans une biographie de Marguerite Albana qui se trouve dans mon volume sur *les Femmes inspiratrices.*

d'idées-mères et d'images vivantes, la vérité centrale d'où le monde est sorti, avec tous ses rayons : religions, cultes, arts, sciences et civilisations. Le plus merveilleux est qu'en faisant cette découverte, nous sentons cette même vérité jaillir, des profondeurs de notre être, en gerbes d'étincelles.

J'avais mis en exergue de mon livre cette pensée : « L'âme est la clef de l'univers ». Après cette affirmation d'un spiritualisme transcendant, que pouvais-je attendre d'un âge qui met son orgueil à faire naître l'âme de la matière, sinon la défiance et l'hostilité ? Il y eut de brillantes exceptions parmi les esprits indépendants[1]. Mais d'un accord tacite, les organes officiels de l'Université et de l'Église observèrent à mon égard le plus parfait silence. Dans un grand journal ultramontain de Paris, après avoir signalé le livre sans en indiquer même lointainement le contenu, on se contentait de me dire que, si j'avais vraiment soif de la vérité, je la trouverais abondamment dans le sein de l'Église catholique. D'autre part, un excellent ami, protestant et libre penseur, vint me faire une visite de condoléance.

---

1. Il n'est que juste de rappeler, parmi beaucoup d'autres, les belles études de Philippe Gille dans *le Figaro* du 13 septembre 1893, de Henry Bérenger dans *la Revue Bleue* du 22 juillet 1898, de Jean Dornis dans *le Figaro* du 30 septembre 1907, de Ludwig Schemann dans les *Bayreuther Blaetter* de 1897, qui accompagnèrent les éditions successives de l'ouvrage, sans parler de nombreux articles parus en Italie, dont ceux d'Angelo De Gubernatis, d'Evelyn, d'Arnaldo Cervesato et de Franz Pellati dans *la Nuova Antologia* et ailleurs.

Il me déclara, avec une sincère tristesse, que j'avais commis un crime de lèse-critique et de lèse-science et qu'il attendait de moi, pour me le pardonner, un acte de bon sens et de contrition dans un nouveau volume. Un autre ami, savant distingué et membre de l'Académie des Inscriptions et Belles-Lettres, m'écrivit avec indignation que « je n'avais pas le droit de refaire l'histoire pour prouver des doctrines » comme si l'amas des faits et des documents signifiait quelque chose par lui-même et comme si chaque siècle ne refaisait pas l'histoire avec des idées nouvelles. — Cette mauvaise humeur était d'ailleurs conforme à l'inéluctable logique des choses. Il faut avouer que, si les idées émises dans ce livre étaient jamais adoptées par une élite dirigeante, les penseurs, les savants et les critiques auraient à refaire, de fond en comble, leur philosophie, leurs méthodes — et leur âme — toutes choses peu commodes. Ne nous étonnons pas si les représentants actuels de la philosophie, de la science et de la religion se barricadent dans leurs citadelles contre de telles nouveautés.

J'eus cependant de grandes compensations. Le nombre croissant, d'année en année, des éditions de l'ouvrage, la sympathie enthousiaste que lui témoignaient une partie de la jeunesse et beaucoup d'artistes, sa large diffusion en France comme à l'étranger, me disaient assez qu'il répondait à un besoin réel des âmes et qu'il portait en lui une force de vie. Nombre d'hommes et de femmes me répétèrent qu'au milieu de la sécheresse étouffante du temps présent ils avaient trouvé dans ces pages un réconfort, une source de foi, une raison de croire et d'agir. Ce fut ma plus belle récompense.

Si, dans mes *Grands Initiés*, j'étais remonté si impétueusement aux sources antiques de la Sagesse et de la Beauté, ç'avait été par désespoir de trouver, dans l'atmosphère du dix-neuvième siècle et chez aucun de nos soi-disant sages, une assise solide pour la vie et ce souffle divin dont le poète a besoin pour croire à son idéal. Du sommet que j'avais atteint par un immense effort, je revins aux régions qui m'étaient chères. Pendant les années qui suivirent, je m'efforçai d'appliquer à notre légende française, à la poésie, au roman, au drame et à l'esthétique, les découvertes précieuses que j'avais faites et qui m'ouvraient maintenant leurs perspectives infinies[1]. Mais on ne boit pas impunément à la source des Mystères qui dessille les yeux de l'esprit. Derrière chaque arcane dévoilé s'en cache un autre, et on voudrait pénétrer jusqu'à la cause dernière. Avec la lumière nouvelle, qui éclaire une plus vaste périphérie des choses, de nouveaux problèmes se présentent et les plus poignants sont toujours ceux qui con-

---

1. C'est pendant ces années (de 1890 à 1906) que parurent successivement *les Grandes Légendes de France*, *la Vie Mystique*, *l'Ange et la Sphinge*, *le Double*, trois volumes du *Théâtre de l'Ame*, *Précurseurs et Révoltés*, *Femmes inspiratrices*, *la Prêtresse d'Isis*, *l'Ame des Temps Nouveaux*, etc.

cernent le temps présent. Au milieu de mes travaux passionnants, deux inquiétudes revenaient souvent me hanter.

La première se rapportait au problème philosophique tel qu'il se pose pour la science et le public d'aujourd'hui. Tous ceux qui ont une connaissance même superficielle des idées ésotériques sont frappés de voir par combien de chemins divers la science actuelle s'en rapproche. La paléontologie, l'histoire, la biologie, la psychologie expérimentale et jusqu'aux récentes hypothèses des physiciens et des chimistes sur les transformations et l'essence de la matière, qui rejoignent les plus audacieuses conceptions de l'alchimie ; toutes ces pointes hardies vers l'inconnu sont autant de portes ouvertes sur un nouveau monde spirituel. En vérité, la science contemporaine est au bord de l'Invisible et souvent elle nage en plein occultisme sans s'en douter.

D'autre part, comment nier que les esprits les plus avertis n'aperçoivent pas le centre lumineux où convergent tous ces chemins ? Comment percer l'épaisse muraille qui les en sépare ?

La seconde de mes préoccupations portait sur le mouvement occultiste contemporain et particulièrement sur la Société Théosophique.

Dans mes *Grands Initiés*, j'avais tenu compte et rendu justice au mouvement de la théosophie néo-bouddhiste, qui nous a révélé, quoique parfois sous une forme un peu trouble, l'existence actuelle de l'ésotérisme en Inde et qui a joué un grand rôle dans cette renaissance spiritualiste que personne ne nie plus aujourd'hui. Mais, tout en reconnaissant l'importance capitale de ce mouvement et la profondeur de la sagesse indoue, je m'en séparais, par ce livre même, sur un point essentiel. Dans les ouvrages de Mme Blavatsky et de ses disciples, notamment dans ceux de Mme Annie Besant[1], l'illustre et distinguée présidente actuelle de la Société Théosophique, il y a une tendance visible à diminuer l'importance du christianisme et de la personne du Christ dans l'histoire. On parle beaucoup de « christianisme ésotérique », mais de la façon la plus vague et la plus ambiguë. Si on ne nie pas ouvertement l'existence de Jésus de Nazareth, on donne à entendre confidentiellement qu'elle est douteuse, mythique et d'ailleurs superflue. On voile, on dilue, on efface le Christ historique, dont les rayons éclatants remplissent deux mille ans d'histoire, pour lui substituer je ne sais quel fantôme d'un Christ futur, dont on annonce la prochaine incarnation, dont on prépare savamment la venue et qui serait alors un produit subtil et un docile instrument de la sagesse indoue, seule détentrice de l'ésotérisme universel...

A l'encontre de cette théorie, conçue par l'esprit exclusivement indou, j'affirmais hautement

---

1. Les plus remarquables sont une auto-biographie et ses deux beaux volumes sur *la Sagesse antique*, écrits à une époque où elle ne subissait encore aucune influence étrangère.

dans mes *Grands Initiés* la réalité historique de Jésus comme l'aboutissant nécessaire de toute la sagesse orientale. Il m'apparaissait comme le prophète de l'Occident, et j'appelais ce centre et ce pivot de l'histoire « le plus grand des fils de Dieu ». Je laissais entrevoir ensuite dans l'ésotérisme helléno-chrétien des premiers siècles un prélude à cette synthèse de la Religion, de la Science et de l'Art, qui est le problème d'aujourd'hui et la tâche de demain.

Si je conservais une haute vénération pour la sagesse indoue, à laquelle nous devons tant de lumières sur le passé, ce n'est donc pas d'elle que j'attendais le mot de l'avenir. Préoccupé de voir renaître parmi nous l'ésotérisme sous une forme occidentale et conforme à nos traditions, je sentis germer en moi le dessein de donner une suite aux *Grands Initiés* et d'écrire une sorte d'histoire des doctrines occultes depuis le Christ jusqu'à nos jours. Je me disais : l'ésotérisme chrétien a toujours existé derrière la façade impassible de l'Église et derrière le théâtre tumultueux de l'histoire, comme la lutte sourde des âmes existe derrière les conflits extérieurs, comme les courants profonds de l'Océan roulent sous le jeu des vagues. Il a existé chez les Gnostiques et chez les Manichéens, chez les moines hibernais, comme chez les premiers chevaliers de la Table Ronde et dans l'ordre du Saint-Graal, chez les Katharres, les Albigeois, les Templiers et les Rosecroix, comme chez les fondateurs de l'Académie platonicienne de Florence. On devine aisément que de ces impulsions profondes naquirent les grands mouvements de l'histoire, tels que la conversion des peuples du Nord au christianisme, les Croisades, l'art du moyen âge, la Renaissance et la Science moderne elle-même. Mais où trouver l'origine et les liens secrets de toutes ces manifestations, alors que l'Église et les pouvoirs séculiers ont partout effacé leurs traces et détruit leurs archives ? Et j'ajoutais encore : le temps actuel, avec son développement scientifique et industriel, ses analyses de la matière et son emprise sur le monde extérieur, sa connaissance de l'univers physique et son sens de l'évolution, a besoin d'une synthèse spirituelle autrement large et autrement puissante que toutes celles du passé. Si l'ésotérisme occidental existe, comme j'en ai la conviction, il doit avoir ses représentants et son apôtre. Je ne le verrai pas sans doute, mais cet apôtre viendra... Il viendra comme une réponse nécessaire au cri qui sort des entrailles du vingtième siècle ! — C'est alors que j'eus le bonheur de faire votre connaissance.

Je n'oublierai jamais le moment où une amie commune, votre éminente collaboratrice, Mlle Marie de Sivers, vous amena chez moi. C'était en avril 1906. Au risque de faire sourire les personnes qui n'ont jamais connu de telles impressions, je dois confesser qu'en vous voyant entrer dans mon cabinet d'étude j'éprouvai une des plus profondes commotions de ma vie.

Je n'en ai reçu que deux autres pareilles, à ma première rencontre avec Richard Wagner et en face de la femme à qui j'ai dédié mes *Grands Initiés*.

Il semble alors, qu'en l'espace d'une seconde et d'un seul regard, on découvre tout un monde. Pour prouver au lecteur que je ne suis pas le seul sur lequel votre personnalité a produit un si extraordinaire effet, je citerai ici le témoignage d'un homme qui n'est pas théosophe et qu'on pourrait appeler le plus pénétrant et le plus compréhensif des intellectuels. Je veux parler du comte M. Prozor, le distingué traducteur et interprète d'Ibsen en France. Voici ce qu'il disait de vous, il y a deux mois : « Rarement on a vu créature humaine réaliser à tel point, par l'intense rayonnement du regard, par l'expressive mobilité des traits, par la souplesse du corps et des mouvements, le type de l'être sensitif, capable de passer en un instant de la méditation à l'élan, de l'émotion à l'énergie et possédant, en outre, on le voit à son front puissant et à son développement cranien qui frappe à première vue, le pouvoir de soumettre en soi l'impulsion et la fantaisie à cette forte discipline qui, des mouvements de l'âme, fait sortir l'œuvre d'art[1]. »

---

[1]. Article du comte Prozor sur « Un Mystère rosicrucien » par R. Steiner, dans le Bulletin de *l'Œuvre* de Lugné-Poe, décembre 1911.

Ce qui me frappa tout d'abord dans ce visage émacié et labouré par la pensée, ce fut la sérénité parfaite, qui avait succédé aux luttes formidables dont cette physionomie portait encore la trace. Il y avait là un mélange unique d'extrême sensibilité et d'extrême énergie, indiquant la plus entière possession de soi. Magnifique victoire de la volonté sur une nature capable de tout comprendre et de tout sentir. La candeur de l'enfant retrouvée dans la force du sage, voilà ce que disait le sourire de cette bouche aux lèvres minces et serrées. Et puis, il sortait de cet œil noir un rayon de lumière qui semblait vraiment percer les voiles les plus épais et lire dans l'invisible. Un être moral et intellectuel complètement cristallisé autour d'un centre spirituel d'une limpidité radieuse — voilà le spectacle surprenant que vous me donniez.

Nos conversations intimes, l'audition d'une série de vos conférences d'une étonnante richesse d'idées et la lecture de votre ouvrage capital, *la Science occulte*[1], vinrent confirmer d'une manière éclatante cette impression première.

A une intuition souveraine, à une clairvoyance exceptionnelle, vous joignez une haute culture scientifique et philosophique. Elle vous permet de contrôler et d'équilibrer vos perceptions les plus diverses et d'en construire un tout homogène. La parfaite cohésion de vos idées, qui se soutiennent

---

1. *Die Geheimwissenschaft* (Altmann, Leipzig). Une traduction française de cet ouvrage va paraître sous peu.

réciproquement et dont l'ensemble se rattache à un centre commun, est la contre-épreuve de leur justesse. Si une voyance supérieure vous fournit vos plus hautes connaissances, vous ne les admettez qu'après les avoir fait passer par un crible sévère et les avoir classées à leur rang dans la hiérarchie des phénomènes, sous la grande loi de la causalité et des analogies universelles. Ce n'est pas à une soumission aveugle et au bégaiement d'un catéchisme appris par cœur que vous incitez vos disciples, mais à l'initiative et à l'indépendance la plus absolue, quand vous leur répétez : « Si votre expérience et votre raison ne confirment pas ce que je vous dis, ne me croyez pas ! »

Vous m'apportiez ainsi la lumière désirée. Dans votre enseignement, l'ésotérisme chrétien se déployait devant moi avec toute son envergure et plus vaste encore que je ne l'avais cru. Car, tel que vous le présentiez, je le voyais capable d'embrasser, d'éclairer et d'élargir toutes les autres traditions.

Cet accomplissement inespéré d'un de mes rêves les plus hardis me ramenait à mon ancien projet d'esquisser une histoire de l'ésotérisme chrétien.

Mais combien, grâce à vous, l'horizon s'était agrandi ! En arrière comme en avant du Christ, s'ouvraient des avenues sans bornes. Mais, dans cet infini, vous projetez une lumière intense sur deux énigmes poignantes, qui préoccupent à juste titre la pensée moderne. L'impossibilité de les résoudre, par les méthodes ordinaires d'investigation, est devenue, pour une multitude d'esprits, la pierre d'achoppement de toute conception spirituelle de la vie et de toute foi religieuse. La première de ces questions touche à la cosmogonie : c'est celle de l'origine de l'humanité ; la seconde, qui concerne la théogonie, est celle de la nature du Christ. En somme, notre destinée éternelle dépend de ces deux problèmes. Regardez-y de près : si nous ne sommes pas les fils légitimes des Dieux, quelle raison aurions-nous de le devenir et que signifie ce vain mot d'immortalité ? Et si le Christ n'est pas un Dieu dans toute la force du terme, comment serait-il le Sauveur de l'humanité ? Dans votre pensée ces deux questions se résolvent par une vue d'ensemble de l'évolution planétaire, éclairée, d'un côté, par la science moderne, de l'autre, par les plus vieilles traditions religieuses, reflets de la voyance et de la sagesse primordiales. Le christianisme vraiment catholique, c'est-à-dire vraiment universel, se révèle ici dans toute sa profondeur en s'élargissant à la source des choses.

Le problème se posant sous cette forme poignante, l'essentiel n'était plus d'écrire une histoire de l'ésotérisme chrétien, mais de montrer comment le phénomène du Christ se rattache à l'énigme de toute l'évolution terrestre et aux arcanes de notre système solaire. Il fallait refaire le chemin des Grands Initiés, par un plus vaste circuit et en remontant bien plus haut. Avec ce nouveau point de vue, l'horizon et l'espace s'élargissaient formidablement, comme si, du haut d'une tour, on s'élevait en aéroplane pour parcourir un continent et franchir plusieurs mers. Dans *les Grands Initiés*, je cherchais à percevoir le monde divin à travers la conscience des grands prophètes de l'humanité, comme on regarde les étoiles du haut d'un phare. Maintenant je faisais l'inverse. J'aspirais à voir la terre du point de vue des astres, ou, pour mieux dire, à contempler l'évolution humaine à travers l'action des puissances cosmiques, dont vous m'avez fait comprendre la grandiose hiérarchie et le fonctionnement grandiose.

De là cette conception de l'*Évolution divine*, dont j'offre aujourd'hui à mes lecteurs la première partie : *Du Sphinx au Christ*, sans savoir si j'écrirai jamais la seconde : *Du Christ à Lucifer*.

Ah, certes je m'en doutais... dans une telle entreprise, que de bordées aventureuses et quelles immenses lacunes! Que de vertigineuses ascensions et que de précipices! J'ai dû franchir à tire-d'aile plus de gouffres effrayants que je n'ai pu toucher de cimes, et traverser plus de déserts arides que de vallons fleuris. Atteindre le but, quoique battu des vents et froissé par la tourmente, était mon seul désir... Au milieu des angoisses du périlleux voyage, un espoir me restait. Je l'exprime avec la reconnaissance infinie que je vous garde. Dans les fresques mouvantes, dans les panoramas sonores, que votre parole magique a fait naître en moi, puissiez-vous reconnaître les grandes lignes de la Vérité, qui resplendit, éblouissante, sous vos yeux !

Une puissance plus grande que tous les scrupules, une voix plus impérieuse que toutes les craintes m'a forcé d'écrire ce livre. Peut-être servira-t-il de signe de ralliement à tous ceux qui, sentant la gravité de l'heure présente, sont résolus à marcher vers l'avenir sous la bannière de l'*ésotérisme helléno-chrétien*.

Février 1912.

E. S.

LIVRE PREMIER

L'ÉVOLUTION PLANÉTAIRE ET L'ORIGINE DE L'HOMME

> Les Dieux pensent tout autrement que les hommes. Les pensées des hommes sont des images ; les pensées des Dieux sont des êtres vivants.
>
> Rudolf Steiner.

CHAPITRE PREMIER

L'ÉNIGME DU SPHINX ET LA SAGESSE PRIMORDIALE

Toute sagesse a pour but de résoudre l'énigme de l'homme, dernier terme de l'évolution planétaire. Cette énigme renferme celle du monde. Car le petit univers de l'homme, ou le *microcosme*, est le miroir et la synthèse minuscule du grand univers ou du *macrocosme*. Constitués par les mêmes principes, ils sont l'un et l'autre des expressions diverses mais concordantes de l'invisible Créateur, visible dans ses œuvres, de l'Esprit souverain que nous nommons Dieu.

Or, aucun symbole n'exprime plus éloquemment l'énigme entrelacée de la Nature et de l'Homme que le Sphinx antique de l'Égypte immémoriale. C'est à déchiffrer son sens que se mesurent la pensée humaine, les peuples et les religions.

Depuis environ dix mille ans, c'est-à-dire depuis l'origine des premières civilisations d'Afrique et d'Asie antérieures à nos civilisations européennes, le Sphinx colossal de Gisèh, taillé dans le roc et couché dans le sable fauve du désert, propose à chaque passant le problème redoutable. Car un langage surhumain, plus impressif que celui de toutes les langues parlées, sort de sa forme muette et de son front hautain : « — Regarde-moi, dit-il, je suis le Sphinx-Nature. Ange, aigle, lion et taureau, j'ai la face auguste d'un Dieu et le corps d'une bête ailée et rugissante. Tu n'as ni ma croupe, ni mes griffes, ni mes ailes, mais ton buste est pareil au mien. Qui es-tu ? D'où viens-tu ? Où vas-tu ? Es-tu sorti du limon de la terre ou descends-tu du disque étincelant de ce glorieux soleil qui surgit là-bas de la chaîne arabique ? Moi *je suis, je vois, je sais* depuis toujours. Car je suis un des Archétypes éternels qui vivent dans la lumière incréée... mais... il m'est défendu de parler autrement que par ma présence. Quant à toi, homme éphémère, voyageur obscur, ombre qui passe, cherche — et devine, sinon — désespère ! »

A la question lancinante, à l'impérieux commandement de la bête ailée, les mythologies, les religions, les philosophies ont répondu sous mille formes au cours de l'histoire. Elles ont apaisé sans l'assouvir cette soif de vérité qui brûle au cœur de l'homme. Malgré la diversité des dogmes et des rites, elles s'accordent toutes sur un point essentiel. Par leurs cultes, leurs symboles, leurs sacrifices, leurs disciplines, leurs promesses, ces guides spirituels n'ont cessé de dire à l'homme : « Tu viens d'un monde divin et tu peux y retourner si tu veux. Il y a en toi quelque chose d'éphémère et quelque chose d'éternel. Ne te sers du premier que pour développer le second. »

Depuis l'avènement du christianisme, qui promit la vérité aux plus humbles et fit frémir d'espérance l'humanité entière, la légende du paradis perdu, par la faute du premier homme, et du salut rendu à l'humanité dégénérée par le sacrifice d'un dieu, a bercé les âmes pendant près de deux mille ans. Mais le populaire et suggestif récit ne satisfait plus, dans sa forme enfantine, l'homme adulte devenu maître des forces de la nature, cet homme qui veut pénétrer tous les mystères par sa raison, et qui, pareil à l'incrédule Thomas, ne croit plus qu'à ce qu'il touche.

Et voici que l'homme d'aujourd'hui s'est placé devant le Sphinx antique, dont la question toujours répétée irrite et trouble malgré lui le fouilleur intrépide. Las enfin il s'écrie : « O Sphinx éternel, sotte et vaine est ta vieille question. Il n'est point de Dieu. Dût-il exister quelque part dans une région inaccessible à mes sens, je n'en veux rien savoir et saurai m'en passer. Les Dieux sont morts. Il n'y a point d'Absolu, ni de Dieu suprême, ni de cause première. Il n'y a qu'un torrent continu de phénomènes, qui se suivent comme les flots et roulent dans le cercle fatal de l'univers. O Sphinx décevant, tourment des sages, épouvantail des foules, je ne te crains plus. Peu m'importe, par quel hasard je suis sorti de tes flancs, mais puisque je suis né, j'échappe à tes griffes, car je m'appelle Volonté, Raison, Analyse, et tout s'incline devant mon pouvoir. Puisqu'il en est ainsi, je suis ton maître et tu deviens inutile. Vain simulacre du passé, dernier fantôme des Dieux évanouis, disparais dans le sable et laisse-moi la terre, où je vais enfin répandre la liberté et le bonheur. »

Ainsi parle l'homme nouveau, le *surhomme* d'une science qui n'est que la science de la matière. Le Sphinx incompris de l'humanité actuelle, le Sphinx qui a perdu son auréole, son disque d'or du temps des Pharaons, symbole du soleil ailé et son pouvoir de faire parler les Dieux à travers l'âme humaine dans le silence des temples, le Sphinx, qui s'effrite au désert, se tait. Et le surhomme triomphant se regarde au miroir de sa science.

Alors il recule effrayé. Car il s'y voit lui-même sous l'image d'un gorille, dont le corps velu et la face de prognate lui crie en ricanant : « Voici ton ancêtre... Salue ton nouveau Dieu ! » A cette vue, le surhomme a beau se raidir dans son orgueil, il frémit d'horreur, il se sent humilié par sa science implacable. Et, dans les profondeurs de sa conscience, il entend une voix qui lui semble celle du Sphinx lointain, car elle est subtile comme une onde aérienne et harmonieuse comme le murmure qui sort de la statue de Memnon, au premier rayon du soleil : « Homme insensé, dit-elle, qui crois des cendre du gorille, tu mériterais de n'en pas remonter. Sache que ton plus grand crime est d'avoir tué Dieu ! »

Tel est l'état d'esprit que la science sans l'âme, la science sans Dieu a créé dans l'humanité. De là les deux doctrines de l'agnosticisme et du matérialisme, qui gouvernent souverainement la mentalité contemporaine. L'agnosticisme dit : « *Ignorabimus*, nous ne saurons jamais le fond des choses. Cessons donc de nous en occuper. » Le second dit : « Il n'y a que la matière et l'instinct. Tirons-en le meilleur parti possible. » Le résultat de ces deux doctrines est le même : Fatalisme en histoire et en philosophie, réalisme en art, suppression du sentiment religieux et de l'idée divine. On croit affranchir l'homme en le libérant de Dieu et on en fait l'esclave de la matière. En décapitant l'univers, on décapite la personne humaine. Il va sans dire que je ne confonds pas ici la science elle-même, admirable dans son œuvre d'observation et de classification, avec ses vulgarisateurs fanatiques, les théoriciens de l'agnosticisme et du matérialisme. Ce sont eux qui jettent sur la pensée un voile noir à travers lequel le monde apparaît comme un cimetière.

Ils sont légion, depuis longtemps, ceux qui se révoltent contre ce voile, dont les plis innombrables cachent l'univers vivant et ligottent la pensée. Mais où trouver le glaive de lumière qui le déchire ?

Les uns ont recours aux vieilles métaphysiques, mais leurs concepts abstraits, sans prise sur la nature vivante, ne fournissent que des armes émoussées. Les autres se résignent à la *philosophie des cloisons étanches*, qui met la science dans un compartiment et la morale religieuse dans l'autre, philosophie qui conduit à l'impuissance radicale, car elle coupe l'homme en deux. D'autres encore reprennent, sans les comprendre, les dogmes de l'Église et cherchent une consolation dans ses rites, dont la magie évocatrice s'est perdue avec son sens sublime. Ces rites peuvent encore endormir l'inquiétude mais non donner la vérité.

Où est le glaive de lumière, qui perce à la fois les ténèbres de l'Ame et les abîmes de la Nature pour y retrouver Dieu ? La science qui tue est-elle maîtresse du monde ? La sagesse qui donne la vie n'est-elle qu'un vain mot ? Beaucoup le disent, presque tous le croient.

*
* *

Et pourtant... il y a une sagesse primordiale, transcendante, éternelle, en qui réside la plénitude de la connaissance. Jadis elle coulait à pleins bords, comme le Gange qui tombe des neiges de l'Himalaya. Aujourd'hui, à peine semble-t-elle un mince filet d'eau glissant sur un lit de cailloux, mais jamais elle n'a tari complètement. Cette sagesse procède d'autres facultés que celle dont use la science d'à présent. L'intuition n'en est qu'une vive lueur et la première étape. Elle se nomme Voyance, Contemplation du Divin, Communion vivante avec l'Éternel. Cette sagesse vient de la lumière intérieure qui s'allume dans l'homme à un certain point de son développement. Elle pénètre à travers le monde astral, laboratoire des forces créatrices, jusqu'au monde spirituel, origine des choses. Obscures et imparfaites sont les traductions que le langage et l'art humain nous donnent de cette sagesse, mais pure et radieuse en est la source. Car elle jaillit sous l'influx direct des puissances spirituelles qui ont créé le monde. Non seulement les sages primitifs perçurent ces puissances, mais ils contemplèrent intérieurement les grands mystères de la Création, je veux dire les aspects successifs que revêtit le système solaire avant la formation de la terre. Ils les contemplèrent dans les clichés vivaces qui flottent dans la lumière astrale pour l'œil de l'esprit pur, et ils donnèrent aux planètes les mêmes noms qu'aux forces cosmiques qui les modelèrent.

C'est pourquoi les planètes devinrent des Dieux dans la mythologie[1].

Les grands occultistes et les grands mystiques du seizième et du dix-septième siècles possédèrent quelques rayons de cette sagesse primordiale qui fut une voyance sublime. Henri Kunrath essaye de la condenser dans son pantacle qu'il appelle *Teatrum sapientiæ aeternæ*, Jacob Bochm s'en rapproche en visionnaire dans son *Aurore*. Paracelse l'étudie dans son traité sur l'*Astronomia magna*. Leibnitz l'a pressentie en la nommant *perennis quædam philosophia*. Le grand théosophe actuel Rudolf Steiner

---

[1]. Les grands astronomes du seizième et du dix-septième siècles, les Copernic, les Galilée, les Kepler, qui formulèrent les lois de la mécanique céleste et nous ouvrirent les profondeurs de l'espace, eurent des astres une idée très voisine de celle des mages de Chaldée et des prêtres d'Égypte.

C'était un *dynamisme* hiérarchique, un *animisme* universel, mais différencié et gradué. Car pour eux les astres et le ciel, quoique gouvernés par des lois mathématiques, étaient vivants. Ils ne les regardaient pas seulement avec la froide intelligence mais avec l'âme tout entière. Aussi, dans les astres ils sentaient les Dieux et, dans le Kosmos l'Esprit créateur. Ecoutez plutôt ce passage de Képler : « Toute la création constitue une symphonie merveilleuse, dans l'ordre des idées et de l'esprit comme dans celui des êtres matériels. Tout se tient et s'enchaîne par des rapports mutuels indissolubles ; tout forme un ensemble harmonieux. En Dieu, même harmonie, une harmonie suprême : car Dieu nous a créés à son image et nous a donné l'idée et le sentiment de l'harmonie. Tout ce qui existe est vivant et animé, parce que tout est suivi et lié ; point d'astre qui ne soit un animal, qui n'ait une âme. L'âme des astres est cause de leurs mouvements et de la sympathie qui unit les astres entre eux ; elle explique la régularité des phénomènes naturels. » — KEPLER, *Harmonices Mundi* (1619), traduction de Bartholmèss dans le Dictionnaire philosophique de Frank.

l'appelle *Urweltweisheit*, mot intraduisible que rend à peine cette périphrase : *Sagesse de la source des mondes* [1].

---

[1] « Ce que l'homme acquiert comme inspiration et comme voyance n'est qu'un reflet des puissances spirituelles qui ont créé le monde. L'horloger a l'idée de l'horloge et la construit d'après son plan. L'horloge faite, on peut, en démontant l'appareil, retrouver l'idée qui a présidé à sa construction. Telle la situation de l'homme vis-à-vis de la sagesse divine et créatrice. Avant que notre monde fût né, cette sagesse existait; c'était le plan du monde. Cette sagesse fut plus tard communiquée à l'homme. Ce sont les idées exprimées par les Dieux. » RUDOLF STEINER (Notes prises aux conférences d'avril 1909).

CHAPITRE II

LE FEU-PRINCIPE ET LA HIÉRARCHIE DES PUISSANCES

Le centre de l'ancienne science occulte, formulée pour la première fois par les richis de l'Inde, était la doctrine du Feu-Principe, étoffe de l'Univers et instrument des Dieux.

Agni, le Feu caché en toute chose, le Feu originaire et invisible, dont la fumée, la flamme et la lumière ne sont que les manifestations extérieures, Agni, le Feu créateur, est vraiment l'agent universel et la substance des choses. Car, d'une part, le Feu est la forme élémentale de la matière ; de l'autre, il est le vêtement et en quelque sorte le corps des Dieux, le médium par lequel ils agissent sur le monde. Route brûlante, par où l'Esprit descend dans la matière ; sentier lumineux, par où la matière remonte à l'Esprit.

Cette vieille doctrine du Feu-Principe qui remplit et illumine de sa poésie divinatrice les Védas, se retrouve plus tard formulée d'une manière scientifique chez le plus grand des philosophes grecs de l'école ionienne, chez Héraclite d'Ephèse. Héraclite voyait dans le Feu le principe de l'univers visible. « Le feu est l'élément générateur et c'est de ses transformations, soit qu'il se raréfie, soit qu'il se condense, que naissent toutes choses. Le feu en se condensant devient vapeur ; cette vapeur en prenant de la consistance devient eau ; l'eau par l'effet d'une nouvelle condensation devient terre. Voilà ce qu'Héraclite appelle *le mouvement de haut en bas*. — Inversement, la terre, en se raréfiant, se change en eau, de laquelle vient à peu près tout le reste, par le moyen d'une évaporation qui s'opère à sa surface. Et c'est ici *le mouvement de bas en haut*. Ajoutons que le feu n'est pas seulement le principe vivificateur, mais encore le principe destructeur. L'univers a été produit par le feu, et c'est par le feu qu'il doit se dissoudre [1].

1. Résumé de la philosophie d'Héraclite d'après les fragments que nous en possédons. Voir RITTER, *Histoire de la philosophie ionienne*. — Il est intéressant de rapprocher de la vieille idée d'Héraclite, d'après laquelle tout le monde visible est sorti du Feu, c'est-à-dire de *la Chaleur*, les découvertes de la plus moderne astronomie dues à la spectroscopie des étoiles. Voici ce qu'on lit dans le remarquable article de M. Ch. Nordmann sur *les Métamorphoses des étoiles et leur Température* (Revue des Deux Mondes du 1ᵉʳ juin 1910). « Les différences essentielles qui existent entre les divers types d'étoiles, au point de vue de leur composition chimique, sont dues aux températures différentes qui y règnent. Quand la température s'élève, les atomes des éléments chimiques caractérisés, par leurs raies spectrales ordinaires, se disloquent pour donner lieu à des formes plus simples caractérisées par les « raies renforcées » et que Lockyer appelle des « proto-éléments ». Ces proto-éléments, lorsque la température s'élève encore, se dissocient eux-mêmes pour former d'autres éléments de plus en plus légers et simples, et aboutir finalement à la transmutation de tous les autres corps en hydrogène et en hélium. Les étoiles d'Orion seraient donc les plus chaudes du ciel ; et la simplicité plus ou moins grande des spectres stellaires ainsi que l'importance qu'y ont les raies

Disons tout de suite que, dans ces deux mouvements de haut en bas et de bas en haut et dans ces deux phénomènes de condensation et de raréfaction, se résume toute la cosmogonie de notre système planétaire. Car ils accompagnent la descente de l'Esprit dans la matière et la remontée de la matière vers l'Esprit. — Ajoutons qu'Héraclite déposa son livre sur le Feu-Principe dans le Temple de Diane à Éphèse, voulant marquer par là qu'il tenait sa science de l'initiation et des Dieux, c'est-à-dire de l'inspiration, et non pas seulement de la réflexion et de la raison. A cette époque, la philosophie était surtout intuitive et synthétique. Elle ne devint analytique qu'avec les Éléates et dialectique qu'avec Socrate, Platon et Aristote.

Écoutons maintenant, sur ce sujet, la parole du plus savant et du plus voyant des théosophes contemporains. Elle met au point de la science contemporaine la doctrine occulte des quatre éléments et du Feu-Principe.

« Pour comprendre cette antique et sainte doctrine qui nous vient de l'Orient, dit Rudolf Steiner,

---

renforcées seraient caractéristiques des températures, des étoiles. Deux grandes idées philosophiques se dégagent de ces recherches, celle d'une *évolution chimique et thermique des étoiles* et celle de *la transmutation des éléments chimiques par l'action de la chaleur*... Ainsi se trouve démontrée pour la première fois sur la terre, la possibilité de cette transmutation des éléments, tant invoquée par les alchimistes médiévaux et tant raillée par les chimistes du dix-neuvième siècle... Les étoiles nous offrent un exemple complet de transmutation dans le sens cherché par les alchimistes, puisque les métaux les plus lourds n'y apparaissent qu'après les éléments légers et lorsqu'elles se sont suffisamment refroidies. »

CHARLES NORDMANN.

il faut considérer le Feu dans ses rapports avec les quatre éléments. Le sens des quatre éléments n'est plus compris par le matérialisme contemporain. Dans le sens ésotérique, les éléments ne signifient pas des corps simples et irréductibles, selon le concept de la chimie moderne, mais les états successifs de la matière. 1° *La Terre* signifie l'élément solide (en ce sens la glace est de la terre). 2° *L'Eau* signifie l'état liquide (en ce sens le mercure et le fer fondu sont de l'eau). *Le Feu* ou *la Chaleur* est un état plus subtil et plus fin que l'air. On pourrait l'appeler de *la matière radiante* (le mot est des Crookes). — Le feu se distingue des trois autres éléments d'abord parce qu'il les pénètre et pénètre toute chose tandis qu'eux sont séparés les uns des autres. Autre différence. On peut toucher le solide, le liquide et le gazeux. On le sent du dehors par un certain degré de résistance. On peut toucher de même un corps brûlant, mais la chaleur se sent aussi du dedans. La sagesse antique relevait cela. Le feu est à la fois un élément extérieur et intérieur à l'homme et à tout. Les sages disaient : *Avec le feu, la matière devient âme. Il y a de l'âme dans le feu, il y a du feu dans l'âme.*

« Le feu est donc la porte par laquelle on pénètre de l'extérieur dans l'intérieur des choses. Quand on regarde un objet qui brûle, on voit deux choses avec le feu : la fumée et la lumière. La lumière est née du feu, mais la voit-on ? On le croit, et ce n'est pas vrai. On voit des objets solides, liquides ou gazeux éclairés par la lumière. On ne voit pas la lumière elle-même. La lumière physique est donc en réalité invisible. En allant du feu à la lumière, nous entrons dans l'invisible, dans l'éthéré, dans le spirituel. L'inverse arrive avec la fumée. Quand quelque chose brûle, nous assistons au passage du matériel au spirituel, qui produit la lumière. Mais ce passage se paye par la fumée opaque. Avec la fumée, le feu enferme un élément spirituel dans la matière. Rien ne naît isolément. Tout progrès se paye par un recul inverse et proportionnel. Là où il se fabrique de la lumière, il se fabrique aussi des ténèbres. L'air naquit du feu changé en fumée, l'eau de l'air condensé en liquide, et la terre du liquide solidifié. A ce point de vue, *l'univers entier est du feu concentré et de l'esprit encerclé dans la matière*[1]. »

Quand on pénètre ainsi du regard dans le laboratoire du monde et qu'on voit circuler dans ses veines l'agent de la vie universelle, le feu subtil et tout-puissant, on comprend mieux la force et la majesté du culte des Aryas primitifs. Ils glorifiaient le Feu, car ils y voyaient le trône, la substance et le vêtement des Dieux.

* * *

Mais, avant de donner un aperçu de l'évolution planétaire, nous devons nous faire une idée de la hié-

---

1. Notes prises aux conférences du docteur Rudolf Steiner, avril 1909. Rappelons ici que les dernières théories de la science contemporaine sur la constitution de la matière considèrent les atomes comme composés d'*électrons*, c'est-à-dire d'atomes électriques groupés d'une certaine manière. L'univers entier ne serait, d'après cette hypothèse qu'un phénomène d'électricité. Nous voilà bien près d'Agni, le feu caché des hymnes védiques. C'est ainsi que l'extrême analyse rejoint l'extrême synthèse et que la science moderne rejoint la sagesse antique.

rarchie des puissances engagées dans le drame cosmique. Les vieux sages ont placé les Dieux sur le trône du Feu et de la Lumière parce que ces forces sont leurs éléments. Essayons maintenant de les énumérer de bas en haut, dans l'ordre ascendant de l'intelligence humaine. Nous les verrons ensuite agir de haut en bas, dans l'ordre descendant de la création. L'Ancien Testament résume la hiérarchie des Puissances, qui sont les facultés de Dieu en acte, dans le rêve de Jacob qui voit les anges descendre et remonter les degrés de l'univers. Ce rêve représente symboliquement la hiérarchie du monde invisible, organisme animateur et soutien du monde visible. Ésotériquement commenté, il révèle une science plus profonde encore que celle émanant de nos microscopes et de nos télescopes.

Montez les degrés de la matière, et vous trouverez l'Esprit. Montez les degrés de la conscience humaine et vous trouverez Dieu. De même qu'au-dessus des quatre éléments on trouve des éléments plus subtils, de même, au-dessus des quatre règnes de la nature visible, règne minéral, végétal, animal et humain, on trouve d'autres règnes correspondant aux différents états de la matière impondérable. Ce sont les sphères des Asouras et des Dévas de l'Inde, identiques avec les Elohim de Moïse, dont les dieux grecs sont des formes anthropomorphisées. La tradition ésotérique chrétienne, qui remonte à Denis l'Aréopagite[1] les divise en neuf catégories, massées en trois ternaires, qui forment un tout organique.

---

1. Nous discuterons dans le tome II de cet ouvrage l'authenticité du personnage de Denis l'Aréopagite et des livres qui lui

Au-dessus de l'homme — tous les prophètes l'ont dit et tous les peuples l'ont cru — il y a les *Anges*, les Férouer des Persans, les Génies des Latins, qu'on a quelquefois identifiés avec le Moi supérieur et éternel de l'homme. L'ange diffère néanmoins de ce moi supérieur qu'il est destiné à éveiller. Ésotériquement, les anges s'appellent aussi *les fils de la vie*. Un ange gardien est attaché à la personnalité de chaque homme. Son rôle est de le suivre et de le guider d'incarnation en incarnation. L'élément de l'ange est l'air. Au-dessus des anges sont les *Archanges*, les Asouras des Indous, qui dominent l'âme des nations. Leur élément est le feu. La tradition occulte les considère comme les facteurs les plus actifs dans la vie générale de l'humanité, dont ils tracent les grandes lignes et surveillent les mouvements multiples. Au-dessus des Archanges règnent les *Archées* (appelés Αρχαι par Denis l'Aréopagite), ou esprits de la personnalité et de l'initiative, dont le rôle pourrait se définir par ce mot : *les Commenceurs*. Car ce sont eux qui ont donné l'impulsion première aux Archanges dans la période saturnienne et dans la période solaire. Ce sont eux encore qui président aux grands mouvements et aux révolutions humaines comme à l'entrée en scène des grandes personnalités qui changent la face de l'histoire.

Tel le premier groupe des Puissances spirituelles qui s'élèvent au-dessus de l'homme et qu'on pourrait appeler par excellence le groupe des travailleurs dans le laboratoire planétaire, parce que leur action

---

sont attribués. Ici elle importe peu, car il s'agit, dans ce chapitre, d'idées et non de personnes.

est la plus ardente, la plus complexe et qu'elle plonge aux profondeurs de la matière comme aux arcanes de l'individualité humaine.

Au-dessus vient la seconde triade des Puissances. Ce sont les Dévas proprement dits des Indous. Denis l'Aréopagite les a nommés les *Vertus*, ἐξουσίαι ; les *Dominations*, δυνάμεις, et les *Principautés*, χειρίοτες. Il faut voir en eux les dominateurs et les ordonnateurs de tout le système planétaire. Intermédiaires entre les puissances inférieures et supérieures, ces esprits souverains sont plus près de la divinité que de l'homme ; on pourrait les appeler *les Infaillibles*, car ils ne peuvent pas, comme les Archanges, descendre dans le gouffre de la matière, mais ils ne peuvent pas non plus aimer comme eux l'homme auquel ils ont donné le souffle et la vie. Ce sont ces Puissances qui ont créé dans le vide les sphères planétaires, où sont venues se précipiter les forces de l'infini. Elles tiennent la balance de tout le système et constituent sa norme. Ce sont les *Elohim* de Moïse et les créateurs de la Terre.

Bien au-dessus de tout concept et de toute imagination humaine s'élève la troisième triade des Puissances dans l'ordre ascendant.

Les Trônes sont les Puissances suprêmes du don de soi et du sacrifice. Nous verrons tout à l'heure leur rôle capital à l'origine de notre système planétaire. Les *Séraphim* (dont le nom chaldéen signifie Amour) et les *Kéroubim* (dont l'appellation a le sens de Sagesse et de Force infinie) sont si près de Dieu qu'ils en reflètent immédiatement la lumière. Les Puissances inférieures ne pourraient pas en supporter la splendeur aveuglante et l'éclat foudroyant. Les

Séraphim et les Kéroubim la leur transmettent en la tamisant et la condensant en formes radieuses. Ils revêtent eux-mêmes ces formes en se pénétrant d'Amour et de Sagesse. Ils plongent au sein de la Trinité divine et en ressortent fulgurants, car les pensées de Dieu s'incorporent dans leur essence spirituelle. Ils ne travaillent pas, ils resplendissent; ils ne créent pas, ils éveillent, rayons vivants du Dieu impénétrable.

En résumé, la TRIADE INFÉRIEURE (Anges, Archanges et Archées) est celle des *Puissances combatives*, auxquelles incombe le plus dur travail, celles qui ont la Terre pour champ de bataille et l'homme pour objet. LA TRIADE MOYENNE (Vertus, Dominations et Principautés) est celle des *Puissances ordonnatrices et équilibrantes*, qui agissent dans l'ensemble du système planétaire. LA TRIADE SUPÉRIEURE (Trônes, Kéroubim et Séraphim) est celle des Puissances rayonnantes et inspiratrices qui agissent dans l'ensemble du Kosmos. Elles font partie de la sphère divine proprement dite, car elles sont par essence au-dessus de l'Espace et du Temps, comme Dieu lui-même, mais elles manifestent Dieu dans le Temps et dans l'Espace.

Ajoutons que, dans cette vaste hiérarchie, chaque ordre de Puissances reçoit l'influx des Puissances supérieures et agit sur toutes celles au-dessous, mais non sur celles au-dessus.

Notons encore que les sphères d'activité des Puissances se pénètrent sans se confondre et que les conditions de l'Espace et du Temps varient dans chaque Ternaire de la hiérarchie. La sphère des Anges, des Archanges et des Archées, celle qui vient immédiatement au-dessus de l'homme et où l'homme plonge pendant son sommeil, est la *sphère astrale*, aussi nommée *sphère de la pénétrabilité*. Là règne la quatrième dimension, c'est-à-dire que les êtres s'y pénètrent sans se confondre. La distance est supprimée ou modifiée. Les choses se joignent immédiatement par sympathie ou antipathie. La sphère des Puissances du second Ternaire est la *sphère spirituelle*, qu'on pourrait appeler aussi la *sphère de l'expansion et de la concentration*. Là dominent la cinquième et la sixième dimension, c'est-à-dire la création dans le vide par l'afflux des forces de l'infini. Avec le troisième Ternaire nous entrons dans la sphère divine la plus élevée, celle de l'Infini et de l'Éternel qui est au-dessus de l'Espace et du Temps mais les commande.

Ce Tableau représente l'échelle des Puissances, qui ont pour trône le Feu-Principe, pour centre la Trinité divine et pour couronne la Triade séraphique. La Lumière, la Vie et la Vérité s'y projettent d'en haut, sous l'effluve des Trois Verbes, à travers les Elohim et les Archanges, et se dardent jusqu'au cœur de l'Homme avec la flamme de Lucifer. En l'Homme se concentrent tous les rayons divins pour qu'en lui rejaillisse un être, une lumière et un verbe nouveaux.

Par cette chaîne, Dieu-les-Dieux, les Eléments et l'Homme forment un Tout solidaire et indivisible, qui se génère, s'organise, évolue constamment, parallèlement, intégralement. Les Dieux supérieurs engendrent les Dieux inférieurs, qui engendrent les Éléments, dont la matière n'est que l'apparence et dont l'Homme, en germe dès l'origine, devient peu à peu le centre et le pivot.

LE FEU-PRINCIPE ET LA HIÉRARCHIE DES PUISSANCES 21

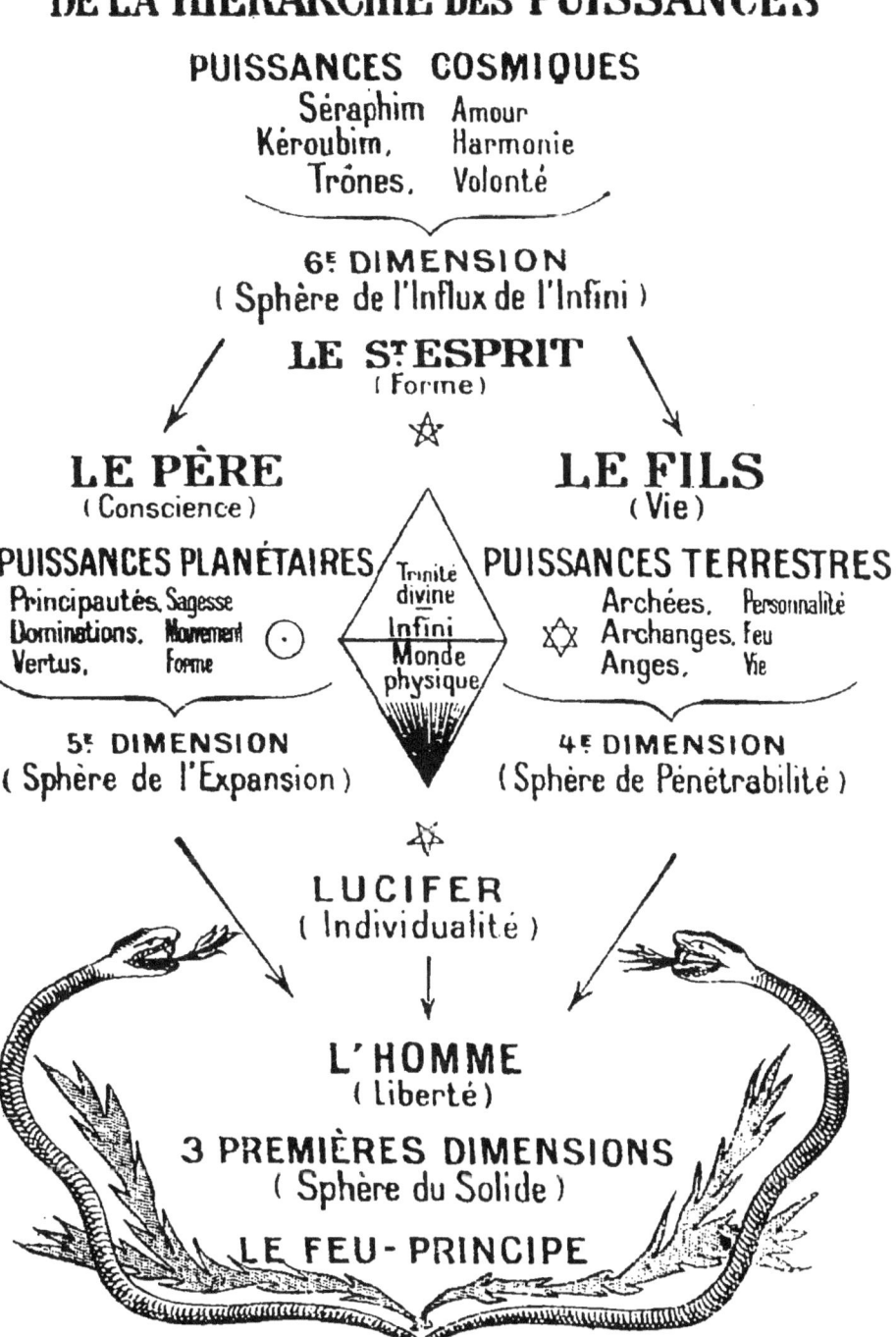

Vu de haut en bas, ce tableau montre le rayon par lequel les Dieux voient le monde et l'Homme ; c'est le côté de la Lumière. Vu de bas en haut, il figure le prisme par lequel l'Homme aperçoit le monde et les Dieux; c'est le côté de l'Ombre.

Voyons maintenant les Puissances à l'œuvre dans la Création.

CHAPITRE III

LA PÉRIODE SATURNIENNE. LE SACRIFICE DES TRÔNES. LE RÉVEIL DES ARCHÉES

Dans l'univers entier se manifeste la loi de l'éternel mouvement, la loi de rotation et avec elle la loi de métamorphose ou de réincarnation. Cette loi des avatars ou de la renaissance des mondes sous des formes parentes mais toujours nouvelles, après de longs sommeils cosmiques, s'applique aux étoiles comme aux planètes, aux Dieux comme aux hommes. C'est la condition même de la manifestation du Verbe divin, du rayonnement de l'Ame universelle par les astres et par les âmes.

Notre terre a eu trois avatars avant de devenir la terre actuelle. D'abord elle a été mêlée, comme une partie indistincte, à la nébuleuse primitive de notre système, nébuleuse nommée Saturne dans la cosmogonie occulte et que nous nommerons *le premier Saturne* pour la distinguer du Saturne actuel, qui lui survit comme son déchet. — Puis, elle a fait partie du *Soleil primitif*, qui s'étendait jusqu'à la limite du Jupiter actuel. Ensuite la terre, formant un seul astre avec la Lune, s'est dégagée du Soleil primitif. Cet astre s'appelle la Lune tout court dans la cosmogonie occulte. Nous l'appellerons la Lune primitive ou la *Terre-Lune* pour la distinguer de la Lune actuelle. — Enfin, la Terre expulsant la Lune de son sein est devenue la Terre actuelle.

Le germe de l'être humain existait déjà dans le Soleil primitif, sous forme d'un embryon éthérique. Il n'a commencé à exister comme un être vivant, ayant un corps astral, sous forme d'un nuage de feu, que sur la Lune primitive ou sur la Terre-Lune. C'est seulement sur la Terre actuelle que l'être humain a conquis la conscience de son moi en développant ses organes physiques et spirituels. Nous indiquerons ces étapes, dans le livre suivant, en parlant de l'Atlantide et des Atlantes.

Pendant ces avatars successifs du système planétaire, les Dieux ou les Elohim des hiérarchies supérieures ont développé les Dieux de la hiérarchie inférieure : Archées, Archanges et Anges, qui, avec leur aide, furent les générateurs de la Terre et de l'Homme.

Les périodes planétaires, dont nous allons parler, s'étendent sur des millions et des millions d'années. Depuis le Temps des richis, la voyance des grands adeptes a déchiffré ces époques du monde dont les reflets frissonnent encore dans la lumière astrale. Ils les ont vu se dérouler en panoramas immenses devant leur sens intérieur. D'âge en âge ils ont transmis leurs visions à l'humanité sous des formes mythologiques, adaptées à ses divers degrés de culture. Chez les Indous, ces clichés astraux s'appellent images de l'*Akacha* (ou de la lumière astrale). Dans la tradition judéo-chrétienne de Moïse et des prophètes, de Jésus-Christ et de saint Jean, ces feuillets arrachés à l'Ame du monde sont nommés *le livre de Dieu*. Et n'est-il pas remarquable que la voyante de Domrémy, notre Jeanne d'Arc, la paysanne ignorante mais inspirée, se soit servie de cette même expression lorsqu'elle répondait aux chicanes scolastiques des docteurs de Poitiers par ces mots superbes : « Il y en plus au *livre de Dieu* que dans les vôtres ! » Est-il besoin de dire combien imparfaites demeurent toujours les traductions de ces voyants, lorsqu'ils essayent d'exprimer en langage terrestre les images surhumaines que charrie devant eux la lumière astrale, non pas en formes immobiles et mortes, mais en foules vivantes et comme des fleuves débordés. Il s'agit, après coup, de donner un sens et un lien, d'ordonner et de classer ces visions submergeantes.

*
* *

La nébuleuse saturnienne, première forme de notre système planétaire, n'était qu'une masse de chaleur sans lumière. La chaleur est la première forme du feu. C'est pour cela qu'Héraclite disait que le monde est né du feu. Elle avait la forme d'une sphère dont le rayon mesurait la distance du soleil au Saturne actuel. Mais aucun astre ne luisait dans son épaisseur ténébreuse, aucune lueur n'en sortait. Pourtant dans l'intérieur de la nébuleuse passaient des frissons de froid et des effluves de chaleur, sous le travail des puissances qui s'agitaient dans son sein. A sa surface s'élevaient quelquefois en formes ovoïdes

des trombes de chaleur sous l'attraction des Elohim descendant sur elle de l'incommensurable espace.

La Genèse exprime cette première phase planétaire dans son second verset : « Et la terre était sans forme et vide et les ténèbres étaient sur la face de l'abîme et l'Esprit de Dieu [1] se mouvait sur les eaux. »

Or, les Elohim, qui, à l'origine de notre monde, représentaient l'Esprit de Dieu, appartenaient à la plus haute hiérarchie des Puissances. C'étaient ceux que la tradition chrétienne appelle les Trônes. Elle affirme qu'ils donnèrent leur corps en holocauste pour la renaissance des Archées. Ce corps n'était que chaleur vitale, effluve d'amour. Quant aux Archées, ou Esprits du commencement, c'étaient des êtres provenant d'une précédente évolution cosmique demeurés passifs pour une longue période et comme perdus dans la divinité. Leur nature les rendait capables de devenir, dans une nouvelle période cosmique, des dieux créateurs par excellence, à condition de reprendre la personnalité. Cette personnalité les Trônes la leur donnèrent, en leur sacrifiant leur corps, en versant en eux toute leur force. De là ces trombes de chaleur qui sortaient du premier Saturne et qui semblaient aspirer la vie divine des Trônes, comme on voit, dans les trombes de la mer, l'eau s'élever en tourbillons vers les nuages et le ciel aspirer l'océan.

---

1. Remarquons que le terme d'*Aelohim* par lequel Moïse désigne Dieu dans la Genèse signifie *Lui-les-Dieux* ou *Dieu-les-Dieux*. Dieu y est à la fois conçu au singulier et au pluriel ; au singulier, comme principe divin universel, au pluriel comme puissance en acte dans les Elohim.

Pareille à un être vivant, l'énorme nébuleuse saturnienne avait son aspir et son respir. Son aspir produisait du froid et son respir de la chaleur. Pendant son aspir, les Archées rentraient dans son sein ; pendant son respir, ils se rapprochaient des Trônes et buvaient leur essence. Ainsi, de plus en plus, ils prenaient conscience d'eux-mêmes, et, de plus en plus ils se détachaient de la masse saturnienne. Mais, en s'épurant, en se dépouillant de leurs éléments inférieurs, ils laissaient derrière eux une fumée gazeuse. En même temps, les Elohim de la seconde hiérarchie qui travaillaient la nébuleuse par le dedans l'avaient mise en rotation. De là, à sa circonférence, la formation d'un anneau de fumée gazeuse, qui, en se rompant plus tard, devait former la première planète, le Saturne actuel avec son anneau et ses huit satellites.

Cependant les Archées, les Dieux de la Personnalité, les grands Commenceurs aspiraient à la création d'un monde... Ils l'ébauchaient en rêve, ils en portaient en eux les premiers linéaments. Mais ce monde, ils ne pouvaient pas le créer dans le sombre Saturne, sphère de brume et de fumée. Il leur fallait pour cela... la Lumière !... la lumière physique... l'agent créateur. Au milieu des ténèbres qui les environnaient, grandissait en eux le pressentiment de cette lumière créatrice ! Pressentiment... ou ressouvenir ? Ressouvenir peut-être d'un monde antérieur... d'une autre période cosmique, souvenir de gloire et de splendeur lointaine dans la nuit saturnienne. Pressentiment aussi,... car déjà, dans l'âme des Archées, frissonnait, comme une aube avant-coureuse d'aurores futures... la majesté de l'Archange, la beauté de l'Ange et la mélancolie de l'Homme !... Mais, pour incorporer ce rêve, il fallait un soleil au cœur de Saturne, il fallait une révolution dans la nébuleuse, sous le souffle et le fouet des Puissances suprêmes.

... La sombre nuit de Saturne touchait à sa fin. Les Trônes endormirent les Archées d'un lourd sommeil. Puis, ils plongèrent comme un ouragan dans le chaos de la nuit saturnienne déjà grouillante de fumées étouffantes, pour en condenser la masse et la repétrir avec l'aide des autres Puissances et du Feu-Principe en un astre de lumière. Combien de siècles, combien de milliers d'années dura ce cyclone cosmique dans la nébuleuse, où se heurtaient le froid et le chaud, où des éclairs grandissant et de toutes couleurs jaillissaient de la nuit terrifiée ? Il n'y avait alors ni soleil, ni terre pour mesurer les années, ni clepsydre, ni horloge pour compter les heures... Mais, quand les Archées s'éveillèrent de leur profonde léthargie, ils flottaient sur une sphère de feu, sous une couronne de lumière éthérée, au-dessus d'un noyau de fumée sombre.

Le premier Soleil était né. L'astre entier, avec son centre obscur et sa photosphère, occupait l'espace qui va du soleil actuel à la planète Jupiter. Les Archées, ses jeunes maîtres, les nouveaux Dieux, qui glissaient sur un océan de flammes, saluèrent la lumière environnante. Alors, à travers les voiles fluides de ces ondes lumineuses, ils aperçurent pour la première fois les Trônes, pareils à des cercles ailés, qui remontaient en s'éloignant vers un astre lointain. Il se rapetissait en se perdant dans l'Infini, où les Trônes disparurent avec lui.

Alors les Archées s'écrièrent : « La nuit saturnienne est finie. Nous voici vêtus de feu et rois de la lumière. Maintenant nous pouvons créer selon notre désir. Car notre désir est la pensée de Dieu ! »

Or, voici qu'en regardant la photosphère éthérée, qui les enveloppait, les Archées aperçurent au delà de leur séjour, dans l'espace, une chose sinistre :

Un grand cercle fumeux, séjour blafard de sombres esprits élémentaux d'un ordre inférieur, entourait, à distance, le globe du soleil naissant d'un anneau fatal. On eût dit le carcan noir de l'astre lumineux. De cet anneau, vaguement ébauché, devait naître plus tard, par sa rupture, le Saturne actuel. Premier déchet de la création, Saturne était la rançon du soleil. Avec lui déjà pesait sur ce jeune univers l'inéluctable fatalité, que doivent vaincre les Elohim, mais qu'ils ne peuvent supprimer. Ainsi se vérifiait, dès la première étape, la loi tragique, qui fait qu'il n'y a pas de création possible sans déchet, pas de lumière sans ombre, pas de progrès sans recul, pas de bien sans mal.

Tel le passage de la période saturnienne à la période solaire, qui se trouve résumé au quatrième verset de la genèse de Moïse, en ces termes : « Alors Aelohim (Lui-les-Dieux) sépara la lumière des ténèbres. »

CHAPITRE IV

LA PÉRIODE SOLAIRE. INCUBATION DES ARCHANGES PAR LES KÉROUBIM. SIGNIFICATION OCCULTE DU ZODIAQUE.

La sphère du premier Soleil allait jusqu'au Jupiter actuel. Plus qu'aucune des planètes qui devait sortir de son sein, cet astre était vivant. Il était constitué par un noyau ténébreux de fumée et par une vaste photosphère, non pas de métaux en fusion comme celle du Soleil actuel, mais d'une matière plus subtile, d'un feu éthéré, limpide et transparent. Un spectateur placé dans Sirius, qui eût observé le Soleil d'alors, eût vu de période en période cette étoile briller et pâlir, se rallumer et s'éteindre de nouveau. Nos astronomes ont observé des étoiles semblables au firmament. Le Soleil primitif avait son aspir et son respir réguliers. Son aspir, qui semblait faire rentrer en lui toute sa vie le rendait ténébreux et presque aussi sombre que Saturne; mais son respir était un merveilleux rayonnement qui projetait dans l'Infini sa roue de lumière.

Or, ces ténèbres et cette lumière provenaient de la vie des Dieux, des Elohim qui régnaient sur cet astre.

Les Archées, ou Esprits du commencement, avaient déjà conçu les Archanges sur la nébuleuse saturnienne. Ceux-ci n'étaient alors que des Formes-Pensées, objectivées par eux et revêtues d'un corps éthérique, organe de la forme et de la vie. Sur le Soleil, les pères des Archanges donnèrent en plus à leurs créatures divines un corps astral, organe de sensibilité rayonnante. Car les Archées sont les plus puissants magiciens parmi les Elohim. Ils peuvent, par la force de leur volonté, donner la vie et la personnalité à leurs Formes-Pensées. En revoyant ce spectacle, en le revivant en lui-même, Moïse écrit : « Dieu dit que la Lumière soit, et la Lumière fut. » Sous le souffle des Archées, les Archanges s'élevèrent et devinrent la vie, la lumière et l'âme du premier Soleil. « Ceci est le concept d'une étoile fixe. Tout ce qui vit de soi, envoie dans l'univers la vie des Archées ? Que font-ils ? Un Soleil créé par eux. Les Archanges sont leurs messagers. Ils disent à l'univers : « Nous annonçons les actions des Esprits du Commencement[1] ! »

Les Archanges furent les hommes du premier Soleil, les dominateurs de cet astre. Or, en s'élevant dans l'espace au-dessus du Feu natal, ils cherchaient quelque chose dans leur essor. Leur essence étant faite de lumière et d'extase, ils cherchaient la source divine du monde d'où eux-mêmes étaient émanés. Dans l'immense univers, ils ne virent d'abord que les

---

1. Conférences de Rudolf Steiner, avril 1909.

constellations, messagers d'autres Archanges, frères lointains. Les constellations !... écriture flamboyante du firmament, où l'Esprit universel trace sa pensée en hiéroglyphes étincelants avec des myriades de soleils! Mais à mesure que se développait leur vue spirituelle, ils aperçurent, dans la ligne du zodiaque, campée en un cercle prodigieux, une armée d'Esprits sublimes aux formes diverses et majestueuses. C'étaient les Kéroubim, habitants de l'espace spirituel, les Elohim de l'Harmonie et de la Force, qui plongent le plus avant dans les arcanes de Dieu avec les Séraphim, les Esprits divins de l'Amour. Venue de tous les côtés, en douze groupes, des profondeurs du ciel et se rapprochant par degrés, l'armée des Kéroubim se concentra en cercle autour du monde Solaire pour l'incubation et la fécondation des Archanges.

Ce fait, connu des mages de la Kaldée, est l'origine de la dénomination des douze signes du zodiaque, dénomination conservée dans l'astronomie moderne. On identifia chacune des constellations avec une catégorie de Kéroubim, que la tradition occulte représentait par les *animaux sacrés*. Les Kaldéens, les Égyptiens et les Hébreux sculptaient par analogie les Kéroubim sous le symbole du Taureau, du Lion, de l'Aigle et de l'Ange (ou de l'Homme). Ce sont les quatre animaux sacrés de l'arche de Moïse, des quatre Évangélistes et de l'Apocalypse de saint Jean. Le Sphinx égyptien les résume en une seule forme, symbole merveilleusement adapté de la Nature visible et invisible, de toute l'évolution terrestre et divine. Or, ces quatre formes essentielles du monde des vivants se retrouvent aux quatre points cardinaux du zodiaque avec une exception. L'Aigle a été remplacée par le Scorpion. L'Aigle donne la mort par ses griffes et son bec, mais par ses ailes il représente le vol vers le soleil, l'enthousiasme et la résurrection. Dans la symbolique sacrée, qui n'est que la traduction de l'âme des choses, l'Aigle signifie à la fois la mort et la résurrection. Le Scorpion, qui l'a remplacé dans le zodiaque, entre la Balance et le Sagittaire, ne signifie que la mort. Cette substitution est peut-être, elle aussi, un symbole. Par sa descente dans la matière, l'humanité n'a conservé que le sens de la mort et a oublié celui de la résurrection.

Aucune forme terrestre ne saurait rendre la beauté et la splendeur des Kéroubim, rangés en un vaste cercle, sous les signes du Zodiaque, autour du monde solaire, pour l'inspiration et la fécondation des Archanges. Aucun langage humain ne saurait exprimer non plus les transports et les extases des Archanges recevant leur influx et s'imprégnant par eux des pensées divines. Mais, nous l'avons dit, ce premier monde solaire avait des éclipses périodiques. Il avait ses jours et ses nuits, jours rayonnants et nuits ténébreuses. D'époque en époque, les Archanges se repliaient avec les rayons solaires dans le noyau obscur de l'astre et tombaient dans un demi-sommeil. L'essor éperdu dans les espaces du Kosmos, sous le regard des Kéroubim, s'accompagnait d'une prodigieuse émission de lumière et d'une harmonie grandiose, musique des sphères. Maintenant c'était la décroissance du son, le pâlissement de la clarté dans la pénombre et le grand silence dans le gouffre intérieur de l'astre. Là-haut, dans leurs extases, les Archanges avaient conçu le monde angélique. Ici, dans les ténèbres menaçantes, ils repensaient aux Kéroubim, mais leurs figures se contractaient dans leur souvenir en formes d'angoisse, de désir et de colère. Or ces Formes-Pensées, engendrées par le sommeil trouble des Archanges, devinrent les prototypes du monde animal qui devait se développer plus tard sur la Terre. Les animaux ne sont que des copies déformées et en quelque sorte des caricatures d'êtres divins.

On pourrait donc prétendre que si les Anges (et par eux les hommes) sont nés de l'extase des Archanges dans la lumière — par contre, les animaux sont nés de leur cauchemar dans les ténèbres. Le monde animal est ainsi la contre-partie et la rançon du monde angélique. Ici encore s'applique la loi de l'avancement des mondes et des êtres par le rejet de leurs éléments inférieurs. Nous verrons cette loi se vérifier sur toute l'échelle de la création et jusque dans les moindres détails de la vie humaine. Le rejet de ces éléments n'est pas seulement indipensable à la purification des éléments supérieurs, mais encore nécessaire comme contre-poids et comme ferment de l'évolution totale. Leur régression momentanée semble une injustice, mais il n'en est pas ainsi dans l'infini des temps, car ils seront repris plus tard et poussés en avant par une nouvelle onde de vie.

CHAPITRE V

FORMATION DE JUPITER ET DE MARS. LE COMBAT DANS LE CIEL. LUCIFER ET LA CHUTE DES ARCHANGES.

Cependant les Puissances de la seconde hiérarchie (Principautés, Dominations et Vertus) qui jouent dans le système planétaire le rôle d'organisateurs et veillent à la distribution des forces, Puissances qui agissent surtout par expansion et par concentration travaillaient le monde solaire par le dedans. Sous leur effort, le Soleil primitif subit deux nouvelles contractions. Ces condensations successives éliminèrent de son noyau obscur deux nouvelles planètes, Jupiter et Mars.

Pour l'œil physique d'un homme, posté sur la planète Saturne pendant la formation de Jupiter et de Mars, ces événements cosmiques n'auraient été marqués que par l'apparition de deux nouvelles boules tournant autour du soleil, l'une luisante par le dedans (Jupiter), l'autre opaque (Mars). Cet observateur aurait vu en même temps la photosphère du soleil se rétrécir pour briller d'une lumière plus vive et sans intermittence. — Voilà ce qui se passait alors sur le plan physique.

Mais l'âme d'un voyant eût été frappée d'un événement bien plus important qui se déroulait, derrière le monde physique, sur le plan astral. Cet événement, l'un des plus décisifs de l'évolution planétaire, est appelé dans la tradition occulte *le Combat dans le Ciel*. Il a laissé des traces légendaires dans toutes les mythologies. Elles apparaissent, fulgurantes dans la théogonie d'Hésiode, avec le célèbre *Combat des Titans et des Dieux*, auquel se rattache l'histoire de Prométhée. Dans la tradition judéo-chrétienne, le combat dans le ciel s'appelle *la Chute de Lucifer*. Cet événement, qui précéda et provoqua la création de la Terre, ne fut pas un accident. Il faisait partie du plan divin, mais sa détermination fut laissée à l'initiative des Puissances. Empédocle a dit : « Le monde est né de deux forces : l'Amour et la Guerre (*Erôs* et *Polémos*). » Cette idée profonde se confirme dans la tradition ésotérique du judéo-christianisme par la lutte des Elohim entre eux. Lucifer n'est pas Satan, le Génie du mal, qu'en a fait la tradition orthodoxe et populaire. Lucifer est un Elohim comme les autres et son nom même de *porteur de lumière* lui garantit son indestructible dignité d'Archange. Nous verrons plus tard pourquoi Lucifer, Génie de la Connaissance et de l'Individualité libre, était aussi nécessaire au monde que le Christ, Génie de l'Amour et du Sacrifice; comment toute l'évolution humaine ressort de leur lutte; comment enfin leur harmonie finale et transcendante doit couronner le retour de l'homme à la divinité.

Pour l'instant, il nous faut suivre Lucifer dans sa descente vers la Terre et dans son œuvre de création.

De tous les Archanges, Lucifer, représentant et chef patronymique de toute une classe d'Anges et d'Esprits, était celui qui avait jeté le regard le plus perçant et le plus hardi dans la sagesse de Dieu et dans le plan céleste. Mais c'était aussi le plus fier et le plus indomptable. Il ne voulait obéir à aucun autre Dieu que lui-même. Déjà les autres Archanges avaient créé de leurs Formes-Pensées les Anges, ces prototypes encore purs de l'homme divin. Ces Anges n'avaient qu'un corps éthérique diaphane et un corps astral rayonnant, qui, par leur force réceptive et irradiante, joignaient en une parfaite harmonie l'Eternel-Masculin et l'Eternel-Féminin. Les Anges avaient l'Amour, le rayonnement spirituel, sans trouble et sans désir de possession égoïste, parce qu'ils étaient astralement et spirituellement androgynes. Lucifer avait compris que pour créer l'homme indépendant, l'homme de désir et de révolte, il fallait la séparation des sexes. Pour séduire les Anges à sa pensée, il moula dans la lumière astrale la forme éblouissante de la Femme future, de l'Eve idéale et la fit voir aux Anges. Une foule d'entre eux s'enflamma d'enthousiasme pour cette image, qui promettait au monde des joies et des délires inconnus et se groupèrent autour de l'Archange rebelle [1].

---

[1] Tel est sans doute le concept primitif de cette tradition occulte, qui veut que de l'union primitive de Lucifer et de Lilith (l'Eve première) naquit Caïn, c'est-à-dire l'homme descendu dans la matière, condamné au crime, à la souffrance et à l'expiation. — Rappelons, que tous les récits de ce qui se passe sur le plan astral ne sont que des traductions imparfaites des événements qui se trament dans la sphère de la pénétrabilité.

Or, il se formait alors entre Mars et Jupiter un astre intermédiaire. Il n'avait encore que la forme d'un anneau, destiné à se condenser en planète après sa rupture. Lucifer l'avait choisi pour créer avec ses Anges un monde, qui, sans passer par les épreuves terrestres, eût trouvé en lui-même sa force et sa joie et goûté à la fois le fruit de la vie et de la connaissance, sans l'aide du Tout-Puissant. Les autres Archanges et tous les Elohim reçurent l'ordre de l'empêcher, parce qu'un tel monde eût mis le désordre dans la création et rompu la chaîne de la hiérarchie divine et planétaire. La lutte ardente et prolongée, qui s'engagea entre l'armée de l'Archange rebelle et ses pairs comme ses supérieurs, se termina par la défaite de Lucifer et eut un double résultat : 1° la destruction de la planète en formation, dont les débris sont les planétoïdes ; 2° le rejet de Lucifer et de ses anges sur un monde inférieur, sur une autre planète, qui venait d'être arrachée au noyau solaire par les Principautés et les Dominations. Or, cette planète était la Terre, non la Terre d'aujourd'hui, mais la Terre primitive qui ne faisait encore qu'un astre avec la Lune [1].

Tel l'épisode cosmogonique qui constitue un fait capital de l'histoire planétaire, sorte d'incendie as-

---

[1]. La tradition ésotérique d'aujourd'hui admet que, dans cette même période, un certain nombre d'Elohim, qui ne voulurent pas prendre part à la création de la terre et des mondes soumis aux dures lois de la matière condensée, s'éloignèrent du soleil au delà du cercle de Saturne pour créer la planète Uranus, Neptune et d'autres encore. D'après la voyance antique, confirmée par la voyance moderne, notre système solaire est primitivement sorti de la nébuleuse saturnienne. C'est pour cela que Saturne est le plus ancien des Dieux, celui avec lequel commence le temps.

tral, dont le reflet sillonne par contre-coup toutes les mythologies comme une comète et darde ses pointes de feu dans les profondeurs occultes de l'âme humaine.

Premier éclair du Désir, de la Connaissance et de la Liberté, le flambeau de Lucifer ne se rallumera de tout son éclat qu'au soleil de l'Amour et de la vie divine, au Christ.

CHAPITRE VI

LA TERRE PRIMITIVE OU TERRE-LUNE. DÉVELOPPEMENT DES ANGES. NAISSANCE DE L'HOMME

La séparation de la Terre primitive d'avec le Soleil (opérée par les Puissances de la seconde hiérarchie : Principautés, Dominations et Vertus) avait un double but. Premièrement, arracher de l'astre lumineux son noyau le plus obscur et le plus dense, offrir par ce déchet un champ d'action au monde luciférien, un creuset à l'humanité naissante ; secondement, débarrasser le soleil condensé de ses éléments inférieurs, en faire le trône des Archanges et du Verbe lui-même en lui permettant de luire dans toute sa force et dans toute sa pureté. Avec la Terre et le Soleil, se constituèrent simultanément et parallèlement deux pôles du monde physique et du monde moral, destinés à donner à l'évolution planétaire sa plus grande intensité, par leur opposition et leur action combinée.

La Terre primitive ou la Terre-Lune se présentait sous l'aspect d'un astre avec un noyau liquide et une enveloppe de gaz enflammé. Dans son centre, fermentaient tous les métaux et minéraux en fusion. Mais à sa surface, se forma une croûte végétale, une sorte de tuf ligneux et spongieux, où vivaient, enracinés en parasites, des êtres gigantesques, semi-végétaux, semi-mollusques, qui étendaient leurs branchages ou leurs bras mouvants, dans l'atmosphère chaude, comme des arbres à tentacules. Dans cette atmosphère gazeuse, qui enveloppait la Terre-Lune comme un immense tourbillon, nageaient et flottaient déjà, pareils à de petits nuages de feu, les germes premiers des hommes futurs. Ces embryons humains n'avaient pas de corps physique, mais seulement un corps éthérique, ou une vitalité intérieure et un corps astral, ou une aura rayonnante, par où ils percevaient l'atmosphère ambiante. Ils avaient donc la sensation sans la conscience du moi. Ils n'avaient pas de sexe et n'étaient pas soumis à la mort. Car ils se reformaient sans cesse d'eux-mêmes et se nourrissaient des effluves de l'air humide et brûlant.

Les Archanges avaient été les dominateurs du premier soleil. Leurs fils, les Anges, furent les dominateurs de la Terre-Lune. Ils atteignirent la conscience de leur moi, en se mirant dans les germes humains, qui peuplaient cet astre, et en leur insufflant leurs pensées, que ceux-ci leur renvoyaient animées et vivantes. Sans ce mirage et ce dédoublement, aucun être humain ou divin ne peut prendre conscience de lui-même [1]. La fonction spéciale des Anges était de devenir les guides et les inspirateurs

---

1. C'est parce que *le dédoublement* est la condition primordiale de la conscience que la sagesse rosicrucienne pose cet axiome : *Là où il y a un moi, il y a deux mois.*

des hommes dans la période cosmique suivante, c'est-à-dire sur notre terre. Sur la Lune primitive (ou Terre-Lune), ils furent les éveilleurs de l'être humain en formation. Ils excitèrent en lui les sensations, ce que faisant, ils prirent conscience d'eux-mêmes et de leur haute mission. Descendus avec Lucifer dans le gouffre trouble de la matière, ils devaient remonter à leur source divine en aimant l'homme, en souffrant avec lui, en le soutenant dans sa lente ascension. Et l'Homme devait aspirer à Dieu et le comprendre à travers l'Ange. L'Ange est l'Archétype de l'Homme futur. De l'élévation de l'homme à l'état angélique doit naître, à la fin des temps planétaires, un Dieu nouveau, l'individualité libre et créatrice. Mais, avant cela, il fallait la descente dans la sombre spirale, dans le douloureux laboratoire de l'animalité ! Et qui pourrait décider lequel souffrira le plus, de l'homme plus humilié, plus tourmenté à mesure qu'il prend conscience de lui-même, ou de l'Ange invisible qui souffre et qui lutte avec lui ?

CHAPITRE VII

SÉPARATION DE LA LUNE ET DE LA TERRE. COMMENCEMENT DE LA TERRE ACTUELLE. LA RACE LÉMURIENNE. DÉVELOPPEMENT DES SEXES. CHUTE DES ANGES. DESTRUCTION DU CONTINENT LÉMURIEN PAR LE FEU.

Dans la formation du monde planétaire, tout correspond de haut en bas, tout s'enchaîne, tout progresse parallèlement : les Dieux, les hommes, les éléments. A l'inverse de ce qu'enseigne la philosophie matérialiste de notre temps, qui croit pouvoir déduire la biologie de la chimie et faire jaillir la conscience du Moi de réactions purement physiologiques, ici tout sort de l'Invisible et prend forme dans le Visible. Selon le plan divin, le monde spirituel se traduit avec une richesse croissante dans le monde matériel. L'Esprit s'involue dans la matière, qui par un choc en retour évolue vers l'esprit en se personnifiant et en s'individualisant sans cesse. A chaque nouvel avatar du monde planétaire, à la naissance de chaque planète, tous les êtres montent un degré de l'échelle en conservant leurs distances. Toutefois ces ascensions ne peuvent s'opérer sans déchets énormes, déchets qui servent ensuite de lit et de ferment aux ondes de vie nouvelle.

Nous avons vu ces lois se vérifier dans la période saturnienne, dans la période solaire et dans la période lunaire de notre monde. La constitution définitive de la Terre actuelle nous en fournira de plus éclatants exemples.

La Terre que nous habitons, l'Adama de Moïse, la Déméter d'Orphée et d'Homère, nous paraît très vieille en raison de la longue vie de l'humanité et du court espace d'une incarnation humaine, mais notre astre est jeune encore, relativement à la durée de son organisme actuel et l'avenir lointain lui réserve encore trois autres avatars, disent les grands adeptes. Sa constitution comme Planète-Terre, qui seule doit nous occuper dans ce chapitre, est due à la dernière grande révolution cosmogonique, à savoir à la séparation de la Terre et de la Lune.

La Lune actuelle faisait autrefois partie intégrante de la Terre. Elle en constituait le noyau le plus épais et le plus lourd. Les Puissances spirituelles qui divisèrent la Terre de la Lune furent les mêmes qui avaient arraché jadis la Terre-Lune du Soleil. Le but principal de cette scission était la descente de l'homme du plan astral sur le plan physique, où il devait acquérir la conscience personnelle par le développement de nouveaux organes. Or cet événement capital, dans l'ordre humain, n'était possible que par la séparation de la Terre et de la Lune en deux pôles, dont la *Terre représente le pôle masculin et la Lune le pôle féminin* [1]. Le développement physiologique

[1]. Par contre, vis-à-vis du Soleil, la Terre représente l'élément féminin.

correspondant eut pour conséquence l'apparition des sexes dans le règne animal comme dans le règne humain. L'espèce humaine ne se dégagea de l'animalité qu'avec le dédoublement des êtres vivants en sexes opposés. Et par la bisexualité, trois nouvelles forces entrèrent en action : *l'amour sexuel, la mort et la réincarnation*, Agents énergiques d'action, de dissociation et de renouvellement, charmes et terreurs, aiguillons et fouets redoutables de l'évolution humaine.

Cependant, avant d'atteindre sa forme actuelle, l'être humain, descendu du plan astral sur le plan physique traversa les phases principales de l'animalité (poisson, reptile, quadrupède, anthropoïde). Mais, contrairement à la théorie de Darwin et de Haeckel, les facteurs essentiels de l'humanité, qui traversa *à sa manière* les phases des grandes espèces, ne furent ni la sélection naturelle, ni l'adaptation aux milieux, mais une poussée intérieure, sous l'action des Puissances spirituelles, qui suivirent l'homme pas à pas et le développèrent graduellement. Jamais l'homme n'eût franchi les étapes formidables, qui mènent de l'animalité instinctive à l'humanité consciente sans les êtres supérieurs, qui la façonnèrent en la pénétrant et en la moulant de génération en génération et de siècle en siècle, à travers des millions d'années. Ce fut à la fois une création et une coopération, un mélange, une fusion, une refonte, incessante. Les esprits-guides d'alors, nous le verrons, agirent d'une double façon sur l'humanité naissante, soit en s'incarnant dans ses corps, soit par influx spirituel. Ainsi l'être humain fut pétri à la fois par le dedans et par le dehors. On peut donc affirmer que l'homme est à la fois sa propre œuvre et celle des Dieux. De lui est venu l'effort, mais d'eux l'étincelle divine, le principe de l'âme immortelle.

*
* *

Essayons maintenant de nous figurer ce que fut l'animal humain avant la séparation des sexes, dans cette période de la terre que les géologues appellent l'époque primaire.

A cette époque, le sol mouvant de la terre brûlait encore. Partout affleurait le feu. Ce qui constitue aujourd'hui les océans roulait autour de la planète en une sphère semi-liquide, semi-vaporeuse, traversée de mille courants chauds ou froids, bouillonnante dans ses gouffres ténébreux, gazeuse et transparente dans ses hauteurs. A travers ces couches obscures, ou translucides, tourbillonnantes ou calmes, se mouvait déjà, en nombreux exemplaires, un être doué d'une étrange vitalité et d'une volubilité singulière.

Si inquiétant que nous paraisse aujourd'hui cet ancêtre bizarre, il avait sa beauté. Il ressemblait moins à un poisson qu'à un long serpent d'un bleu vert, au corps gélatineux et transparent laissant voir ses organes intérieurs et chatoyant de toutes les couleurs de l'arc-en-ciel. En guise de tête, sortait de sa partie supérieure une sorte d'éventail ou de panache phosphorescent. En cet organe nous apparaît le protoplasme de ce qui devint chez l'homme le cerveau. Il servait à la fois à cet être primitif d'organe de perception et de reproduction. De perception — car, n'ayant point d'oreilles et point d'yeux, il percevait à distance, par cet organe d'une extrême sensibilité, tout ce qui l'approchait, pouvait lui nuire ou le favoriser. Mais cette sorte de lanterne, cette grande fleur lumineuse comme une méduse de mer, remplissait aussi la fonction d'organe mâle et fécondant. Car cette grande méduse, agile et vivace, recélait en outre dans son corps onduleux un organe féminin, une matrice. A certaines époques de l'année, ces nageurs hermaphrodites étaient attirés dans les parties supérieures et moins denses de leur océan par les rayons solaires. La fécondation s'opérait alors sous leur influence. C'est-à-dire que l'être bisexué se fécondait lui-même, inconsciemment et involontairement, comme le font encore aujourd'hui beaucoup de plantes dont la semence, tombée des étamines, féconde le stigmate. Alors le nouvel être, qui se formait dans son sein, prenait peu à peu la place du premier. Toute la vie de l'ancien passait dans le nouveau, et, lorsque celui-ci avait atteint sa pleine croissance, il rejetait sa carapace, comme le serpent rejette son armure d'écailles lorsqu'il fait peau neuve. Il y avait donc rénovation périodique de l'animal, mais il n'y avait ni mort, ni renaissance. Cet être n'avait pas encore de *moi*. Il lui manquait ce que les Indous appellent le *manas*, le germe de la *mentalité*, l'étincelle divine de l'homme, centre cristallisateur de l'âme immortelle. Il n'avait, comme tous les animaux actuels, qu'un corps physique, un corps éthérique (ou vital) et un corps astral (ou rayonnant), et, par ce dernier, des sensations qui ressemblaient à un mélange des sensations tactiles, auditives et visuelles. Son mode de perception était, sous une forme rudimentaire, quelque chose de semblable à ce qu'est encore aujourd'hui le sixième sens, ou le sens divinatoire, chez les sujets spécialement doués de cette faculté.

**
* **

Transportons-nous maintenant à quelques millions d'années plus tard, à l'époque éocène et miocène. La terre a changé d'aspect. Tout le feu est rentré à l'intérieur. La masse aqueuse s'est augmentée. Une partie de l'enveloppe vaporeuse du globe s'est condensée, puis étalée à sa surface en océan. Un continent a surgi dans l'hémisphère austral : la Lémurie[1].

---

1. Les naturalistes qui étudient le globe terrestre au point de vue de la paléontologie et de l'anthropologie, ont signalé depuis longtemps l'existence d'un ancien continent aujourd'hui englouti, occupant l'hémisphère austral. Il comprenait l'Australie actuelle, une partie de l'Asie et de l'Afrique méridionale et touchait à l'Amérique du Sud. A cette époque, l'Asie centrale et septentrionale, toute l'Europe, ainsi que la plus grande partie de l'Afrique et de l'Amérique étaient encore sous eau. L'Anglais Sclater a nommé *Lémurie* cet ancien continent à cause de l'anthropoïde *Lémuria*. D'après le naturaliste allemand Haeckel les animaux du type lémuride se développèrent sur ce continent. (Voir : Haeckel, *Histoire naturelle de la création*.) Voici les conclusions d'un naturaliste anglais sur l'ancien continent lémurien. « La paléontologie, la géographie physique et les observations sur la distribution de la faune et de la flore témoignent d'une liaison préhistorique entre l'Afrique, l'Inde et l'Archipel océanien. Cette Australie primitive a dû exister au commencement de la période permique jusqu'à la fin de la période miocène. L'Afrique du Sud et la presqu'île indoue sont les restes de ce continent » (Blandfort : *On the age and correlation of the planbearing series of India and the former existence of an Indo-Oceanic Continent*).

La durée probable du continent lémurien fut de 4 à 5 millions d'années. Sa flore se caractérise par les conifères à

Sur le sol de ce continent, fait de granit et de lave durcie, poussent les fougères gigantesques. L'atmosphère est toujours chargée de nuages, mais une lumière douteuse la traverse. Tout ce qui grouillait jadis dans l'atmosphère de la Terre-Lune, germes de plantes et d'animaux, a reparu sur la terre en formes plus avancées. Cela nage dans l'océan, pousse, rampe, marche sur le sol, ou vole dans l'air lourd. L'être destiné à devenir l'homme, l'hermaphrodite méduséen, demi-poisson, demi-serpent de l'époque primaire, a pris la forme d'un quadrupède, d'une sorte de saurien, mais très différent des sauriens actuels, qui n'en sont que le rejet et la dégénérescence. Son système cérébro-spinal, à peine indiqué chez la Méduse humaine primitive, s'est fortement développé. Sa glande pinéale s'est revêtue d'un crâne et est devenue le cerveau, mais elle s'échappe encore d'un orifice demeuré à la partie supérieure de la boîte cranienne et s'y montre comme une aigrette mobile. Deux yeux apparaissent dans ce crâne, deux yeux qui voient à peine d'une vue trouble ; mais l'aigrette pinéale a conservé son don de sensibilité astrale, en sorte que cet être imparfait, hybride et déconcertant, aura deux espèces de perceptions : l'une encore très forte, mais qui va en diminuant, *sur le plan astral*,

---

aiguilles, les fougères géantes et des marécages chauds. Sa faune consistait en toutes sortes de reptiles. Les ichtyosaures, les plésiosaures et les dinosaures (dragons) y dominaient avec les ptérodactyles à ailes de chauve-souris. Il y avait des lézards volants de toutes tailles depuis la grosseur d'un moineau jusqu'à des sauriens munis d'ailes de 5 mètres. Les dragons ou dinosaures, terribles animaux de proie, avaient 10 à 15 mètres de longueur. (Voir *Lost Lemuria* par Scott Elliot, Londres.)

l'autre encore très faible, mais qui va en augmentant, *sur le plan physique*. Ses branchies sont devenues des poumons, ses nageoires des pattes. Quant à sa tête, elle rappelle la tête du dauphin avec des bosses frontales pareilles à celles du lion.

Pour faire de cet être demi-rampant, demi-marchant, doué de virtualités puissantes, mais si profondément humilié et misérable, un homme debout, levant sa tête vers le ciel, un être pensant et parlant, il fallait des forces plus grandes, des procédés plus subtils et plus ingénieux que tous ceux imaginés par nos savants naturalistes. Il fallait des miracles — c'est-à-dire une accumulation de forces spirituelles sur un point donné. Il fallait des Esprits d'en haut, des Dieux apparaissant sous le voile le plus léger de la matière, pour faire monter ces êtres rudimentaires vers l'Esprit. Il fallait, en un mot, leur donner un nouveau moule et leur imprimer le sceau divin. La Genèse dit simplement : *Dieu créa l'homme à son image* (Gen. I, 27) et plus loin : « Il souffla dans ses narines une respiration de vie et il fut fait en âme vivante » (Gen. II, 7). Enfin elle ajoute (au chapitre VI, 1-4) que *les fils de Dieu prirent pour femmes les filles de la Terre, d'où naquirent les géants*. Ces affirmations recouvrent des vérités profondes. La science ésotérique en donne des explications qui éclairent en même temps les paroles moïsiaques et les découvertes de la science moderne en les reliant les unes aux autres.

Avant tout l'ésotérisme précise le rôle des *fils de Dieu* qui fut complexe et divers.

Sur la Lune était restée toute une classe d'Anges, de la catégorie luciférienne et de l'ordre le plus inférieur, c'est-à-dire de ceux qui aspiraient non seulement à être les guides des hommes, mais à vivre eux-mêmes de leur vie en revêtant un corps physique et en s'immergeant dans les sensations violentes de la matière. Ceux-là vinrent s'incarner en masse dans les corps des hommes futurs encore réduits à l'état de sauriens à têtes de dauphin. Sous leur action intense se développa le système sanguin et le système nerveux. En entrant dans l'humanité naissante ils lui apportaient, avec le désir insatiable, l'étincelle divine, le principe immortel du *moi*. Mais il fallait de plus que ce moi, ainsi cristallisé, fût illuminé et fécondé par des esprits d'un ordre tout à fait supérieur et vraiment divin.

La planète Vénus était habitée alors par un ordre d'Esprits dont nous avons parlé plus haut, les Archées ('Αρχαί), éducateurs des Archanges, les plus puissants parmi ceux que la mythologie indoue désigne sous le nom d'Asouras. Par-dessus tous les autres, ces chefs de la troisième hiérarchie divine, préposée à la création et à l'éducation de l'homme, méritent le nom de Dieux. Car ils ne peuvent revêtir un corps physique, ni s'assimiler en aucune façon à la matière. Ils dédaignent le feu et ne vivent que dans la lumière. Mais ils peuvent se rendre visibles aux êtres inférieurs en revêtant un corps éthérique auquel ils donnent à volonté toutes les formes de leur pensée et une enveloppe astrale rayonnante. Tels les êtres supérieurs qui vinrent habiter, pour un temps, sur la Terre, à l'époque lémurienne. Hésiode semble parler d'eux lorsqu'il dit : *Les Dieux vêtus d'air marchaient parmi les hommes.*

Ici nous touchons pour ainsi dire du doigt les

énergies divines qui travaillèrent à la formation de l'homme. Le génie plastique des Hellènes a ramassé toute cette évolution dans l'image de Prométhée repétrissant l'argile humaine avec le feu. C'est lui qui redresse l'homme rampant vers le ciel et lui enseigne, avec les Dieux, les arts du foyer. Ici nous devons détailler, selon l'histoire véridique, et dire comment les hommes primitifs aperçurent les Dieux d'en haut, les Archées, les Seigneurs du Commencement et de la Lumière.

Qu'on se figure le sol mouvementé et encore tourmenté par le feu du continent lémurien. A perte de vue s'étendent d'immenses marécages, d'où émergent des milliers de volcans de toute grandeur. Jamais le soleil ne perce l'épaisse couche de nuages qui assombrit le ciel. Çà et là se ramifient des chaînes de montagnes, couvertes de forêts géantes. Sur un sommet dénudé, des massifs épars de rochers granitiques ont crevé l'écorce des laves refroidies. Là s'assemblent, en grand nombre, des sauriens à tête léonine et vaguement humaine. Ils approchent, attirés par l'étrange lueur qui sort d'une grotte. Car là apparaît, de temps à autre, le Maître, le Dieu qu'ils craignent et qu'ils vénèrent d'un invincible instinct.

Souvenons-nous qu'à toutes les époques les Dieux, pour se faire comprendre des vivants, sont forcés de revêtir une forme semblable à la leur. Aussi l'Instructeur qui parle à cette assemblée a-t-il la forme imposante d'un dragon ailé et lumineux. Le corps de ce puissant ptérodactyle n'est qu'un corps éthéré, entouré d'un nimbe astral comme d'une auréole rayonnante. Mais à ceux qui le regardent, il paraît plus vivant qu'eux-mêmes. Et il l'est ! il ne parle pas une langue articulée comme la nôtre. Il parle par ses gestes et par la lumière qui émane de lui. Son corps, ses ailes, l'aigrette de sa tête reluisent... et ses yeux fulgurent. Les rayons qui en partent semblent éclairer l'intérieur des choses. En les suivant, les sauriens fascinés commencent à comprendre l'âme des êtres, ils entendent même leurs voix, leurs cris. Ils y répondent et les imitent. Tout à coup, l'animal effrayant et divin s'est levé sur ses pieds, ses ailes s'agitent, sa crête flamboie. A cet appel, il se fait une trouée dans le ciel noir. Une armée de Dieux apparaît sous un ouragan de lumière ; faces inconnues, multiples, sublimes. Et, au-dessus d'eux, pour un instant, s'irradie un disque de lumière... Alors la population glissante et rampante qui suit les gestes de son maître, se dresse dans un transport d'enthousiasme et, de ses bras encore informes, adore le Dieu suprême sous la forme du Soleil qui bientôt se voile et disparaît.

Tel le genre d'enseignement, par lequel le culte des Dieux et le sentiment religieux entrèrent pour la première fois dans ce qui devait être l'humanité, au temps de la Lémurie. Ces illuminations précoces doivent être considérées comme les plus forts agents de l'évolution physique de l'homme. Elles affinèrent ses organes vitaux et assouplirent ses membres. Elles évoquèrent, du chaos des sensations tactiles, sa vue et son ouïe. Elles lui donnèrent successivement la stature verticale, la voix, la parole et les premiers rudiments du langage. A mesure que l'homme se développait, les Archées revêtirent des formes plus nobles et finirent par apparaître sous la figure de l'Archange à face humaine. Mais le souvenir des premiers maîtres de l'humanité ne cessa de hanter l'imagination des hommes, sous l'image du ptérodactyle. Il est vrai que cette hantise provient en partie d'un souvenir confus des monstres antédiluviens qui avaient des formes avoisinantes. Toutefois, dans les plus vieilles mythologies, le dragon n'est pas un être malfaisant, c'est plutôt un Dieu, c'est avant tout un magicien qui sait tout. Le Japon et l'Inde, les mythologies germaniques et celtiques en font un animal sacré. « Le roi des serpents », dans l'épopée indoue, de *Naal et Damayanti* en fournit un curieux exemple. La vénération du dragon comme un Dieu est encore un souvenir des premiers Instructeurs de l'humanité.

*

A mesure que l'homme se dégageait des formes animales et se rapprochait de sa forme actuelle, la séparation des sexes s'accentuait en lui. L'opposition des sexes et l'attraction sexuelle devait être, dans les époques suivantes, un des propulseurs les plus énergiques de l'humanité ascendante. Mais ses premiers effets furent terribles. De tels troubles et un bouleversement si général s'en suivirent, qu'ils ramenèrent la planète à un état voisin du chaos. Dans le monde animal comme dans l'humanité naissante, la première irruption des sexes dans la vie, le plaisir nouveau de créer à deux, agit comme une boisson enivrante sur tous les êtres animés, et un vertige universel s'empara du monde des vivants. Les espèces eurent une tendance à se confondre. Les ptérodactyles, unis aux serpents, enfantèrent les oiseaux de proie. La mer devint un laboratoire de monstres. De l'accouplement des espèces inférieures de l'humanité avec des mammifères naquirent les singes. L'homme n'est donc nullement un singe perfectionné. Le singe est au contraire une dégénérescence et une dégradation de l'homme primitif, un fruit de son premier péché, sa caricature et son remords vivant [1]. Le singe fait justement horreur à l'homme, car il lui dit : Prends garde de redescendre vers l'instinct, au lieu de monter vers la conscience, sinon tu deviendras semblable à moi ! »

Jamais plus épouvantable fléau ne sévit sur la planète. De ce désordre des générations sortirent toutes les passions mauvaises : les désirs sans frein, l'envie, la haine, la fureur, la guerre de l'homme et des animaux, la guerre des hommes entre eux. Les passions se répandirent dans l'atmosphère astrale de la terre comme des fumées empoisonnées, plus lourdes encore que les nuées épaisses qui pesaient sur la terre.

Le génie grec, qui humanise tout ce qu'il touche et enferme toutes les terreurs de la nature dans les lignes rédemptrices de la beauté, représente ce moment de la préhistoire par la légende de Pandore. Les Dieux jaloux de Prométhée, ravisseur du feu céleste, envoient aux hommes ce fantôme séducteur de la Femme, parée de tous les charmes. L'impru-

---

1. Dans son beau livre sur *l'Évolution créatrice*, M. Bergson reconnaît *un souffle de vie*, un *élan vital* qui traverse les espèces animales. Son intuition appliquée à l'étude détaillée de leur physiologie lui révèle que l'homme n'est pas le produit des espèces inférieures, mais qu'au contraire les espèces sont les rejetons d'un tronc unique dont l'homme est *le sommet*.

dent Épiméthée accepte le présent. Alors Pandore ouvre le couvercle du vase qu'elle tient dans ses bras gracieux. Aussitôt l'essaim de tous les maux, fléaux et maladies, s'en échappe et se répand sur la terre comme une fumée noire pour accabler le genre humain. Vite elle referme le couvercle. L'Espérance seule, arrêtée au bord du vase, y reste. — Image merveilleuse des désordres enfantés par le premier déchaînement de l'amour sexuel sur la Terre — et du désir infini de l'Ame captive, qui tressaille, malgré tout, sous l'Éternel-Féminin manifesté dans la chair.

Un désastre était imminent. Un cataclysme devait détruire une grande partie du continent lémurien [1], changer la face du globe et emporter les survivants dans une nouvelle onde de vie. Car il y a une corrélation intime et constante entre les passions qui travaillent le monde des vivants et les forces qui couvent dans les entrailles de la Terre. Le Feu-Principe, le Feu créateur, enfermé et condensé dans une des sphères concentriques de la Terre, est l'agent qui met en fusion les masses sous-jacentes de la croûte terrestre. Il y produit les éruptions volcaniques. Ce n'est pas un élément conscient, mais un élément passionnel d'une extrême vitalité et d'une formidable énergie, qui répond magnétiquement aux impulsions animales et humaines par des contre-coups violents. Tel l'élément luciférien que la terre cache sous d'autres carapaces. Étant donnée cette correspondance astrale de la vie animique du globe et de ses habi-

---

1. L'Australie, l'Inde, l'Indo-Chine, Madagascar, un bout de l'Afrique et de l'Amérique du Sud en sont les restes.

tants, on ne s'étonnera pas que l'activité volcanique du continent austral atteignit son comble à la fin de cette période.

De formidables secousses sismiques ébranlèrent d'un bout à l'autre la Lémurie. Ses innombrables volcans se mirent à vomir des torrents de lave. De nouveaux cônes explosifs d'éruption surgirent partout du sol, crachant des gerbes de flammes et des montagnes de cendres. Des millions de monstres, blottis dans les gouffres ou accrochés aux cimes, furent axphyxiés par l'air enflammé ou engloutis par la mer bouillante. Quelques-uns d'entre eux échappèrent au cataclysme et reparurent dans la période suivante. Quant aux hommes dégénérés, ils furent balayés en masse avec le continent, qui, après une série d'éruptions, s'affaissa et rentra peu à peu sous l'océan.

Cependant, une élite de la race lémurienne s'était réfugiée à l'extrémité occidentale du continent lémurien, sous la conduite d'un Manou ou Guide divin. — De là, cette élite put gagner l'Atlantide, la terre vierge et verdoyante, récemment émergée des eaux, où devait se développer une race nouvelle et la première civilisation humaine.

*
* *

Dans cet essai rapide d'une cosmogonie ésotérique, nous avons vu notre monde solaire se former par des condensations successives, analogues à celles entrevues par Laplace dans son *Système du monde* Mais derrière les lois physiques, qui sont les modes de la matière, nous avons discerné les Puissances spirituelles qui l'animent. Sous le travail de ces Puissances, nous avons vu Saturne se dégager de la nébuleuse et le Soleil s'allumer à son centre, puis les planètes naître une à une de la vie et de la lutte des Dieux. Chacune de ces étapes est un monde à part, un long rêve cosmique, où s'exprime une pensée, où se montre une face de la Divinité. — Avec les Archées, c'est la Parole du Commencement. Avec les Archanges, c'est l'extase céleste devant le Kosmos, dans la splendeur solaire. Avec Lucifer, c'est l'éclair créateur dans les Ténèbres de l'Abîme. Avec les Anges, c'est la sainte pitié. Avec l'Homme, c'est la souffrance et le désir.

Goutte tremblante de lumière, tombée du cœur des Dieux, va-t-il refaire le chemin en sens inverse, rejoindre ces Puissances qui l'ont enfanté et devenir à son tour une sorte de Dieu, en restant lui-même et libre ? — Hasardeuse, redoutable aventure, sur une route interminable, dont l'ombre efface les premiers lacets et dont une gloire aveuglante voile le but.

Essayons de le suivre sur quelques degrés de l'échelle qui se perd dans l'infini.

LIVRE II

L'ATLANTIDE ET LES ATLANTES

> Pendant l'âge d'or, les Dieux vêtus d'air marchaient parmi les hommes.
>
> Hésiode, *les Travaux et les Jours*.

CHAPITRE PREMIER

TRADITION SUR L'ATLANTIDE. SA CONFIGURATION ET SES PÉRIODES GÉOLOGIQUES

Les prêtres de l'Égypte ancienne avaient conservé soigneusement le souvenir d'un vaste continent, qui occupait jadis une grande partie de l'Océan Atlantique, et d'une civilisation puissante, engloutie avec ce continent par une catastrophe préhistorique.

Voici en quels termes Platon rapporte cette tradition d'après Solon, qui la tenait, dit-il, des prêtres égyptiens : « L'Atlantique était alors navigable et il y avait, au-devant du détroit, que vous appelez colonnes d'Hercule (actuellement le détroit de Gibraltar) une île plus grande que la Libye et l'Asie. De cette île, on pouvait facilement passer aux autres îles et de celles-là à tout le continent qui borde tout autour la mer intérieure. Car ce qui est en-deçà du détroit dont nous parlons, ressemble à un port ayant une entrée étroite, mais c'est là une véritable mer, et la terre qui l'environne, un véritable continent... Dans cette île atlan-
-ide, régnaient des rois d'une grande et merveilleuse

puissance ; ils avaient sous leur domination l'île entière, ainsi que plusieurs autres îles et quelques parties du continent. En outre, en-deçà du détroit, ils régnaient encore sur la Libye jusqu'à l'Egypte et sur l'Europe jusqu'à la Tyrrhénie. »

Voilà ce que Platon rapporte, au début de son célèbre dialogue *Timée ou de la Nature*. Mais il y a plus. Dans un autre dialogue, intitulé *Critias ou de l'Atlantide*, dialogue dont la première partie seulement a été conservée, Platon décrit longuement l'île de Poséidonis, sa ville aux portes d'or entourée de canaux étagés, son temple, sa fédération de rois-prêtres, souverains héréditaires, indissolublement liés entre eux par une constitution, œuvre d'un fondateur divin, auquel il donne le nom de Neptune. Ce curieux fragment s'arrête, au moment où, après avoir décrit la prospérité de ce peuple, qui resta longtemps fidèle à ses vertus héréditaires, il tomba dans une irrémédiable décadence par l'ambition envahissante et la perversité.

Si court qu'il soit, ce fragment est infiniment suggestif, car il nous ouvre une échappée sur un passé lointain que la longueur des siècles écoulés et le silence des annales ont dérobé au regard de l'histoire. A travers les formes hellénisées de cette peinture, on est frappé de la couleur étrange de ces mœurs et de ces rites, où une simplicité patriarcale se mêle au faste de Babylone et à la majesté des Pharaons. Platon raconte que l'île de Poséidonis, dernier reste du grand continent de l'Atlantide, fut détruite et submergée par une catastrophe qui eut lieu neuf mille ans avant l'époque de Solon. Strabon et Proclus rapportent les mêmes faits. Ajoutons que les prêtres égyptiens, qui fournirent ces notions, aux voyageurs grecs, prétendaient tenir cette tradition des Atlantes eux-mêmes par une filiation lointaine, mais ininterrompue et qu'ils disaient à Solon : « Vous autres Grecs, vous parlez d'un seul déluge quoiqu'il y en ait eu plusieurs auparavant », affirmation confirmée par la géologie moderne, qui a retrouvé la trace de ces déluges successifs dans les couches superposées de la terre. Les squelettes des mammouths d'autres animaux, et enfin de l'homme fossile, retrouvé dans les terrains tertiaires et quaternaires, sont jusqu'à ce jour les seuls documents de ces époques lointaines du globe.

En attendant qu'une science plus merveilleuse fasse revivre ce monde perdu, les découvertes de l'océanographie sont venues corroborer ces traditions anciennes. Elles ont fait surgir l'épine dorsale de l'Atlantide du fond des mers et permettent de deviner ses contours. Les sondages de l'Atlantique ont prouvé l'existence d'une immense chaîne de montagnes sous-marines, couvertes de débris volcaniques, qui s'étend du nord au sud [1]. Elle s'élève presque subitement du

---

1. « L'Atlantide, ce mystérieux continent qui reliait jadis l'Afrique à l'Amérique, et qui, si on en croit la légende, disparut un jour, englouti dans les flots, a-t-elle jamais existé autrement que dans les chants du poète ? M. Edmond Perrier annonce qu'un naturaliste, M. Germain, s'est attaché à rechercher la solution de ce problème en se basant sur des données scientifiques et rigoureuses. Il a étudié avec un soin minutieux la faune et la flore vivantes des îles du Cap-Vert et des Canaries ainsi que la faune et la flore fossiles des îles, particelles de ce continent qui émergent encore de l'océan. Ces fossiles sont identiques partout, sur tous les points des îles, de la Mauritanie comme de l'Amérique. A San-Thomé, les coraux sont identiques aux madrépores de la Floride. Tout prouve qu'il y avait un trait d'union entre les continents actuels. Tout porte à croire que l'Atlantide a disparu à la fin de la période

fond de l'Océan à une hauteur de 9.000 pieds. Les Açores, Saint-Paul, l'île de l'Ascension, Tristan d'Acunha en forment les plus hautes cimes. Ces pointes extrêmes du continent disparu émergent seules encore des flots. D'autre part, les travaux d'anthropologie et d'ethnologie comparée de Le Plongeon, de Quatrefages et de Bancroft, ont prouvé que toutes les races du globe (la noire, la rouge, la jaune et la blanche) ont occupé jadis l'Amérique, qui existait déjà en partie du temps de l'Atlantide et s'y rattachait primitivement. On a remarqué aussi des analogies frappantes entre les vieux monuments du Mexique, du Pérou et l'architecture de l'Inde et de l'Égypte. S'aidant de tous ces documents, y joignant les traditions des Indiens de l'Amérique du Nord, du Centre et du Sud et celles de tous les peuples sur le déluge, M. Scott Elliot a tenté de reconstruire une histoire de l'Atlantide qui renferme une part considérable d'hypothèses, mais qui forme un tout homogène et un ensemble concluant [1]. D'autre part, le docteur Rudolf Steiner, doué d'une haute culture ésotérique et d'une clairvoyance spéciale, a fourni, sur la constitution physique et psychique des Atlantes en rapport avec l'évolution humaine antérieure et postérieure, des aperçus d'une nouveauté et d'une profondeur saisissantes [2].

---

tertiaire. Un premier effondrement a dû se produire entre la côte du Venezuela et l'archipel qui existe encore de nos jours. La Mauritanie et les îles du Cap-Vert ont dû être séparées un peu plus tard. (*Le Temps*, 29 novembre 1911.)

1. *Histoire de l'Atlantide*, par Scott Elliot, traduit de l'anglais, avec quatre cartes. Librairie théosophique. Bailly, 10, rue Saint-Lazare.

2. *Unsere atlantischen Vorfahren*, par R. Steiner. Voir aussi le chapitre intitulé *Die Weltentwickelung* dans son ouvrage capital *Die Geheimwissenschaft im Umris.* Altmann, Leipzig, 1910.

Résumons d'abord l'histoire géologique de l'Atlantide d'après Scott Elliot.

Il y a un million d'années, l'Atlantide se rattachait, en arrière, à un large morceau déjà émergé de l'Amérique orientale.

Non seulement elle occupait tout l'espace représenté par le golfe actuel du Mexique, mais s'étendait bien au delà, vers le Nord-Est, en un vaste promontoire comprenant l'Angleterre actuelle. Se creusant et s'incurvant vers le Sud, elle formait un autre promontoire vers l'Afrique. Seule l'Afrique du Nord émergeait. Un bras de mer la séparait de l'Atlantide, en sorte que les races humaines, nées et développées sur ce continent, pouvaient atteindre directement l'Angleterre et plus tard la Norvège. D'autre part, elles n'avaient qu'un étroit canal à franchir pour passer dans l'Afrique du Nord et de là dans l'Asie méridionale, qui avait déjà fait partie de la Lémurie.

Après un premier déluge, il y a 800.000 ans, l'Atlantide, fendue en deux, de haut en bas, fut coupée de l'Amérique par un détroit. Du côté de l'Orient, elle garda sa forme de coquille ouverte, tandis que l'Irlande et l'Angleterre, soudées à la Scandinavie nouvellement émergée, formaient avec elle une grande île.

Dans un nouveau cataclysme, il y a 200.000 ans, l'Atlantide se sépara en deux îles, une grande au nord appelée Routa, une plus petite au sud du nom de Daitya. A cette époque, l'Europe actuelle était déjà formée. Pendant ces trois périodes la communication de l'Atlantide avec l'Afrique du Nord et l'Europe était restée facile.

Elle fut brusquement interrompue, il y a 80.000

ans, par un nouveau bouleversement géologique. Alors, de l'antique et vaste Atlantide, il ne resta plus que l'île appelée Poséidonis, par Platon, dernier morceau de la grande île de Routa, placé à égale distance de l'Amérique et de l'Europe.

L'île de Poséidonis fut engloutie à son tour, en l'an 9564 avant J.-C., d'après le rapport des prêtres égyptiens à Solon.

* *

Ainsi lentement, mais sûrement, la vieille Atlantide ressort du fond de l'Océan. On croit voir les voiles des millénaires se retirer l'un après l'autre et une civilisation disparue s'ébaucher à nos regards, en lignes de plus en plus distinctes, en couleurs de plus en plus fortes. C'est d'abord une prodigieuse efflorescence de vie, Eden tropical d'une humanité à demi sauvage encore, mais comme éblouie et submergée du Divin. C'est ensuite une longue série de luttes, suivie d'une fédération de rois initiés, accalmie féconde dans cette mêlée de races, dans cette fournaise humaine d'où devait sortir l'or pur du type aryen. Puis viennent la décadence et le règne de la magie noire, qui lança sur le monde la meute des passions et déchaîna les forces de l'abîme.

Essayons de fixer en quelques traits ces visions rapides.

CHAPITRE II

L'ATLANTE PRIMITIF. COMMUNION AVEC LA NATURE ET VOYANCE SPONTANÉE. LE PARADIS DU RÊVE ET LE RÈGNE DES DIEUX.

La période atlantéenne, dont nous venons de jalonner les étapes géologiques, représente dans l'histoire le passage de l'animalité à l'humanité proprement dite, en un mot le premier développement du *moi* conscient, d'où les hautes facultés de l'être humain devaient jaillir comme la fleur du bourgeon. Toutefois si, par l'enveloppe physique, l'Atlante primitif fut plus voisin de l'animal que l'homme actuel, n'imaginons pas en sa personne un être dégradé comme le sauvage d'aujourd'hui, son descendant dégénéré. Certes, l'analyse, le raisonnement et la synthèse, qui sont nos conquêtes, n'existaient chez lui qu'à l'état rudimentaire. Par contre, il possédait à un haut degré certaines facultés psychiques qui devaient s'atrophier dans l'humanité postérieure : la perception instinctive de l'âme des choses, la seconde vue à l'état de veille et de sommeil, avec cela des sens d'une acuité singulière, une mémoire tenace et une volonté impulsive dont l'action s'exerçait d'une façon magnétique sur tous les êtres vivants, quelquefois même sur les éléments

L'Atlante primitif, qui maniait la flèche à pointe de pierre, avait un corps élancé, beaucoup plus élastique et moins dense que l'homme actuel, des membres plus souples et plus flexibles. Son œil étincelant et fixe, comme ceux des serpents, semblait fouiller le sol, plonger sous l'écorce des arbres et dans l'âme des bêtes. Son oreille entendait pousser l'herbe et marcher les fourmis. Son front fuyant, son profil chevalin rappelait celui de certaines tribus indiennes de l'Amérique et les sculptures des temples du Pérou [1].

---

1. A propos du front fuyant de l'Atlante et de sa constitution cranienne, une remarque d'une importance capitale est nécessaire. Car les observations de la science occulte y viennent compléter celles de l'anthropologie. Chez l'homme adulte d'aujourd'hui, le corps éthérique ou vital est complètement absorbé par le corps physique. Chez l'Atlante, par contre, le premier dépassait le second d'une tête environ ou davantage. Il en est encore de même aujourd'hui chez tous les enfants. Le corps éthérique étant le siège de la mémoire et le cerveau l'organe par où l'homme perçoit son moi, à l'état de veille, la pleine conscience du moi n'est possible que lorsque le corps éthérique s'identifie complètement avec le corps physique et que sa partie supérieure rentre exactement dans la boîte cranienne. Ce phénomène s'est produit peu à peu chez la race atlantéenne, mais seulement au milieu de son évolution. Chez l'Atlante primitif, il n'en était pas ainsi. Sa mémoire flottait pour ainsi dire au-dessus de lui avec son corps éthérique. Il pouvait en rappeler les moindres images. Mais alors le passé devenait le présent. A peine distinguait-il l'un de l'autre, car il ne vivait que dans l'heure actuelle. Aussi n'avait-il de son moi qu'une conscience vague. Il parlait de lui-même à la troisième personne. Lorsqu'il commença à dire : *moi*, il confondit d'abord ce moi avec celui de sa famille, de sa tribu et de ses ancêtres. Il vivait immergé dans la nature, mais il vivait intensément sa vie intérieure. Son moi non réfléchi agissait avec une force d'autant plus grande sur son entourage et tour à tour en recevait des impressions violentes ou y projetait sa volonté par éclairs.

Très différente de la nôtre était la nature qui encadrait la vie de l'Atlante. Une épaisse couche de nuages pesait alors sur le globe [1]. Le soleil ne commença à la percer qu'après les convulsions atmosphériques des premiers cataclysmes. Privé des rayons du soleil, l'homme d'alors, dompteur de bêtes, éleveur de plantes, vivait en communion intime avec la flore exubérante et gigantesque et la faune sauvage de la terre. Cette nature était en quelque sorte transparente pour lui. L'âme des choses lui apparaissait en lueurs fugitives, en vapeurs colorées. L'eau des sources et des fleuves était beaucoup plus légère, plus fluide qu'aujourd'hui, mais en même temps plus vivifiante. En la buvant on s'emplissait des effleuves puissants de la terre et du monde végétal. L'air bourdonnant était plus chaud et plus lourd que notre atmosphère cristalline et azurée. Des orages sourds glissaient parfois sur la cime des montagnes ou la crête des forêts, sans coups de tonnerre, avec une sorte de crépitement, pareils à de longs serpents de feu enveloppés de nuages. Et l'Atlante abrité dans ses cavernes ou dans le tronc des arbres gigantesques, observant ces phénomènes ignés de l'air, croyait y distinguer des formes changeantes, des esprits vivants. Le Feu-Principe, qui circule en toute chose, animait alors l'atmosphère de mille météores. A force de les contempler, l'Atlante s'aperçut qu'il avait une certaine action sur eux, qu'il pouvait attirer ces nuages remplis d'un feu latent et s'en servir pour épouvanter les monstres de la forêt,

---

1. La mythologie scandinave a conservé le souvenir de cette époque quand elle parle de *Nibelheim*, le pays des nuages, où vivent les nains, fondeurs de métaux.

les grands fauves et les ptérodactyles, ces terribles dragons ailés, survivants du monde lémurien. — Bien plus tard, lorsque la magie noire devint l'unique religion d'une grande partie de l'Atlantide, l'homme devait abuser de ce pouvoir, au point d'en faire un formidable instrument de destruction.

L'Atlante primitif était donc doué d'une sorte de magie naturelle, dont quelques tribus sauvages ont conservé des restes. Il avait pouvoir sur la nature, par le regard et par la voix. Sa langue primitive, composée de cris imitatifs et d'interjections passionnées était un appel continu aux forces invisibles. Il charmait les serpents, il domptait les fauves. Son action sur le règne végétal était particulièrement énergique. Il savait soutirer magnétiquement aux plantes leur force vitale. Il savait aussi accélérer leur croissance en leur donnant de sa vie et courber en tous sens les branches flexibles des arbrisseaux. Les premiers villages atlantes furent construits ainsi d'arbres savamment entrelacés, retraites vivantes et feuillues, qui servaient d'habitation à des tribus nombreuses.

Lorsque après ses courses et ses chasses effrénées l'Atlante se reposait à la lisière des forêts vierges ou sur le bord des grands fleuves, l'immersion de son âme dans cette nature luxuriante éveillait en lui une sorte de sentiment religieux. Et ce sentiment instinctif revêtait chez lui une forme musicale. Car, à la fin du jour, à la tombée de la nuit mystérieuse et profonde, tous les bruits s'éteignaient. Plus de bourdonnements d'insectes, plus de sifflements de reptiles. Le rugissement des fauves s'apaisait, les cris des oiseaux se taisaient tout à coup. Alors on n'entendait plus que la voix monotone du fleuve, sur laquelle planait, comme une fumée légère, la voix lointaine de la cataracte. Ces voix étaient douces comme celles de la conque marine que jadis, au bord de l'Océan, le chasseur errant avait porté à son oreille. Et l'Atlante écoutait... Il écoutait toujours... Bientôt il n'entendait plus que le silence... Mais alors, replié sur lui-même et devenu sonore comme la coquille des mers, il entendait une autre voix .. Elle retentissait derrière et à travers toutes les autres, au delà du silence !... Elle semblait venir à la fois du fleuve, de la cataracte, de la forêt et de l'air. Cette voix se résolvait en deux notes ascendantes, se répétant sans cesse, chant rythmique comme celui de la vague qui se brise et se résorbe sur la plage Ces deux notes disaient « Ta-ô !... Ta-ô !... » Alors l'Atlante avait la sensation confuse que cette voix était celle d'un grand Être qui respire dans tous les êtres — et il répétait dans un sentiment d'adoration naïve : « Ta-ô !... Ta-ô ! » Et c'était toute sa prière, mais elle enfermait, dans un soupir, le pressentiment de ce que la religion a de plus profond et de plus sublime [1].

La nuit — une autre vie commençait pour l'Atlante — une vie de rêve et de vision, un voyage à travers des mondes étranges. Son corps éthérique et son corps astral, moins liés que les nôtres au corps matériel, lui permettaient une ascension plus facile dans la sphère hyperphysique. Et le monde spirituel, qui est

---

1. De ce fait primitif, conservé par la tradition, est venu le nom de la divinité suprême chez certains peuples. Le nom de *Taô* fut celui de Dieu chez les premiers Égyptiens ; il devint celui de l'initiateur de leur religion *Tot-Hermès* comme le nom de *Wod* ou *Wolan* est devenu celui d'*Odin-Sieg*, l'entraîneur de la race scandinave.

l'intérieur de l'univers, faisait irruption dans l'âme de l'homme primitif, en torrents de lumière. Dans son état de veille, l'Atlante ne voyait ni le soleil, ni les planètes, ni l'azur, ni le firmament que lui cachait la lourde couche nuageuse dont le globe se couvrait alors. Dans son sommeil, il ne voyait pas davantage leur forme matérielle, mais son âme détachée du corps baignait dans l'âme du monde, et les puissances cosmiques, animatrices de la terre et des planètes, lui apparaissaient en formes impressives et grandioses. Quelquefois il voyait le Manou, le père, le fondateur de la race, lui apparaître sous la forme d'un vieillard au bâton voyageur. Conduit par lui, le dormeur avait la sensation de franchir le lourd couvercle de vapeurs et de monter, de monter encore. Tout à coup il se voyait au centre d'une sphère de feu, autour de laquelle roulait en cercle un fleuve d'esprits lumineux, dont quelques-uns se penchaient vers lui et lui tendaient familièrement la coupe de vie ou l'arc de combat. — Tu es au cœur du Génie de la Terre, lui disait le Manou ; mais il y a d'autres Dieux au-dessus de lui. — Et la sphère s'élargissait, prodigieuse. Les êtres de feu, qui s'y mouvaient, devenaient si subtils et si transparents, qu'à travers ce voile léger on apercevait cinq autres sphères concentriques, dont chacune semblait éloignée de l'autre à des distances énormes et dont la dernière brillait comme un point lumineux. Emporté comme une flèche dans sa vision, l'Atlante plongeait d'une sphère à l'autre. Il voyait des faces augustes, des chevelures de flamme, des yeux immenses et profonds comme des gouffres, mais il ne pouvait atteindre la dernière sphère, le foyer fulgurant. — C'est de là que nous descendons tous, lui disait le Manou. — Enfin le guide divin ramenait sur la terre le voyageur astral, qui avait plongé pour un instant dans l'Ame du Monde, où rayonnent les Archétypes. On retraversait la robe vaporeuse du globe, et là le guide lui montrait, en passant, les astres frères, invisibles encore à ses yeux physiques, les luminaires de l'humanité future — ici, la lune sinistre, échouée en de noirs nuages comme un navire naufragé entre des écueils — là-bas, le soleil sortant d'une mer de vapeurs comme un volcan rouge.

Quand il s'éveillait de ses rêves, l'Atlante avait la certitude d'avoir vécu dans un monde supérieur et d'avoir conversé avec les Dieux. Car il en gardait la mémoire, mais souvent il confondait sa vie de rêve et sa vie éveillée. Pour lui les Dieux étaient des protecteurs, des compagnons avec lesquels il vivait sur un pied d'amitié. Non seulement il était leur hôte la nuit, mais ils lui apparaissaient parfois en plein jour. Il entendait leur voix dans les vents, dans les eaux, il recevait leur avis. Son âme impétueuse était si saturée de leur souffle, que parfois il les sentait en lui-même, leur attribuait ses actions et se croyait l'un d'eux.

Il faut donc nous figurer cet homme sauvage, le jour, chasseur de mammouths et d'aurochs, ce tueur agile de dragons volants, devenant, la nuit, une sorte d'enfant innocent, une petite âme errante, *animula vagula*, *blandula*, emportée dans les torrents d'un autre monde.

Tel le paradis du rêve de l'homme primitif au temps de l'Alantide. La nuit, il s'abreuvait des ondes du Léthé, il oubliait ses journées de sueur et de sang. Mais il rapportait dans son jour des lambeaux de ses visions splendides et les poursuivait encore dans ses chasses éperdues. Ces visions étaient son soleil et faisaient des trouées lumineuses dans le fouillis inextricable de ses bois ténébreux. Après sa mort il recommençait son rêve sur une plus vaste échelle, d'une incarnation à l'autre. Et, lorsque après des siècles, il renaissait dans un berceau de lianes, sous les cascades de feuillages de ses forêts suffocantes de chaleur et de senteurs, il lui restait, de son voyage cosmique, une vague illumination et comme une ivresse légère.

Ainsi, dans ces temps primitifs, la nuit et le jour, la veille et le sommeil, la réalité et le rêve, la vie et la mort, l'en-deçà et l'au-delà, se mêlaient et se confondaient pour l'homme en une sorte de songe immense, en un panorama mouvant d'un tissu translucide qui se déroulait à l'infini. Ni le soleil, ni les étoiles ne perçaient l'atmosphère nuageuse, mais l'homme, bercé par les puissances invisibles, respirait les Dieux partout.

Le souvenir lointain de cette époque a créé toutes les légendes du paradis terrestre. La mémoire confuse s'en est transmise et transformée d'âge en âge dans les mythologies des divers peuples. Chez les Égyptiens, c'est le règne des Dieux qui précède le règne des Schésou-Hor, des rois solaires ou des rois initiés. Dans la Bible, c'est l'Éden d'Adam et d'Eve gardé par les Kéroubim. Chez Hésiode, l'âge d'or où « les Dieux marchent sur la terre vêtus d'air ». L'humanité devait développer d'autres facultés et faire des conquêtes nouvelles, mais les races auront beau se succéder, les millénaires s'entasser les uns sur les autres, les cataclysmes survenir et le globe changer de face, elle gardera le souvenir ineffaçable d'un temps où elle communiait directement avec les forces de l'univers. Ce souvenir peut changer de forme, mais il demeure comme la nostalgie inextinguible du Divin.

CHAPITRE III

LA CIVILISATION ATLANTÉENNE. LES ROIS INITIÉS. L'EMPIRE DES TOLTÈQUES

Selon la tradition ésotérique, la civilisation atlantéenne, si l'on remonte à ses origines, embrasse environ un million d'années. Cette première société humaine, si éloignée et si diverse de la nôtre et dont cependant nous procédons, représente la fabuleuse humanité d'avant le déluge dont parlent toutes les mythologies. Quatre déluges, nous l'avons dit, quatre grands cataclysmes, séparés par de longs millénaires, rongèrent le vieux continent, dont le dernier vestige s'effondrera avec l'île de Poséidonis, laissant derrière lui l'Amérique actuelle, primitivement rattachée à sa masse et qui s'agrandit du côté du Pacifique, à mesure que l'Atlandide, travaillée en dessous par le feu terrestre, s'écroulait et faisait place à l'Océan. Pendant ces milliers de siècles, plusieurs périodes glaciaires, provoquées par une légère oscillation de l'axe terrestre sur son orbite, chassèrent les peuples du nord vers l'équateur, et ceux du centre refoulèrent bien des fois les autres vers les deux hémisphères du globe. Il y eut des exodes, des guerres et des conquêtes. Chaque bouleversement géologique fut précédé d'une période de prospérité et d'une période de décadence, où des causes semblables produisirent des effets analogues. Sept sous-races ou variétés de la grande race-mère atlantéenne se formèrent successivement et dominèrent tour à tour sur les autres en s'y mêlant. On reconnaît parmi elles les prototypes de toutes les races actuellement répandues sur le globe : la rouge, la jaune et la blanche, souche de la nouvelle grande race-mère, la race sémitico-aryenne, qui devait se séparer jalousement des autres pour commencer un nouveau cycle humain. On y retrouve aussi, quoique en sous-ordre, la race noire, reste déjà en régression de la vieille humanité lémurienne, d'où sortirent par croisements les nègres et les malais.

De l'histoire tumultueuse de ces peuples, la tradition des adeptes n'a retenu que les grandes lignes et les événements majeurs. Elle y note d'abord avec Platon le phénomène dominant d'une théocratie spontanée et d'un gouvernement général, qui surgit de cette mêlée de races, non par la force brutale, mais par une sorte de magie naturelle et bienfaisante. Une fédération de rois initiés règne pacifiquement pendant des siècles, et la hiérarchie des puissances divines se reflète plus ou moins dans ces masses humaines, impulsives mais dociles, où le sentiment accentué du moi n'a pas encore développé l'orgueil. Dès que celui-ci éclate, la magie noire se dresse en face de la magie blanche comme son ombre fatale et son adversaire éternel, serpent aux replis tortueux, au souffle empoisonné, qui, à partir de ce moment, ne cessera de menacer l'homme en quête de puissance. Les deux partis disposaient alors d'un pouvoir naturel sur les éléments que l'homme d'aujourd'hui a perdu. De là des luttes formidables qui se terminèrent par le triomphe de la magie noire et par la disparition totale de l'Atlantide. Donnons de ces péripéties un aperçu sommaire.

La première sous-race des Atlantes s'appelait les *Rmoahalls*. Elle s'était développée sur un promontoire de la Lémurie et s'établit dans le sud de l'Atlantide, en une contrée humide et chaude, peuplée d'énormes animaux antédiluviens, qui habitaient de vastes marécages et de sombres forêts. On en a retrouvé quelques restes fossiles dans les carrières de houilles. C'était une race géante et guerrière, au teint brun acajou, qui agissait sous de fortes impressions collectives. Son nom lui venait du cri de guerre par lequel ses tribus s'assemblaient et jetaient l'épouvante parmi leurs ennemis. Leurs chefs avaient le sentiment d'agir sous de fortes impulsions du dehors qui les envahissaient en ondes puissantes et les poussaient à la conquête de nouveaux territoires. Mais, l'expédition terminée, ces entraîneurs improvisés rentraient dans la masse, et tout était oublié. N'ayant que peu de mémoire et point d'esprit de combinaison, les Rmoahalls furent tôt vaincus, refoulés ou soumis par les autres branches de la race atlantéenne.

Les *Tlavatlis* de même couleur que leurs rivaux, race active, souple et rusée, préférait aux riches plaines les âpres montagnes. Elle s'y cantonnait comme en des forteresses et en faisait le point d'appui de ses incursions Ce peuple développa la mémoire, l'ambition, l'habileté des chefs et un rudiment du culte des ancêtres. Malgré ces innovations, les Tlavatlis ne jouèrent qu'un rôle secondaire dans la civilisation atlantéenne, mais, par leur cohésion et leur ténacité, ils se maintinrent plus longtemps que les autres dans le vieux continent. Son dernier débris, l'île de Poséidonis fut peuplée surtout de leurs descendants. Scott Elliot voit dans les Tlavatlis les ancêtres de la race dravidienne qu'on trouve encore aujourd'hui dans le sud de l'Inde.

Il appartenait aux *Toltèques*, dont le nom se retrouve parmi les tribus mexicaines, de porter la civilisation atlantéenne à l'apogée de son développement. C'était un peuple au teint cuivré, de haute taille, aux traits forts et réguliers. Au courage des Rmoahalls, à la souplesse des Tlavatlis, il joignait une mémoire plus fidèle et un profond besoin de vénération pour ses chefs. Le sage ancien, le conducteur heureux, le guerrier intrépide furent honorés. Les qualités transmises volontairement de père en fils devinrent le principe de la vie patriarcale et la tradition s'implanta dans la race. Une royauté sacerdotale s'établit ainsi. Elle s'édifia sur une sagesse conférée par des êtres supérieurs, héritiers spirituels du Manou primitif de la race, personnages doués de voyance et de divination. On peut donc dire que ces rois-prêtres furent des rois initiés. Grande fut leur puissance pendant de longs siècles. Elle leur venait d'une entente singulière entre eux et d'une communion instinctive avec les hiérarchies invisibles. Cette puissance s'exerça pendant longtemps d'une manière heureuse. Murée dans son mystère, elle s'entoura d'une majesté religieuse et d'une pompe massive, conformes à cette époque de sentiments simples et de sensations fortes.

Au fond du golfe formé par l'Atlantide, à quinze degrés environ au-dessus de l'équateur, les rois toltèques avaient édifié la capitale du continent. Cité reine, à la fois forteresse, temple et port de mer. La nature et l'art rivalisaient pour en faire quelque chose d'unique. Elle s'élevait au-dessus d'une plaine fertile, sur une hauteur boisée, dernier mamelon d'une grande chaîne de montagnes qui l'environnait d'un cirque imposant. Un temple aux pilastres carrés et trapus couronnait la ville. Ses murs et son toit étaient recouverts de ce métal particulier appelé *orichalque* par Platon, sorte de bronze aux reflets d'argent et d'or, luxe préféré des Atlantes. De loin on voyait miroiter les portes de ce temple. De là le nom de la cité aux portes d'or. La plus grande singularité de la métropole atlantéenne, telle que nous la décrit l'auteur du *Timée*, consistait dans son système d'irrigation. Derrière le temple, une source d'eau claire jaillissait à gros bouillons du sol, dans un bois, comme un fleuve vomi par la montagne. Elle provenait d'un réservoir et d'un canal souterrain, amenant cette masse liquide d'un lac des montagnes. La source retombait en nappes et en cascades pour former autour de la ville trois cercles de canaux, qui lui servaient à la fois d'abreuvoir et de défense. Plus loin, ces canaux se reliaient à un système de lagunes et à la mer, par où des flottes amenaient les produits de pays lointains. La ville s'étageait entre les canaux, au pied du temple. S'il faut en croire Platon, sur les hautes digues d'architecture cyclopéenne qui protégeaient les canaux, on voyait s'élever des stades, des champs de course, des gymnases, et même une cité spéciale, réservée aux visiteurs étrangers qu'hébergeait la ville[1].

Tant que dura la première floraison de l'Atlantide, la ville aux portes d'or fut le point de mire de tous ses peuples et son temple le symbole éclatant, le centre animateur de sa religion. C'est dans ce temple que se réunissaient annuellement les rois fédérés. Le souverain de la métropole les convoquait pour régler les différends entre les peuples de l'Atlantide, délibérer de leurs intérêts communs et décider de la paix ou de la guerre avec les peuplades ennemies de la confédération. La guerre entre les rois fédérés était sévèrement défendue et tous les autres devaient s'unir contre celui qui rompait la paix solaire[2]. Ces délibérations s'accompagnaient de rites graves et religieux. Dans le temple, s'élevait une colonne d'airain, sur laquelle étaient gravés, avec les signes de la langue sacrée, les enseignements du Manou, fondateur de la race et les lois édictées par ses successeurs, dans le cours des siècles. Cette colonne était

---

1. Voir la description détaillée de la cité aux portes d'or dans le dialogue : *Critias ou de l'Atlantide* de Platon. Il y parle de la capitale de Poséidonis qui survécut au reste du continent, mais tout porte à croire que sa description s'applique à la métropole de l'Atlantide. Il est probable que les prêtres égyptiens, de qui Platon tenait cette tradition, ont confondu les deux villes par cette habitude de condenser et de simplifier l'histoire du passé qui fut la méthode des anciens temps.

2. Voir le *Critias* de Platon. On y décrit une époque de décadence, où la magie noire avait envahi le culte depuis longtemps. Au lieu de boire l'eau pure de l'inspiration, les rois boivent le sang d'un taureau immolé, mais la constitution fédérative est restée la même.

surmontée d'un disque d'or, image du soleil et symbole de la divinité suprême. Le soleil ne perçait alors que rarement l'enveloppe nuageuse de la terre, mais on vénérait d'autant plus l'astre-roi que ses rayons effleuraient à peine la cime des montagnes et le front de l'homme. En s'intitulant fils du soleil, les rois fédérés entendaient dire que leur sagesse et leur puissance leur venaient de la sphère de cet astre. Les délibérations étaient précédées de toutes sortes de purifications solennelles. Les rois, unis par la prière, buvaient dans une coupe d'or une eau imprégnée du parfum des fleurs les plus rares. Cette eau s'appelait *la liqueur des Dieux* et symbolisait l'inspiration commune. Avant de prendre une décision ou de formuler une loi, ils dormaient une nuit dans le sanctuaire. Le matin, chacun racontait son rêve. Ensuite le roi de la cité-reine essayait de rassembler tous ces rayons pour en tirer la lumière qui guide dans l'action. Alors seulement, quand l'accord s'était fait entre tous, le nouveau décret était promulgué.

Ainsi, à l'apogée de la race atlantéenne, une sagesse intuitive et pure se répandait d'en haut sur ces peuples primitifs. Elle s'y déversait comme le fleuve des montagnes qui enveloppait la métropole de ses nappes limpides et tombait de canaux en canaux dans la plaine fertile. Quand un des rois initiés partageait avec ses sujets préférés la coupe d'or de l'inspiration, ceux-ci avaient le sentiment de boire un breuvage divin qui vivifiait tout leur être Quand le navigateur, s'approchant du rivage, voyait briller de loin le toit métallique du palais solaire, il croyait voir un rayon de soleil invisible sortir du temple qui couronnait la cité aux portes d'or.

CHAPITRE IV

L'EXPLOSION DU MOI. DÉCADENCE ET MAGIE NOIRE. CATACLYSME ET DÉLUGE

Le développement de la richesse matérielle sous les rois-pontifes de la race Toltèque devait avoir son contre-coup fatal. Avec la conscience croissante du moi s'éveillèrent l'orgueil et l'esprit de domination. La première éruption de passions mauvaises se produisit chez une race alliée des Toltèques. C'était une race croisée des Lémuriens, au teint d'un jaune noirâtre Les Touraniens de l'Atlantide furent les ancêtres des Touraniens d'Asie, et ce furent aussi les pères de la magie noire. A la magie blanche, travail désintéressé de l'homme en harmonie avec les puissances d'en haut, s'oppose la magie noire, appel aux forces d'en bas, sous le fouet de l'ambition et de la luxure. Les rois touraniens voulurent dominer et jouir en écrasant leurs voisins. Ils brisèrent le pacte fraternel qui les liait aux rois Toltèques et changèrent le culte. Des sacrifices sanglants furent institués. Au lieu du breuvage pur de l'inspiration divine, on but le sang noir des taureaux, évocatoire d'influences démoniaques[1]. Rupture avec la hiérarchie d'en-haut, pacte conclu avec les forces d'en-bas, ce fut la première organisation du mal. Celle-ci n'a jamais enfanté que l'anarchie et la destruction, puisqu'elle est l'alliance avec une sphère dont le principe même est la destruction et l'anarchie. Là chacun veut terrasser l'autre à son profit. C'est la guerre de tous contre tous, l'empire de la convoitise, de la violence et de la terreur. Le magicien noir ne se met pas seulement en rapport avec les forces pernicieuses qui sont les déchets du Kosmos, il en crée de nouvelles par les formes-pensées dont il s'entoure, formes astrales, inconscientes, qui deviennent sa hantise et ses tyrans cruels. Il paye son plaisir criminel d'opprimer et d'exploiter ses semblables en devenant l'esclave aveugle de bourreaux plus implacables que lui-même, les fantômes horribles, les démons hallucinatoires, les faux-dieux qu'il a créés. Telle l'essence de la magie noire qui se développa au déclin de l'Atlantide en des proportions colossales qu'elle n'a plus atteinte depuis On vit des cultes monstrueux. On vit des temples consacrés à des serpents gigantesques, à des ptérodactyles vivants, dévorateurs de victimes humaines. L'homme puissant se fit adorer par des troupeaux d'esclaves et de femmes

Dès qu'avec la corruption atlantéenne la femme devint un instrument de plaisir, la frénésie sensuelle se développa avec une force croissante. La polygamie pullula. D'où la dégénérescence du type humain chez les races inférieures et chez une partie des peuples

---

1. Cela se passait ainsi dans l'île de Poséidonis, aux derniers temps de l'Atlantide. Voir le *Critias* de Platon.

de l'Atlantide. — Le culte insensé du moi y revêtit encore une forme naïve et bizarre. Les riches prirent l'habitude de faire placer leurs statues en orichalque, en or ou en basalte, dans les temples. Un culte était rendu par des prêtres spéciaux à ces idoles ridicules de la personne humaine. C'est même la seule forme de sculpture que connurent les Atlantes.

De siècle en siècle le mal s'accumula : l'irruption envahissante du vice, la fureur de l'égoïsme et l'anarchie prirent une telle extension que toute la population atlantéenne se divisa en deux camps. Une minorité se groupa autour des rois Toltèques, restés fidèles à la vieille tradition, le reste adopta la religion ténébreuse des Touraniens. La guerre entre la magie blanche affaiblie et la magie noire grandissante, dont l'Atlantide fut le théâtre, eut d'innombrables péripéties. Les mêmes phases se répétèrent avec un véritable acharnement. Longtemps avant la première catastrophe, qui bouleversa le continent, la ville aux portes d'or fut conquise par les rois touraniens. Le pontife des rois solaires dut se réfugier dans le Nord, auprès d'un roi allié des Tlavatlis, où il s'établit avec un noyau de fidèles. A partir de ce moment commencèrent les grandes migrations vers l'Orient, tandis que la civilisation proprement atlantéenne ne fit que déchoir. Les Touraniens occupèrent la métropole et le culte du sang profana le temple du soleil. La magie noire triomphait. La corruption et la perversité se répandirent en des proportions effrayantes dans cette humanité impulsive, encore dépourvue du frein de la raison. La férocité des hommes se répandit même par contagion dans le monde des bêtes. Les grands félins, primitivement domestiqués par les Atlantes, devinrent les jaguars, les tigres et les lions sauvages. Enfin le désordre gagna les éléments et toute la nature, Némésis inéluctable de la magie noire. Une première catastrophe sépara l'Atlantide de l'Amérique naissante. D'autres suivirent à de longs intervalles.

Les quatre grandes catastrophes qui engloutirent ce continent superbe n'eurent pas le même caractère que les cataclysmes de la Lémurie. Nous y voyons les mêmes puissances en jeu, mais elles se manifestent autrement sous des impulsions diverses.

La terre est un être vivant. Sa croûte solide et minérale n'est qu'une mince écorce comparativement à l'intérieur de la boule, composée de sphères concentriques d'une matière subtile. Ce sont les organes sensitifs et générateurs de la planète. Réservoirs de forces primordiales, ces entrailles vibrantes du globe répondent magnétiquement aux mouvements qui agitent l'humanité. Elles emmagasinent en quelque sorte l'électricité des passions humaines et la renvoient périodiquement à la surface en masses énormes.

Au temps de la Lémurie, le déchaînement de l'animalité brutale avait fait jaillir le feu terrestre directement à la surface du globe, et le continent lémurien s'était changé en une sorte de solfatare bouillante, où des milliers de volcans se chargèrent d'exterminer par le feu ce monde grouillant de monstres informes

Au temps de l'Atlantide, l'effet des passions humaines sur l'âme ignée de la terre fut plus complexe et non moins redoutable. La magie noire, alors dans toute sa puissance, agissait directement sur le centre de la terre, d'où elle tirait sa force. Par là, elle excita dans le cercle du feu élémentaire d'autres impulsions. Ce feu, venu des profondeurs par des voies tortueuses, s'accumula dans les fissures et les cavernes de la croûte terrestre. Alors les Puissances, qui président aux mouvements planétaires, imprimèrent à cet élément subtil, mais d'une force de dilatation prodigieuse, la direction horizontale vers l'Occident. De là les secousses sismiques qui, d'époque en époque, ébranlèrent l'Atlantide de l'Est à l'Ouest et dont l'axe principal suivait la ligne de l'équateur. De leur point de départ à leur point d'arrivée, ces vagues de feu souterrain creusaient et fouillaient la croûte terrestre de l'ancien continent. La base se dérobant sous elle, l'Atlantide s'affaissa par morceaux et finit par s'écrouler dans la mer avec une grande partie de ses habitants. Mais à mesure que disparaissait le continent submergé, une autre terre surgissait à l'Occident avec sa barrière de cimes. Car, parvenus au terme de leurs larges ondulations, ces lames de fond de la planète enfiévrée, ces vagues gigantesques du feu intérieur, soulevèrent en crêtes volcaniques la chaîne des Cordillères, des Andes et des Montagnes Rocheuses, épine dorsale de la future Amérique. Ajoutons que les décharges d'électricité, qui accompagnèrent ces phénomènes, déchaînèrent dans l'atmosphère des cyclones, des tempêtes et des orages inouïs. Une partie de l'eau, qui jusque-là vagabondait dans l'air sous forme de vapeurs, fondit sur le continent en cascades et en torrents de pluie. La submersion du sol accompagna son effondrement, comme si les puissances du ciel et de l'abîme s'étaient conjurées pour sa perte. La tradition veut que soixante millions d'hommes périrent à la fois dans le dernier de ces déluges.

Ainsi fut balayée la terre de l'Atlantide, devenue

l'arsenal de la magie noire. Et voilà pourquoi la cité aux portes d'or, les îles aux palmes verdoyantes Routa et Daitya et les cimes altières de Poséidonis disparurent successivement sous le flot impassible de l'Océan vainqueur, tandis que l'azur profond et lumineux s'élargissait entre les nuages déchirés, comme l'œil de l'Éternel.

*
* *

Rien ne se perd dans l'évolution terrestre, mais tout se transforme. Les Atlantes devaient revivre en Europe, en Afrique, en Asie par les races émigrées et par la réincarnation périodique des âmes, mais l'image du continent englouti s'effaça dans la mémoire de la nouvelle humanité pensante, conquérante et combative, comme un songe fabuleux, comme un mirage d'outre-mer et d'outre-ciel. Elle n'en garda que le souvenir troublant d'un Eden perdu, d'une chute profonde et d'un déluge effrayant. Les poètes grecs, dont les plastiques évocations cachent souvent un sens merveilleux, parlaient d'un colosse-fantôme, assis au milieu de l'Océan, au delà des colonnes d'Hercule et soutenant le ciel nuageux de sa tête puissante. Ils l'appelaient le géant Atlas. Savaient-ils qu'à l'aube de leurs jours les Atlantes voyants avaient réellement communié avec les Dieux à travers leur ciel obstrué de nuages ? Ou serait-ce qu'au fond de toute conscience humaine dort le rêve d'un paradis perdu et d'un ciel à conquérir ?

CHAPITRE V

PREMIER DÉVELOPPEMENT DE LA RACE BLANCHE
SA RELIGION SOLAIRE ET SON EXODE

Après cet aperçu à vol d'oiseau de la civilisation atlantéenne, de ses origines, de son apogée et de sa décadence, il nous reste à voir comment notre humanité sémitique et aryenne s'est dégagée de l'antique Atlantide, pareille au buste semi-humain, semi-divin qui sort des flancs du sphinx de Gisèh. Car, à l'entrée en scène de chaque race-mère, on assiste au miracle du phénix renaissant de ses cendres. Avant que la vieille race n'entre en décomposition, on y voit se former le noyau d'une race d'élite, qui tire d'une vie meilleure une nouvelle jeunesse.

Représentons-nous d'abord le changement total que l'éclaircissement graduel de l'atmosphère produisit dans la mentalité humaine. Tant que d'épais nuages voilèrent son ciel, l'homme fut réduit fatalement à une vie de pénombre et de rêve. Mais maintenant le soleil promenait tout le jour son flambeau dans l'azur. La nuit, d'innombrables étoiles perçaient le firmament, et cette symphonie de mondes flamboyants se mouvait en rythmes harmonieux. L'univers dévoilé resplendissait dans sa beauté. Toutes les routes de la terre et de la mer s'ouvraient sous le ciel sans bornes. N'était-ce pas l'heure des longs désirs et des grands départs ? Si tout marche dans l'univers, l'homme ne doit-il pas marcher pour connaître et pour conquérir ?

Ce fut l'œuvre de la race blanche, souche commune des Sémites et des Aryens, en qui les qualités mâles de la raison, de la réflexion et du jugement devaient dominer toutes les autres [1]. Mais pour développer ces facultés, il fallait une longue discipline et une vie à part séparée des autres races. De bonne heure ses guides l'entraînèrent vers l'Est et le Nord. Le but final de cet exode, qui dura des siècles et des millénaires, devait être la région centrale de l'Asie. Sur ces hauts plateaux, à l'air salubre, hors de l'atteinte des autres races, au pied de l'Himalaya « ce toit du monde » devait se constituer définitivement la civilisation aryenne. C'est de là qu'essaimeront plus tard, les divers groupes de la nouvelle race destinée à gouverner le monde, qu'on nomme souvent la race indo-européenne : Aryas de l'Inde, Iraniens, Scythes, Sarmates, Grecs, Celtes et Germains, ainsi que les Sémites primitifs de la Chaldée. Mais avant d'atteindre cette citadelle de l'Asie, protégée par les plus hautes montagnes de la terre, la race blanche eut de nombreuses étapes et fit de longues haltes en divers pays. La première et la plus importante eut lieu en Irlande,

---

1. Voir l'admirable caractéristique de la race blanche, comparativement à la race jaune et à la race noire, dans *l'Inégalité des races humaines*, de Gobineau.

qui formait alors une grande île avec l'Angleterre, le Nord de la France et la Scandinavie. Cette station servit d'exercice et d'éducation à l'élite blanche de l'Atlantide en route pour une patrie nouvelle. Là, ses guides la soumirent à un entraînement particulier [1].

« L'humanité, dit Rudolf Steiner, avait alors des guides qui tenaient leur sagesse d'une source surhumaine. On les vénérait comme des *messagers des Dieux* et ils l'étaient en effet. Ces êtres furent les instructeurs des rois atlantes. On disait que ces instructeurs avaient *commerce avec les Dieux*, et cela était vrai. Ce qui se passait dans les temples de l'Atlantide était inaccessible au peuple. Il ne comprenait pas davantage les intentions de ses guides. Leurs enseignements devaient aussi être conçus dans une forme différente de tous les autres.

« La langue dans laquelle les Dieux parlaient à ces messagers n'avait rien de terrestre. Ils leur apparaissaient dans « des nuages de feu » pour leur dire

---

1. La science du dix-neuvième siècle a établi l'unité de la race aryenne sur la base de la philologie et de la mythologie comparées. Elle a pu fixer ainsi le berceau de nos civilisations dans l'Asie centrale, d'où sont parties ses migrations vers le Sud et l'Occident, et dont nos langues et nos annales ont conservé les traces. C'est là un beau résultat, mais la science exotérique ne remonte pas au delà. Les données lui manquent pour nous faire connaître l'origine et le développement primitif de la race blanche.
De là est venue cette conception un peu enfantine que la race aryenne est apparue dans le monde comme un fait primordial, comme un tout achevé et qu'elle est en quelque sorte le fruit naturel de l'Asie centrale. — La tradition occulte, en faisant sortir la race blanche, comme toutes les autres, de la race atlantéenne sortie elle-même des Lémuriens, rattache par là notre humanité à l'ensemble organique du développement terrestre et planétaire, selon les lois de l'histoire naturelle.

comment ils devaient guider les hommes. Les messagers des dieux pouvaient recevoir ces révélations parce qu'ils étaient eux-mêmes les plus parfaits parmi leurs frères humains. Ils étaient déjà parvenus à un haut degré de développement dans leurs vies précédentes. On pouvait les appeler des esprits supérieurs sous forme humaine, mais leur véritable patrie n'était pas la terre. Ces esprits-guides, ces messagers des Dieux commandaient les hommes sans leur indiquer les principes d'après lesquels ils les dirigeaient. Car, avant la cinquième race atlante, souche des Sémites primitifs, les hommes n'auraient pas pu les comprendre. *La pensée* n'était pas encore préparée en eux. La race sémitico-aryenne fut donc préparée à une nouvelle forme de la pensée... Jusque-là les Dieux avaient conduit les hommes par leurs messagers. Maintenant les hommes devaient connaître l'essence des Dieux et se considérer eux-mêmes comme les exécuteurs de la Providence [1]. »

Ces lignes résument l'orientation dominante de la race blanche et ce qui la différencie de la race atlantéenne. Celle-ci avait communié instinctivement avec les forces cosmiques ; l'autre reçut la mission de réaliser le Divin par son propre effort. Pour la préparer à cette œuvre difficile, ses guides lui imposèrent une vie rude dans un climat froid et pluvieux. Toute la civilisation de l'Atlantide fut honnie. Les chefs guerriers lancèrent des imprécations terribles contre les cités monstrueuses où beaucoup de blancs captifs avaient travaillé comme esclaves à des constructions

---

[1]. *Unsere atlantischen Vorfahren*, par RUDOLF STEINER (Leipzig, Altmann).

cyclopéennes, parmi des troupeaux d'autres esclaves, mâles et femelles, à la peau rouge, jaune ou noire. On maudit les tyrans de l'Atlantide, leurs vices et leur luxe pervers. On maudit la pierre taillée comme un signe d'esclavage ; et la pierre brute, les blocs anguleux des rochers furent considérés comme des symboles de liberté et les seuls autels dignes des Dieux. On ne voulut plus que la vie au grand air, dans des huttes de bois, ou sur des chars de guerre et de combat. On se cantonna au milieu des forêts de sapins et de hêtres où bondit le cerf et l'élan. Plus de temples trapus, recouverts de métal, où coulait le sang des victimes, où luisaient des statues d'orichalque et d'or, louches fétiches, mais des pierres debout, sous le ciel, sur de vastes landes, comme celles de Karnac en Bretagne, ou de grands cercles de menhirs, comme celui de Stonehenge, en Angleterre, véritables cadrans astronomiques, orientés selon les révolutions solaires. La vie humaine devait se régler sur le cours des saisons et la marche des astres. Les phénomènes atmosphériques servaient de point de départ à l'enseignement religieux.

On se figure le guide d'un de ces peuples, debout sur une falaise, à la fin d'une journée orageuse, quand le ciel s'éclaircit sur l'Océan derrière les pans troués des nuages, on se figure le Manou montrant à l'assemblée l'arc-en-ciel, un pied posé sur l'Océan et l'autre sur une île assaillie par les flots, et disant à son auditoire : « Vos ancêtres habitaient dans un pays toujours couvert de brume, où le soleil ne se voyait pas, mais ils avaient commerce avec les Dieux. Aujourd'hui les Dieux ne se montrent plus que rarement, mais ils ont laissé aux hommes un signe d'alliance. C'est par l'arc-en-ciel que les Dieux descendent sur la terre et remontent vers leurs demeures. Souvenez-vous que vous êtes fils des Dieux ! » — Ce n'était plus la vision directe du monde divin, — mais la nature, trempée du mystère divin, lui servait de piédestal et de véhicule.

Chez quelques-uns de ces peuples blancs, le culte des ancêtres se rattachait à la lune, l'astre consacré aux morts. Bien des siècles plus tard, leurs descendants, revenus aux mêmes lieux par une route inverse, évoqueront l'âme des aïeux, aux rayons lunaires, dans leurs forêts brumeuses, et les appelleront à leur aide contre leurs ennemis. Mais, à ces époques reculées, le culte des ancêtres avait une signification plus profonde et jouait un rôle mystérieux dans la génération des enfants. Au solstice d'hiver, dans la nuit la plus longue, qu'on appelait *la nuit-mère* de l'année, réputée celle des conceptions heureuses, le Manou disait aux hommes et aux femmes nocturnement assemblés autour de la pierre sacrée : « Vos ancêtres sont près des Dieux. Vivez selon les rites et les lois saintes et ils viendront revivre parmi vous. Ils s'incarneront dans les enfants de vos épouses. Hommes, soyez forts, et engendrez des guerriers intrépides. Femmes, soyez pures, et concevez des héros pour la race future ! »

Tout autre était son langage au solstice d'été, quand le peuple se réunissait au point du jour dans le vaste cercle des menhirs géants, qui personnifiaient à la fois les mois et les saisons, les ancêtres et les Dieux. Quand le soleil apparaissait entre les deux pierres les plus hautes de l'enceinte sacrée, le Manou disait au peuple : « Voilà l'image du Dieu suprême vers lequel il faut marcher, pour conquérir la terre des purs et des forts et construire la cité vivante des Dieux. Marchez vers le soleil levant [1] ! »

Marcher vers le soleil avec le feu ravi du ciel, n'est-ce pas le signe de la race aryenne, à l'aurore comme au plein midi de son histoire, dans son premier flux vers l'Orient comme plus tard dans son reflux vers l'Occident ? Soleil levant, ou avenir terrestre — soleil couchant, ou avenir céleste, son but sera toujours la Vérité et toujours le Divin. Lumière de la science, feu du sacrifice ou flambeau de la foi, son moyen sera toujours le libre effort et l'élan combiné du cœur et de l'esprit. Lorsqu'un de ces éléments fera défaut à l'Aryen, il tombera dans le fanatisme ou dans l'anarchie, il sera infidèle à son génie et à sa mission. Car l'Aryen a eu le courage de chercher l'Eternel par la Liberté.

---

1. Voir l'exode de la race blanche vers l'Asie dans les *Grands Initiés*, au livre de *Rama.*

LIVRE III.

LE MYSTÈRE DE L'INDE

> KRICHNA. J'ai eu bien des naissances, et toi-même aussi, Ardjouna : je les sais toutes ; mais toi, héros, tu ne les connais pas.
>
> LE CHANT DU BIENHEUREUX.
> (*Baghavad-Gita.*)

CHAPITRE PREMIER

LE MONDE VÉDIQUE ET BRAHMANIQUE

L'Inde est par excellence la terre des mystères et des traditions occultes, parce qu'elle est la plus vieille du monde et la plus lourde d'histoire. Nulle part plus d'humanité ne s'est entassée sur plus de nature. Là les montagnes énormes ont surgi derrière les montagnes, les espèces ont grouillé sur les espèces et les races humaines ont roulé les unes sur les autres comme le limon des fleuves. Le *Djampoud-vipa*, la terre hérissée de monts (c'est ainsi que Valmiki, l'Homère de l'Inde, appelle sa patrie) a vu évoluer les êtres vivants depuis les sauriens et les serpents monstres de la Lémurie jusqu'aux plus beaux exemplaires de la race aryenne, les héros du *Ramayana*, au teint clair et aux yeux de lotus. L'Inde a vu toute l'échelle des types humains, depuis les descendants des premières races, retombés dans un état voisin de l'animalité jusqu'aux sages solitaires de l'Himalaya et au parfait Bouddha, Çakia-Mouni. Et de tout ce qui a pullulé pendant d'innombrables années, au soleil des tropiques sur ce sol fécond, elle a conservé quelque chose. Monuments grandioses, animaux rares, types d'humanités disparues, souvenirs d'époques immémoriales qui flottent encore dans l'air chargé de parfums et dans les vieilles prières. Des temps antédiluviens, elle garde le majestueux et sage éléphant, le boa dévorateur et des armées de singes folâtres. Des temps védiques, il lui reste le culte des éléments et des ancêtres. Malgré l'invasion musulmane et la conquête anglaise, la civilisation brahmanique y règne toujours en maîtresse, avec ses milliers de divinités, ses vaches sacrées et ses fakirs, ses temples creusés au cœur des montagnes et ses pagodes monstrueuses dressées au-dessus des forêts et des plaines, pyramides de dieux superposés. On rencontre là les plus violents contrastes sans que personne s'en offusque. Le plus grossier fétichisme y vit en paix avec la philosophie la plus raffinée. A côté du mysticisme et du pessimisme transcendants, les religions primitives y célèbrent encore leurs cultes émouvants.

Les voyageurs qui ont assisté à la fête printanière de Siva, à Bénarès, l'ont constaté. Ils ont vu, non sans étonnement, tout un peuple, brahmanes et maharajas, princes et mendiants, sages et fakirs, jeunes hommes demi nus et femmes d'une beauté merveilleuse, enfants graves et vieillards chancelants sortir comme une marée humaine des palais et des temples qui bordent la rive gauche du Gange sur un parcours de deux lieues. Ils ont vu cette foule, ruisselante de soies somptueuses et de haillons sordides, descendre les escaliers gigantesques, pour laver ses péchés dans les eaux purifiantes du fleuve sacré et saluer de ses cris enthousiastes accompagnés d'une avalanche de fleurs l'Aurore indienne, l'Aurore au front de rose et au cœur d'ambre — qui précède le soleil fulgurant [1]. Ceux-là ont pu se donner la sensation submergeante du culte védique encore vivant au cœur de l'Inde et des grandes émotions religieuses aux premiers jours de l'humanité aryenne. D'autres voyageurs, poussés par une sorte de piété ancestrale et par la soif des origines, ont pénétré jusqu'aux sources du Gange. Ceux-ci ont goûté une sensation plus rare et plus aiguë. Car ils ont entendu les chants sacrés retentir dans la bouche des pèlerins, au point du jour, au bruit des eaux qui fluent des neiges éternelles et aux premières lueurs de l'aube dans le pur éther des cimes himalayennes [2].

D'où vient donc à cette terre et à ce peuple son caractère unique et merveilleux ? D'où vient qu'ici le passé lointain et vénérable domine encore le présent, tandis que, dans nos villes d'Occident, le présent renie le passé en sa fièvre d'invention et semble vouloir le broyer sous la rage aveugle de ses machines ?

La réponse à cette question est dans la mission providentielle de l'Inde. Cette mission fut de conserver à travers les âges et de répandre parmi les autres nations les plus vieilles traditions humaines et la science divine qui en est l'âme. Tout y contribua, la configuration géologique, les vertus éclatantes de la race initiatrice, la largeur et la hauteur

---

[1]. Voyez la saisissante description de cette fête dans le livre de M. Chevrillon, *Sanctuaires et paysages d'Asie* (Le matin à Bénarès).

[2]. Voyez les beaux récits du savant indianiste et poète Angelo de Gubernatis dans ses *Perigrinazione indiane*.

de son inspiration première, et aussi la diversité des races qui a fait de cette terre une troublante et prodigieuse fourmilière humaine.

La mer et la montagne, qui moulent le visage de la planète, se sont conjurées pour faire de l'Inde la terre de la contemplation et du rêve, en l'encerclant de leurs masses liquides et rocheuses. Au Sud, l'océan Indien enveloppe ses côtes presque partout inaccessibles. Au Nord, se dresse, barrière infranchissable, la plus haute chaîne du globe « l'Himavat, toit du monde et trône des Dieux, » qui la sépare du reste de l'Asie et semble vouloir la relier au ciel. Aussi l'Himalaya donne-t-il à l'Inde son caractère unique parmi les pays tropicaux. Toutes les saisons, toutes les flores, toutes les faunes s'étagent sur ses flancs, du palmier géant au sapin alpestre, du tigre rayé du Bengale à la chèvre laineuse du Cachemyre. De ses dômes de glace, il verse trois grands fleuves aux plaines brûlantes, l'Indus, le Gange et le Bramapoutra. Enfin, c'est par les brèches du Pamyr qu'est descendue la race élue des conquérants qui lui amenèrent ses Dieux. Fleuve humain, non moins fécond, qui, en se mêlant aux races indigènes, devait créer la civilisation indienne. Il semble que le poète Valmiki ait résumé le miracle aryen au début de son *Ramaya-na* quand il peint la Ganga tombant du haut du ciel sur l'Hymalaya, à l'appel des plus puissants ascètes. D'abord, les Immortels se montrent dans toute leur splendeur et le ciel s'illumine à leur venue d'une clarté flamboyante. Puis le fleuve descend et l'atmosphère est toute pleine d'écumes blanches comme un lac argenté par une multitude de cygnes. Après avoir bondi de cascade en cascade, de vallée en vallée, la Ganga atteint la plaine. Les Dieux la précèdent sur leurs chars étincelants ; les dauphins et les nymphes célestes, les Apsaras, dansent sur ses flots. Hommes et bêtes suivent sa course majestueuse. Enfin elle gagne la mer, mais l'Océan lui-même ne peut l'arrêter. La rivière sainte plonge jusqu'au fond des enfers et les âmes se purifient dans ses flots pour remonter aux Immortels [1]. Image superbe de la sagesse primordiale, qui tombe des hauteurs du ciel et descend jusqu'aux entrailles de la terre pour lui arracher son secret.

I. — *Les richis des temps védiques et la sagesse primordiale.*

Après que le Manou, conquérant de l'Inde, appelé Rama [2] par la tradition indoue et que plus tard les Grecs identifièrent avec leur Dionysos, eut frayé la voie à ses successeurs, un fort torrent de race aryenne descendit des hauts plateaux de l'Iran par la vallée de l'Indus dans les plaines de l'Indoustan. Alors les populations noires et jaunes de l'Inde primitive se trouvèrent en présence de vainqueurs à la peau blanche, aux cheveux dorés, au front brillant, qui leur semblèrent des demi-dieux. Sur son char traîné par des chevaux blancs, le chef aryen apparaissait couvert d'armes luisantes, la lance au poing ou l'arc à la main, pareil au dieu Indra des hymnes védiques qui chasse devant lui les nuées du ciel avec les éclairs et la foudre. Il triomphait facilement avec ses com-

---

1. *Le Ramayana*, t. I, p. 38. Traduction d'Hippolyte Fauche.
2. Voyez *la Légende de Rama* dans mes *Grands Initiés*.

pagnons des hordes noires qu'il combattait. Il les repoussait devant lui en les soumettant sans violence, sans cruauté, quelquefois par sa seule présence. Il en faisait des artisans, forgerons d'acier, tisseurs de laine et de lin, ou gardiens des grands troupeaux de bétail dont vivait sa peuplade. L'indigène, superstitieux et craintif, qui adorait ses fétiches, des serpents ou des dragons, qui ne voyait dans le soleil et les astres que des démons hostiles, entendait avec étonnement le chef aryen lui dire qu'il descendait de ce soleil et que le dieu Indra, qui tonnait dans le ciel, était son protecteur, maniant l'éclair comme lui les armes Souvent aussi, au milieu des grands pâturages ceints de palissades, dans la maison de bois habitée par le patriarche, le serviteur au teint foncé voyait, avec la même surprise, l'épouse resplendissante de blancheur aviver le feu du foyer avec des gestes graves en prononçant des formules magiques et appeler cette flamme : le dieu Agni. Il se disait alors que cette race était en possession d'une magie nouvelle et que le feu qu'elle portait avec elle lui venait des dieux redoutables, des dieux d'en haut.

Si toutefois l'on eût demandé au patriarche, au chef aryen ou au roi conducteur de peuplade d'où lui venaient son pouvoir, sa richesse, ses gras troupeaux, la noble épouse, les fils vaillants, les filles florissantes, il eût répondu : Du sacrifice du feu que nous célébrons sur la colline avec le brahmane.

Or, que signifiait ce sacrifice du feu ? et qu'était-ce que ce brahmane ? Une famille ou une tribu entière est réunie avant le jour sur la colline où se dresse l'autel de gazon. On chante l'Aurore, « la généreuse Aurore, la fille du ciel, qui réveille tous les êtres ».

Elle se lève, le feu s'allume sur l'autel dans l'herbe sèche par le bois frotté, et le soleil bondit de cime en cime. Un chanteur s'écrie : « Admire la grandeur et le miracle de ce Dieu : hier il était mort, aujourd'hui il est vivant ! » Ainsi Agni était dans le ciel et sur la terre, dans le soleil et dans la foudre ; l'homme ressuscite le Dieu mort en allumant le feu de l'autel. Tous les dieux s'y mêlent, et les ancêtres, vêtus d'un corps glorieux, viennent eux aussi s'asseoir sur le gazon et veiller sur la famille. Ainsi l'Aryen primitif entre dans le sacrifice universel, et ce sacrifice est joyeux. La figure et le mouvement des dieux, c'est-à-dire les forces cosmiques invisibles, se dessinent sous la transparence de l'univers. Le Jour et la Nuit sont comparés à « deux tisseuses qui dansent en rond autour du pilier du monde ». Le Ciel et la Terre sont appelés « les deux valves du monde ». Et l'Aryen croit que par une de ces valves les dieux descendent sur la terre et que par l'autre les hommes remontent vers les dieux. Il le croit parce qu'il le sent et le voit dans sa communion intime avec les éléments. Il le croit plus encore parce que l'évocateur du feu, le maître de la science sacrée, le brahmane l'affirme.

Celui-là est vraiment l'inspirateur des patriarches, des chefs et des rois, l'ordonnateur de ce jeune monde. « C'est lui qui accomplit tous les rites. Il consacre le jeune homme à la tribu. Il interprète les songes et les signes, aide à l'expiation des fautes et de l'impureté. Il connaît les rites secrets par lesquels on devient l'ami et le compagnon du soleil, par lesquels on se pénètre de sa force et ceux par lesquels on acquiert le pouvoir sur les nuées et la pluie. Il connaît toutes les magies de la vie quotidienne, les charmes de l'amour, de la guerre, des champs et des troupeaux. Il écarte et guérit les maladies. Il est le médecin et le jurisconsulte de cet âge, et tous ces pouvoirs lui viennent de sa science spirituelle. On l'invite, on lui fait des présents pour obtenir sa parole bienfaitrice et ses bénédictions et éviter ses malédictions. Il est avant tout le sacrificateur et le connaisseur des innombrables rites secrets qui rendent fécond le sacrifice[1]. » Lorsque les Bharata ont vaincu en Inde, le prêtre du roi vainqueur leur dit : « Je chante les louanges d'Indra, du monde terrestre et divin, moi Viçvamitra. Ma parole magique protège les Bharata (hymne védique). » Un prêtre royal de cette espèce est « la moitié du *moi* » d'un prince. A sa nomination, le prince prononce une parole analogue à celle de l'époux qui saisit la main de l'épouse : « Ce que tu es, je le suis ; ce que je suis, tu l'es ; toi le ciel, moi la terre ; moi la mélodie du chant, toi la parole. Ainsi accomplissons le voyage ensemble. »

Mais si l'on eût demandé à ce brahmane : « — D'où te vient ta science ? » il eût répondu : « — Des *richis*. »

Qu'était-ce donc que ces richis ? Les fondateurs préhistoriques de la caste et de la science des brahmanes. Dès l'aube des temps védiques, ceux-ci formaient une caste séparée des profanes. Les brahmanes se divisaient alors en sept tribus et se disaient les possesseurs uniques du *Brahmân*, c'est-à-dire de la sainte magie qui permet le commerce avec les êtres divins du monde spirituel. Eux seuls avaient le droit de prendre part au breuvage enivrant, au *sôma*, à la

---

1. HERMANN OLDENBERG, *Die Literatur des alten Indiens*, 1903.

boisson des Dieux, dont la liqueur du sacrifice rituel n'était que le symbole. Ils faisaient remonter leur origine à des êtres lointains et mystérieux, aux *sept richis* « qui, au commencement des choses, sous la direction divine, avaient conduit les hommes *au delà du fleuve du monde Rasa* [1] ». Ceci prouve clairement que les richis des temps védiques avaient conservé par tradition le souvenir des émigrations qui vinrent de l'Atlantide en Europe et en Asie.

Or ces richis avaient laissé des successeurs, qui vivaient dans les forêts, près des lacs sacrés, dans les solitudes de l'Himalaya ou au bord des grands fleuves. Pour seule demeure, un abri de bois recouvert de feuillages. D'habitude, quelques disciples les entouraient dans l'ermitage rustique. Parfois ils habitaient seuls leur cabane, près d'un feu couvant sous la cendre, ou avec une gazelle, compagne silencieuse et docile de leurs méditations profondes. Les richis formaient, à vrai dire, l'ordre supérieur des brahmanes. D'eux venaient la doctrine, la pensée inspiratrice, les règles et les lois de la vie, la sagesse secrète. Quelques-uns d'entre eux, comme Viçvamitra et Vasichta, sont nommés dans les Védas comme auteurs des hymnes. En quoi consistait donc cette sagesse immémoriale, qui remonte à des temps où l'usage de l'écriture était encore inconnu ? Elle est si loin de nous que nous avons peine à nous la figurer. Car elle repose sur un autre mode de perception et sur un

---

1. Ce passage extrêmement significatif des Védas, rapporté par Oldenberg dans l'ouvrage précité (p. 17), nous reporte à une civilisation entièrement perdue et à ce continent disparu dont Platon a parlé sur la foi des prêtres égyptiens dans son dialogue sur *l'Atlantide*.

autre mode de pensée que ceux de l'homme actuel, qui ne perçoit que par les sens et ne pense que par l'analyse. Appelons la sagesse des richis : voyance spirituelle, illumination intérieure, contemplation intuitive et synthétique de l'homme et de l'univers. Ce qui peut nous aider à comprendre ces facultés aujourd'hui atrophiées, c'est l'état d'âme qui les développa.

Comme toutes les grandes choses, la voyance des premiers sages de l'Inde naquit d'une nostalgie profonde et d'un effort surhumain.

A une époque beaucoup plus ancienne encore, au temps de l'Atlantide, l'homme primitif avait joui d'une sorte de communion instinctive avec les forces cachées de la nature et les puissances cosmiques. Il les percevait directement, sans effort, dans la vie des éléments, comme à travers un voile translucide. Il ne les formulait pas, il s'en distinguait à peine. Il vivait avec elles, en elles ; il en faisait partie. Ce que nous appelons l'invisible était visible pour lui extérieurement. Pour sa vision comme pour sa conscience, le matériel et le spirituel se confondaient en une masse mouvante et inextricable de phénomènes, mais il avait le sentiment d'une communion immédiate avec la source des choses. Les Aryens, tout en développant un ordre de facultés nouvelles (réflexion, raison, analyse), avaient conservé un reste de cette voyance spontanée et on en trouve mainte trace dans les hymnes védiques. Mais cette faculté naturelle diminua à mesure qu'ils quittèrent la vie pastorale pour se jeter dans la vie guerrière, nécessitée par la conquête de l'Inde et leurs luttes intestines. Elle diminua aussi chez les conducteurs de ces peuples. Pourtant ils avaient conservé le souvenir éblouissant d'un autre âge, de l'exaltante communion de leurs aïeux lointains avec les pouvoirs cosmiques, avec ceux qu'ils appelaient les Dévas, les Esprits du Feu et de la Lumière, les Animateurs de la Terre et du Ciel. Parfois la conscience d'avoir vécu eux-mêmes en ces temps reculés les traversait comme un fulgurant ressouvenir. Pour le traduire, ils disaient que ces bienheureux ancêtres buvaient la liqueur divine, le breuvage enivrant du *sôma* dans la coupe des Dieux.

Alors, sentant la barrière croissante qui s'élevait entre eux et le monde divin, voyant le voile s'épaissir de plus en plus, les sages indous furent saisis par la nostalgie de leurs dieux perdus. Ces dieux, qu'ils ne pouvaient plus saisir dans le vol des nuages, dans le rayon solaire, dans l'insondable splendeur du firmament, ils voulurent les retrouver en eux-mêmes, dans les arcanes du monde intérieur, par la puissance de la méditation. — Suprême effort, prodigieuse aventure. Elle fut tentée dans le recueillement et le silence, dans la paix profonde des solitudes himalayennes.

— Et les richis retrouvèrent leurs Dieux perdus.
— Ils les retrouvèrent parce que l'homme et l'univers sont tissés d'une trame commune et que l'âme humaine, en se repliant sur elle-même, se sent pénétrée peu à peu par l'onde de l'Ame universelle. Immobiles et les yeux fermés, les richis s'enfoncèrent dans l'abîme du silence qui les enveloppait comme un océan ; mais, à mesure qu'ils y plongeaient, une lumière douce et fluide jaillissait d'eux-mêmes comme une source blanche et emplissait lentement l'immensité bleuâtre. Cette lumière plastique semblait animée par un souffle intelligent. Des formes de toute sorte s'y mouvaient. Au milieu d'elles apparaissaient,

en couleurs éclatantes, les archétypes de tous les êtres et les états primitifs de la terre, dont l'image flotte dans la lumière astrale en clichés vivaces. Ils virent le soleil sortir de la nuit saturnienne et l'appelèrent « l'œuf d'or, l'œuf du monde ». — Ainsi, par degrés et par lentes étapes, les richis s'immergèrent dans l'Au-delà, à la source des choses, dans la sphère de l'Eternel. Ils appelèrent *Sarasvati* cette lumière hyperphysique et divine qui les avait pénétrés d'une félicité inconnue. Ils nommèrent *Brahman* le pouvoir créateur qui moule sa pensée en formes innombrables dans cette Ame du Monde. *Brahman*, qui signifie *Respir*, *Aspir* et *Prière*, était donc pour les richis le Dieu intérieur, le Dieu de l'âme humaine et de l'Ame universelle, d'où jaillissent tous les Dieux et tous les mondes, et dont la manifestation constitue le sacrifice universel.

On trouve un écho très affaibli, il est vrai, de cet état d'esprit dans un hymne, dont l'auteur inconnu, instruit par les richis, essaye de se représenter l'origine du monde :

> Il n'y avait alors ni mort ni immortalité : —
> Ni jour, ni nuit, ni mouvement, ni souffle.
> L'Un seul respirait de sa propre force

> Et en dehors de Lui il n'y avait rien.
> Les ténèbres enveloppaient les ténèbres,
> Le Tout était un Océan sans lumière,
> L'Un vide dans un désert immense.
> Il naquit par la force d'une chaleur interne.

> Il en sortit d'abord l'Amour,
> Première semence de l'Esprit.
> La parenté de l'Être et du non-Être,
> Les sages l'ont trouvée dans leur cœur...

Il ressort de tout ceci que les premiers richis de l'Inde puisèrent à la source première de toute sagesse, qu'ils contemplèrent ces arcanes dans les grandes lignes sans en distinguer maints détails, et que leurs disciples, les chantres védiques, ne purent exprimer ces vérités primordiales qu'en des formes transposées et souvent confuses. Mais ces premiers sages n'en furent pas moins les pères de toutes les mythologies et philosophies postérieures. Leur sagesse intuitive est à la science raisonnée, qui lui succéda, ce que la lumière blanche est aux sept couleurs du prisme. Elle les renferme toutes en son foyer incandescent. L'œuvre du prisme n'en est pas moins une création nouvelle et tout aussi merveilleuse. Car, comme l'a dit un des plus grands sages des temps modernes, Gœthe, qui fut à la fois un grand poète et un grand naturaliste : « Les couleurs sont les actions et les souffrances de la lumière. » On pourrait dire en ce sens : la voyance primitive fut la mère de la sagesse, et la sagesse est la mère des sciences et des arts. Seule la voyance retrouvée fera leur synthèse.

C'est donc par un immense effort de volonté que les richis s'ouvrirent les portes de l'Esprit. Il appelèrent *yoga*, ou science de l'union, la discipline ascétique et les exercices de méditation par lesquels ils parvenaient à ce genre de voyance. L'influx spirituel qui s'ensuivit domine les destinées de l'Inde. Car, que l'on conçoive l'idéal comme une force purement subjective ou comme une réalité transcendante, son action dans l'histoire est toujours proportionnée à l'élan d'une élite vers lui. Une seule chose prouve Dieu ou les dieux, c'est la réponse des forces cosmiques à l'appel de la volonté humaine. Le concept sur la nature et l'essence de ses forces peut varier à l'infini, mais le reflux du divin dans l'âme qui l'évoque est le signe de sa présence.

Entrons donc un peu plus avant encore dans l'idée que les brahmanes se faisaient de leurs maîtres, les richis, et de leurs rapports avec le monde spirituel, quelque étrange que paraisse cette idée à notre mentalité occidentale. Selon la tradition des Védas, quelques-uns de ces sages furent assez puissants pour s'élever d'eux-mêmes au monde divin et s'y diriger, mais le plus grand nombre eut besoin d'inspirateurs invisibles pour les guider. Ces guides, disaient les brahmanes, furent des êtres semi-humains, semi-divins, Manous de cycles précédents ou esprits venus d'autres mondes, qui planèrent sur leur vie et adombrèrent leur âme. Ces richis-là avaient donc une personnalité double. Dans leur vie ordinaire, c'étaient des hommes fort simples, mais un tout autre esprit parlait par leur bouche dans l'état inspiré. Ils semblaient alors possédés d'un Dieu. Ceux-là sont appelés dans la tradition indoue des *Bodisatvas*, c'est-à-dire pénétrés de sagesse divine. Il y eut bien des nuances de Bodisatvas, selon la nature de leur inspirateur et le degré de leur union avec lui. Quant au Bouddha proprement dit, aussi appelé Gotama Çakia-Mouni, personnage plus historique et plus saisissable que les autres, il fut considéré par ses adhérents comme une âme supérieure complètement incarnée dans un corps humain. Par son propre effort, le Bouddha réalisa publiquement, aux yeux de tous, et pour ainsi dire dans sa chair et son sang, les diverses étapes de l'initiation, pour atteindre, dès cette vie, cet état divin appelé par les Indous le *Nirvana*.

Mais il serait impossible de comprendre la signification de Bouddha dans le développement de l'Inde et sa place dans l'histoire des religions, sans donner d'abord un coup d'œil au brahmanisme et à la brillante civilisation qu'il sut modeler avec les éléments les plus divers, dans la somptuosité troublante de la nature tropicale, sous le bouillonnement fiévreux de races bigarrées.

II. — *La civilisation brahmanique. Les trois mondes : Brahma, Vichnou, Siva. Triomphe de l'éternel féminin : L'épouse et la danseuse sacrée.*

Une religion ne révèle sa nature que par la civilisation qu'elle enfante. C'est dans son expression humaine que le divin manifeste sa pensée maîtresse et sa force plastique. La société brahmanique, ébréchée et minée par les siècles, mais dont les cadres subsistent jusqu'à nos jours, est fondée sur le régime des castes. La division de la société en classes diverses est commune à tous les temps et à tous les peuples. Les raisons et les modes de l'inégalité changent, mais l'inégalité elle-même demeure comme une loi de la nature, comme une condition de la vie et du travail. L'Inde a poussé cette loi à l'extrême, et nulle part le système des cloisons étanches entre les classes sociales ne fut appliqué avec autant de rigueur. Le Code indou punissait d'une déchéance irrémédiable l'homme ou la femme qui se mariaient dans une caste inférieure. Quand nous lisons dans les lois de Manou : « Les Brahmanes sortent de la tête de Brahma ; les guerriers de ses bras ; les marchands de son ventre; les artisans de ses pieds, » nous sourions de cette hardie métaphore, qui nous semble à la fois insolente et grotesque, et nous n'y voyons que la ruse de prêtres ambitieux pour dominer des rois barbares et gouverner un peuple enfant. Cette maxime étrange est cependant la formule théologique d'une ancienne et profonde sagesse. Traduite en notre langage moderne, la loi exprimée par l'adage brahmanique pourrait se formuler ainsi : La nature est aristocratique, et l'univers est une hiérarchie de forces qui se reflète dans l'humanité par une échelle de valeurs.

Les brahmanes croyaient à deux sortes d'atavismes concordants pour l'homme : un atavisme spirituel provenant des existences antérieures de son âme ; un atavisme corporel provenant de ses ancêtres. Les Manous prévédiques ou conducteurs de peuples avaient désigné les âmes d'après les astres qui représentaient leurs qualités et d'où, d'après eux, elles tiraient leur origine. Ils avaient divisé les hommes en solaires, en lunaires, en saturniens, en martiens, etc. Des cultes avaient été fondés, des peuples s'étaient groupés autour de ces idées. L'unité de la race aryenne, la pureté de son sang, permettait alors à ses guides de ne pas s'occuper de l'atavisme physique. Mais lorsque, après la conquête de l'Inde par les Aryas, les brahmanes, élèves et héritiers des richis, virent le tumulte des races indigènes autour des vainqueurs, et le métissage grandissant de la minorité blanche par ses croisements avec le sang noir, jaune et rouge, ils se trouvèrent en présence d'un problème autrement aigu que celui des temps védiques, où ils n'avaient eu à diriger que leur propre race, homogène et sélectée depuis des siècles. La question était grave et la situation menaçante. A vrai dire, toute la destinée tragique de l'Inde provient de la trop grande diversité de ses races et de la submersion, inévitable à la longue, de la race supérieure par les races inférieures, qui avaient des qualités remarquables, mais où se rencontraient aussi les germes d'affaiblissement et de corruption propres aux déchets d'une humanité en régression [1].

Les brahmanes enrayèrent le mal le mieux qu'ils purent par les barrières formidables qu'ils dressèrent entre les quatre castes qui se partageaient les diverses fonctions sociales. Au sommet de l'édifice, les *brahmanes*, le plus pur sang aryen, détenteurs du culte, de la science et de la religion. Au-dessous d'eux, les *kchatrias* (les forts), rois ou guerriers, nobles représentants de la race conquérante, quoique déjà légèrement métissés par les autres. Plus bas, les marchands, les agriculteurs et les artisans d'ordre supérieur, sangs mêlés où prédominaient les races vaincues. Au dernier rang, les *soudras* (plus tard appelés les *parias* par les Portugais), serviteurs voués aux travaux inférieurs, composés de la lie des indigènes et considérés comme sans culte et hors la loi. Seule cette dernière classe était exclue de la religion brahmanique. Les autres, rois, guerriers, agriculteurs, lisaient les Védas, participaient au culte. Initiés, chacun à son degré, aux mystères religieux, ils avaient droit au titre de *dwydia* ou de *deux fois né*.

La société brahmanique présentait ainsi l'aspect

---

[1]. Ce point de vue a été mis en lumière d'une façon remarquable par le comte de Gobineau dans son livre exclusif, mais génial, sur *l'Inégalité des races humaines*.

d'une pyramide à quatre étages, chacun ayant sa mentalité et sa fonction précises. En bas, la masse des parias au noir visage, esclaves hors la loi, sans état civil. Plus haut, la classe riche des agriculteurs et des marchands au teint jaune orange formant le corps de la nation. Plus haut encore, les guerriers au teint bronzé, possesseurs des terres par droit de conquête ou de naissance, commandant les armées et rendant la justice. Au sommet, les brahmanes à la peau blanche, maîtres souverains de ce monde par la supériorité de l'intelligence, par l'autorité religieuse et la promulgation des lois. Ainsi la race aryenne gouvernait encore par la minorité dirigeante, mais de siècle en siècle, sa force devait s'altérer avec sa pureté.

Malgré la sévérité de leurs lois, les brahmanes ne purent empêcher leur fréquente transgression. De là une lente ascension des races d'en bas vers celles d'en haut et l'infiltration graduelle du sang noir et jaune dans le sang blanc. L'édifice brahmanique était admirablement construit, mais il n'y avait pas de lien moral suffisant entre ses divers compartiments. Le mélange des races le fit craquer du haut en bas. L'envie et le scepticisme, la haine des classes et la fièvre de dissection qui rongent l'humanité actuelle n'existaient pas alors. Mais la violence des passions, l'ambition, le plaisir sexuel et cette sorte d'attraction animale que les races inférieures exercent fatalement sur les races supérieures là où elles sont en contact, produisirent leurs effets habituels. Le mélange de sangs si divers releva le niveau des races vaincues, mais il énerva la mâle vigueur des conquérants, tou en affinant leurs sensations et en développant chez eux de nouvelles qualités artistiques. Au bas de l'échelle, les vaïcyas épousèrent en masse les femmes noires des soudras, et leurs descendants prirent goût aux cultes fétichistes de leurs mères. Au haut de la société, les rois se livrèrent à la polygamie avec des femmes de toute couleur. Les brahmanes eux-mêmes se marièrent dans les castes inférieures et se firent courtisans des rois. Certains d'entre eux, jaloux de la trop grande influence des brahmanes ascètes, les expulsèrent. Pour se maintenir contre leurs adversaires, ceux-ci furent obligés d'accorder leur protection à des rois noirs du Sud, selon la maxime des lois de Manou : « Ton voisin est ton ennemi, mais le voisin de ton voisin est ton ami. » Ces rois noirs du Sud, investis du prestige souverain par l'autorité brahmanique, tenaient tête aux rois blancs du Nord et menaçaient de leurs mœurs brutales, de leurs cultes orgiastiques tout l'édifice de la civilisation indoue L'informe épopée du *Mahabharata*, avec ses luttes interminables entre les rois solaires et les rois lunaires, est un écho lointain de très anciennes guerres de race et de religion.

Pour tout dire, il y avait un abîme entre la haute culture brahmanique et le monde bigarré qui s'agitait, sous elle, dans les trois castes inférieures. Ce même abîme existait entre le Nord et le Sud de l'Inde depuis la conquête fabuleuse de la presqu'île par Rama, en qui se résume la première descente des Aryas dans les plaines de l'Indoustan. — Là-haut, au cœur de l'Himalaya, de fiers ascètes vivaient aux sources du Gange et au bord des lacs sacrés, dans la prière et la contemplation de l'éternel Brahma. — Plus bas, sur le versant de la grande chaîne et sur les collines, auprès des fleuves, se dressaient des autels où l'on adorait Agni, le feu sacré. Au-dessus de la flamme, dans le pur éther du matin, le fidèle officiant se figurait le dieu Brahma, assis sur le lotus céleste et méditant la création du monde, tandis que rois et guerriers adoraient les puissances cosmiques et les forces de l'atmosphère, Savitri le soleil et Indra qui chasse les nuages devant lui pour vivifier la terre. Ils trouvaient, dans ce culte de la lumière céleste et du feu, la source de leur foi et la joie de vivre. Mais, au centre et au Sud de l'Inde, le peuple idolâtrait un dieu cruel et féroce, Siva, le Destructeur. On se courbait devant lui dans une terreur lâche pour éviter sa colère et obtenir ses faveurs. On le représentait « hideux, grinçant, le ventre noir, le dos rouge, secouant des chapelets de crânes humains qui pendaient à ses épaules et précipitant ses hordes hurlantes qui vont secouant la fièvre, la peste et la mort [1] ». Plus souvent on l'adorait sous la forme d'un de ces reptiles antédiluviens qui vivaient alors encore dans les gorges sauvages des montagnes. Parfois, en chassant le tigre dans les forêts des monts Vindhya, les rois du Nord, montés sur leurs majestueux éléphants, apercevaient des populations entières prosternées devant un de ces serpents monstres, lové dans sa caverne, auquel on offrait des victimes humaines [2]. A cet aspect, le roi, qu'on disait fils des Dévas, fondait sur le monstre pour le tailler en pièces, mais parfois aussi, il reculait de dégoût et d'horreur, craignant de tomber sous la sombre magie du « roi des serpents, » et l'aveugle

1. VICTOR HENRY, *les Littératures de l'Inde* (Hachette, 1904).
2. On trouve un de ces serpents décrits dans le Vichnou-pourana sous le nom de *Kalayéni*.

panique emportait à travers bois le cortège royal avec ses chevaux et ses éléphants.

L'abîme qui s'ouvrait ainsi, par moments, entre ces deux races d'hommes, ces deux religions et ces deux mondes avait de quoi faire réfléchir les brahmanes penseurs des grandes cités d'Ayodhya et de Hastinapoura et les ascètes voyants de l'Himalaya. Cette irruption des forces d'en bas, n'était-ce pas la revanche des races vaincues contre les conquérants ? N'était-ce pas la révolte de la nature inférieure, domptée par les Dévas, qui s'en étaient servis comme d'un marchepied ? Les vainqueurs devaient-ils être submergés par les vaincus ? Brahma devait-il reculer devant Siva et les dieux lumineux du ciel védique être détrônés par les démons des races dégénérées ? N'y avait-il entre eux aucun lien, aucune réconciliation possible ? — L'abîme semblait infranchissable et le mal sans remède.

C'est alors que parut un réformateur destiné à donner à l'Inde une âme nouvelle et une empreinte ineffaçable. Il descendait des ermitages de l'Himalaya et se nommait Krichna [1] ; ses successeurs l'identifièrent avec le Dieu nouveau dont il institua le culte. Quelques savants, qui font des prodiges d'érudition pour expliquer toutes les religions anciennes par des mythes solaires, n'ont voulu voir en Krichna qu'une personnification du soleil. Mais la religion qu'il apporta au monde, et à laquelle son nom demeure attaché, atteste l'existence de son fondateur mieux qu'une biographie. C'est Krichna qui donna à l'âme indoue sa tendresse pour la nature, sa passion du rêve et de l'infini. Il lui infusa cette couleur ardente

---

1. Voir la *Légende de Krichna* dans mes *Grands Initiés*.

et foncée comme la pourpre de ses soirs qui se nuance en indigo.

Aux temps védiques, Vichnou n'était qu'une des formes du dieu solaire, personnifiant la marche diurne de l'astre qui parcourt le monde en trois pas, à son lever, à son midi, à son couchant. Krichna en fit le verbe solaire (au spirituel), la seconde personne de la divinité, la manifestation visible de Brahma par le monde des âmes et des vivants, mais surtout pa l'humanité. Krichna était un ascète, qui, du fond de sa solitude, avait ressenti, dès l'enfance, un amour immense de la vie et de la beauté, non par désir, mais par sympathie. Il ne condamna pas la vie en sa source comme devait le faire Bouddha. Il la bénit comme le chemin du salut, pour amener l'âme à la conscience et à la perfection. Il lui montrait en perspective sa libération et sa transfiguration possibles. Chaque fois, disait-il, que le monde en a besoin, chaque fois qu'il se corrompt, Vichnou s'incarne dans un sage ou dans un saint pour lui rappeler sa haute origine. Conscience supérieure de Brahma, Vichnou vient corriger en quelque sorte les fautes inévitables du Dieu créateur, qui, par son morcellement infini dans les êtres, en laisse forcément un grand nombre s'éloigner de leur source sublime. Les monstres de la mer et de la terre sont les ébauches et les erreurs nécessaires de Brahma, comme les péchés et les crimes sont les erreurs inconscientes ou volontaires des hommes. Krichna enseigna donc à la fois l'amour de la vie en ses formes multiples, de la vie qui est la descente de l'Ame universelle dans la matière, son *involution* dans tous les êtres, — et l'amour de Dieu qui est l'*évolution* humaine de cette âme individualisée, sa remontée vers sa source. Il en disait les moyens : l'amour, la bonté, la miséricorde, la connaissance et la foi, — enfin l'identification complète de la pensée et de l'être avec son principe *Atma*, l'Esprit divin.

Ainsi le lien était rétabli entre les deux mondes opposés, entre le terrible Siva, le Dieu effréné de la nature déchaînée et des passions animales, avec son cortège démoniaque, et Brahma, le dieu de l'Esprit pur, planant dans l'azur sur son lotus symbolique, entouré du cercle étincelant des dieux qu'il avait projetés par sa pensée, à travers le voile multicolore de Maïa, dans le sein de l'âme du monde, sa divine épouse. Car maintenant *Siva le Destructeur* n'était plus que la contre-partie chaotique et torturée du Dieu d'en haut, l'ombre sinistre de *Brahma le Créateur* dans le monde d'en bas, tandis que son Fils, *Vichnou* le divin messager, volant sur l'aigle Garouda, du ciel à la terre et de la terre au ciel, devenait *le Médiateur* et *le Sauveur*.

Superbe et heureuse conception, qui s'appliquait à merveille à la matière ethnique de l'Inde. Les trois mondes (Esprit, Ame et Corps) représentés par les trois dieux (Brahma, Vichnou, Siva), s'appliquaient exactement à l'édifice social, image de l'univers et formant comme lui un tout organique. On donnait à chacune des trois classes sociales le culte conforme à ses besoins et la fonction correspondante à ses facultés. Aux *intellectuels spiritualisés*, représentés par les brahmanes, le culte de Brahma avec la science divine, l'enseignement et l'éducation. Aux *intellectuels passionnels*, représentés par les rois et les guerriers, le culte de Vichnou, qui inculque l'héroïsme et l'enthousiasme. A eux le gouvernement matériel et l'exercice de la justice. Aux *instinctifs*, représentés par la caste inférieure, le culte de Siva, que les brahmanes s'efforcèrent d'ennoblir en faisant de lui le dieu de la nature et des éléments, qui règle les incarnations, préside à la vie et à la mort. Ainsi la trinité divine, qui s'exprime dans la constitution de l'univers et de l'homme, se reflétait aussi dans l'organisme social pour y maintenir autant que possible l'unité et l'harmonie. Ajoutons que les brahmanes ouvraient aux membres des castes inférieures la perspective de monter d'un degré, par une vie juste, mais seulement d'une incarnation à l'autre.

A cette conception de l'univers et du monde social Krichna ajouta une autre innovation d'une importance capitale et de conséquences incalculables. Ce fut la glorification du principe de l'Éternel-Féminin et de la Femme. En leur jeunesse héroïque, les Aryas n'avaient adoré que le principe mâle de l'univers, Agni, le feu sacré caché en toute chose, qui dans l'homme devient intellect, volonté, action. On glorifiait l'Aurore, parce qu'elle restait vierge ; presque tous les autres dieux étaient masculins. De là un peuple austère, grave et fort. Mais à une civilisation plus mûre, plus affinée et déjà amollie, il fallait que fût dévoilé le mystère de l'Éternel-Féminin. Krichna n'hésita pas à le faire. La nature n'est-elle pas aussi divine que son créateur ? Dieu n'a-t-il pas besoin dans les trois mondes d'une substance émanée de lui-même, sa contre-partie réceptive et féminine, pour y mouler ses créatures ? Les dieux ne sont-ils pas moulés dans la substance éthérée, les âmes dans la lumière astrale et les vivants dans la chair et le sang ? Aussi les trois grands dieux eurent-ils maintenant leurs épouses, bientôt plus célèbres, plus adorées qu'eux-mêmes. Le pur Brahma eut Maïa, la subtile, qui l'attire et l'enveloppe dans son voile splendide ; Vichnou eut Lakchmi, déesse de l'Amour et de la Beauté, la tisseuse savante des âmes ; Siva eut Bavani, l'ardente excitatrice du désir charnel, dont la face d'ombre est Kali, déesse de la Mort. Non moins sainte, non moins vénérée devint la femme terrestre. Désormais l'épouse et la mère furent placées sur un piédestal. C'est sous forme d'un dithyrambe que le Vichnou-Pourana parle de la mère de Krichna : « Personne ne pouvait regarder Dévaki, à cause de la lumière qui l'enveloppait, et ceux qui contemplaient sa splendeur sentaient leur esprit troublé ; les dieux, invisibles aux mortels, célébraient continuellement ses louanges depuis que Vichnou était renfermé en sa personne. Ils disaient : « Tu es la Parole, l'Énergie du Créateur, mère de la science et du courage. Tu es descendue sur la terre pour le salut des hommes. Sois fière de porter le dieu qui soutient le monde. »

Ainsi la Femme fut glorifiée par Krichna comme l'organe de l'Eternel-Féminin, comme le moule du divin sur la terre, et avec elle l'Amour. Conçu dans l'éther himalayen, l'Amour descendit comme un parfum capiteux dans les plaines brûlantes pour s'insinuer dans le cœur des hommes et des femmes, pour s'épanouir dans la poésie et dans la vie, pareil au pollen des lotus que les cygnes emportent sur leurs ailes dans leurs ébats amoureux, et qui s'en va féconder les nymphéas bleus, le long des fleuves. C'est l'apothéose du principe féminin qui donna à l'âme indoue cette douceur particulière, ce respect profond de tous les êtres vivants, cette tendresse morbide et alanguie, source de faiblesse et de dégénérescence, mais aussi d'un charme pénétrant et unique.

Parvenu à son apogée, le monde brahmanique présentait un des spectacles les plus extraordinaires que la terre ait jamais vus. Cette civilisation ne donnait certes pas l'impression de la solidité égyptienne, ni de la beauté hellénique, ni de la force romaine, mais ses étages disparates formaient un édifice d'une étonnante richesse et d'une grandeur imposante. On aurait pu croire que le génie qui préside aux destinées de notre planète s'était dit : Voyons quelle sorte de monde on peut construire en mêlant en un seul peuple toutes les races de la terre. Nous verrons ailleurs ce que l'on peut faire avec chacune d'elles. » Du moins est-il certain que les richis et les brahmanes, architectes de cette civilisation, eurent dans l'esprit un modèle de ce genre. On y rencontrait presque toutes les couleurs de peau, tous les genres de mœurs, de religions, de philosophies, de l'état sauvage au faste somptueux des cours royales, du fétichisme le plus grossier à l'idéalisme et au mysticisme transcendants. Mais tous ces éléments, superposés selon la loi d'une savante hiérarchie, se fondaient en une fresque multicolore et chatoyante qui s'harmonisait avec le cadre de cette nature gigantesque, avec la lenteur majestueuse du Gange et la hauteur vertigineuse de l'Himalaya.

Au sommet de ce monde, mais comme à part et dans une solitude profonde, nous apercevons les ermitages d'ascètes, aux flancs des montagnes, au bord d'étangs limpides, de larges fleuves ou au fond d'épaisses forêts. Ils habitent là avec leurs disciples, plongés dans la lecture des Védas, dans la prière et la méditation. Tenues en respect par une crainte mystérieuse, les bêtes fauves reculent devant le pas tranquille des solitaires et n'osent franchir l'enceinte que défend la magie de leur regard. Les antilopes et les gazelles, les hérons et les cygnes, des multitudes d'oiseaux prospèrent sous la protection des anachorètes qui vivent de riz, de racines et de fruits sauvages. Le calme et la sérénité de ces retraites en font des espèces de paradis terrestres. Dans le drame de Sakountala, le roi Douchanta, descendant du ciel sur le char Indra, aperçoit les bosquets des solitaires sur une cime et s'écrie : « Ah ! ce séjour de paix est plus doux que le ciel même ! je me sens plongé dans un lac de nectar. » Refuges silencieux, où des sages inoffensifs vivent loin des agitations du monde dans la contemplation de l'Éternel. On pourrait les croire sans action sur leur temps, et pourtant ce sont eux qui le gouvernent secrètement. Leur prestige est intact, leur autorité souveraine. Les brahmanes les consultent, les rois leur obéissent et se retirent parfois chez eux dans leur vieillesse. En réalité, ces ermites surveillent et dominent la civilisation brahmanique Ce sont leurs pensées, leurs conceptions religieuses et morales qui règnent sur lui et le façonnent. Austères pour eux-mêmes, ces sages ne le sont pas pour les autres. Revenus de toutes les illusions, mais indulgents aux faiblesses humaines, ils mesurent à tous les êtres l'effort, la peine et la joie. Leurs asiles ne sont pas entièrement fermés à la vie ni même à l'amour. Quelquefois la femme âgée d'un brahmane fonde, sous l'autorité du chef des ascètes et dans leur voisinage, un ermitage pour les jeunes filles nobles, qui, sous le nom de pénitentes, se préparent par une vie rustique et contemplative au mariage. C'est dans un de ces ermitages que le poète Kalidasa a placé l'exquise idylle de Sakountala. Enfin, les graves ascètes ne sont pas toujours inaccessibles à l'attrait des sens. Ils y cèdent en des circonstances exceptionnelles, mais cette aventure nous est toujours présentée par la poésie hindoue sous le voile de la légende, comme un fait providentiel ayant un but sublime. Les poètes racontent que lorsque les Dieux veulent faire naître parmi les hommes un être doué de vertus divines, ils envoient à un ascète de haut mérite une de ces nymphes célestes appelées Apsaras, qui le séduit par sa beauté merveilleuse et met ensuite au monde un enfant qu'adoptent les anachorètes, qu'ils élèvent et qui sera plus tard un héros ou une reine illustre. Cette légende suggestive cacherait-elle un secret singulier des brahmanes ? Signifierait-elle qu'ils autorisaient parfois l'union momentanée d'un puissant ascète avec une femme de leur choix pour la digne incarnation d'une âme parée des plus hautes qualités spirituelles ? Il se peut En tout cas, le fait prouve que les brahmanes considéraient l'ascétisme lui-même comme une source d'intégrité et de force pour les générations humaines.

On ne saurait imaginer de contraste plus violent que celui de ces ermitages avec les grandes capitales aujourd'hui disparues des temps légendaires de l'Inde telles qu'Ayodhya, Indrapechta ou Hastinapoura. Vyasa et Valmiki les dépeignent comme splendides et vastes, ceintes de murs et pavoisées d'étendards, avec de larges rues savamment arrosées, pleines de bazars, de riches maisons à terrasses et de jardins publics. Des multitudes y fourmillent avec des masses de danseurs, de chanteurs et de comédiens, au milieu de la foule bariolée du peuple et des esclaves. Là règnent en maîtres, en des palais magnifiques, les rois entourés d'une cour opulente et d'un nombreux harèm, car la polygamie a vite remplacé les mœurs patriarcales des Aryas primitifs. Toutefois il y a toujours une reine unique, dont l'aîné hérite du trône selon la loi. L'épopée et le drame représentent ces monarques comme des demi-dieux ornés de toutes les vertus ; mais, sauf Rama, dont la grande âme rayonne à travers ses exploits fantastiques et embrasse tous les êtres, ces rois indiens ont quelque chose de froid et de conventionnel. Sous l'emphase des épithètes, dont les encensent des poètes courtisans, ils apparaissent souvent légers, faibles et puérils. Dans la fureur du jeu de dés, le roi Naal engage son royaume et sa femme, puis, saisi de désespoir, l'abandonne dans une forêt. Le roi Douchanta, après avoir séduit Sakountala dans l'ermitage de Canva, ne veut plus la reconnaître et la repousse. Il est vrai que cet oubli est motivé par la malédiction d'un ascète irascible, mais le caractère du royal époux n'en demeure pas moins diminué.

C'est la femme, en fin de compte, qui triomphe dans la poésie hindoue. A elle les beaux rôles, les sentiments profonds les fières résolutions. Damayanti, Sita et Sakountala sont également adorables ; cependant elles ont des figures individuelles et nettement dessinées. Elles brillent l'une à côté de l'autre comme le diamant, le saphir et le rubis. Quelle grâce à la fois ingénue et impétueuse en Damayanti « éblouissante de teint, aux yeux superbes, dont la beauté resplendissante fait pâlir la lune ». Mise en demeure de choisir entre les Dévas immortels qui réclament sa main et le roi Naal, elle ne se laisse ni intimider, ni éblouir par la gloire des Dieux. Elle leur préfère l'homme, qui porte noblement sur son front l'ombre de la douleur et de la mort, parce qu'ainsi « elle le trouve plus beau ! »

Quant à l'héroïque Sita, c'est le type accompli de l'épouse indoue. Lorsque Rama, exilé par son père dans les forêts, veut partir seul, elle lui dit : « Un père n'obtient pas la récompense ou le châtiment par les mérites de son fils, ni un fils par les mérites de son père ; chacun d'eux engendre par ses actions propres le bien ou le mal pour lui-même, sans partager avec un autre. Seule, l'épouse dévouée à son mari obtient de goûter au bonheur mérité par son époux ; je te suivrai donc en tous lieux où tu iras. Séparée de toi, je ne voudrais pas habiter le ciel même, noble enfant de Raghou. Tu es mon seigneur, mon maître, ma route, ma divinité même ; j'irai donc avec toi ; c'est là ma résolution dernière. » — Que dire de la ravissante Sakountala ? Il n'est guère dans toutes les littératures de jeune fille plus séduisante par sa grâce mutine, sa coquetterie naïve, son charme insinuant. Sa pudeur frémissante exhale un parfum d'innocence et de volupté suave. « Grands yeux, sourcils vainqueurs, liane fine qui ploie au souffle de l'amour », dit son royal amant. C'est une sensitive brûlante. Il faut voir « briller et languir ses yeux qu'allonge l'antimoine, » pour deviner les troubles, les ardeurs que renferment ses silences passionnés. Aussi son cœur s'allume-t-il « comme une étoupe où l'on a mis le feu », et la passion l'accable-t-elle d'une langueur dévorante. Mais son trait dominant, celui qui la nuance d'un rose si tendre dans le cortège des grandes amoureuses, c'est sa sympathie pour tous les êtres vivants. Aussi tous les êtres, bêtes et plantes, sont-ils attirés vers elle. Elle appelle la liane qu'elle arrose « sa sœur », elle a pour nourrisson un petit faon et son nom même signifie « la protégée des oiseaux ». Sakountala est vraiment l'Ève indienne de ce paradis tropical, où une douce fraternité joint les hommes, les animaux, les arbres et les fleurs. Tout ce qui respire est sacré au nom de Brahma, car tous les vivants ont une âme, parcelle de la sienne.

Ainsi la puissance cosmique, invoquée par Krichna sous le nom de l'Éternel-Féminin, était descendue dans le monde brahmanique au cœur de la femme, pour se répandre dans cette civilisation en un double fleuve : l'amour conjugal et la sympathie pour la nature vivante.

Mais ce n'est pas seulement en la figure de l'épouse passionnée et de la vierge mariée à l'âme de la nature que le brahmanisme incarna son idéal de l'Éternel-Féminin. Il lui donna encore une expression plastique et la relia par un lien subtil à ses plus profonds mystères religieux. Il fit de la femme un instrument d'art, un médium expressif du divin par la beauté des attitudes et du geste. C'est là, à vrai dire, sa création artistique la plus originale. Je veux parler de la *dévadassi*, c'est-à-dire de la danseuse sacrée. Elle ne nous est plus guère connue aujourd'hui que sous la forme dégénérée de la bayadère. La courtisane enjôleuse a fait oublier la vierge du temple, interprète des dieux. Celle-ci fut, dans les beaux temps du brahmanisme, un moyen de faire vivre aux yeux de la foule les idées et les sentiments que la poésie évoquait pour une élite. Dans la légende, le dieu Krichna enseigne aux bergères les danses sacrées, c'est-à-dire qu'il leur apprend à rendre par des gestes et des mouvements rythmés la grandeur des héros et des dieux. Cette danse, d'essence symbolique, était un mélange harmonieux de la danse rythmique et de la pantomime. Elle traduisait des sentiments plutôt que des passions, des pensées plutôt que des actes. Ce n'était pas un art d'imitation, mais un art d'expression et d'exaltation du monde intérieur. Les brahmanes avaient donc dans leurs temples de véritables collèges de jeunes filles, confiées à la garde de femmes âgées, instruites dans l'art des danses religieuses. Assujetties à la plus stricte chasteté, ces gracieuses ballerines ne paraissaient que dans certaines fêtes publiques. Leur chorégraphie savante accompagnait la récitation des poèmes sacrés devant le peuple et cette fonction absorbait leur vie.

Mais on ne se ferait qu'une idée imparfaite de ces danseuses et du respect qu'elles inspiraient à la foule, si l'on ne se rappelait l'idée mystique dont la religion les revêtait. Dans la religion des Védas, les *Apsaras* sont les nymphes célestes, les danseuses d'Indra. Elles symbolisent les âmes radieuses qui vivent auprès des Dévas, leur servent de messagères auprès des hommes et s'incarnent parfois dans une femme. La danseuse sacrée des temples reprenait, en quelque sorte, dans le culte officiel, le rôle mystique de l'Apsara dans la mythologie. Elle était la médiatrice entre le ciel et la terre, entre les dieux et les hommes. Dans les fêtes publiques, elle traduisait, par la beauté de ses attitudes, les symboles profonds de la religion, elle interprétait par sa mimique éloquente les poèmes sacrés que les bardes indous, les *bharatas*, récitaient devant le peuple. De là le rang élevé de la bayadère primitive dans le temple, de là son nom de *dévadassi*, qui signifie « servante des dieux [1] ».

Qu'on se figure aux abords d'une des capitales de l'Inde ancienne, la grande pagode avec son toit pyramidal et les étangs sacrés qui l'environnent. La chaleur accablante du jour a fait place à la fraîcheur exquise de la nuit. Le firmament profond est fardé d'étoiles comme d'une poussière de santal, et la lune envahit ce décor, nageant dans le ciel comme un cygne dans un lac. La vaste cour est éclairée par « des arbres de lumière ». Voici le roi sur une estrade avec sa cour. Autour de lui, un peuple immense, où toutes les classes sont admises jusqu'aux parias. Tous écoutent en silence la voix du rhapsode, qui, debout sur la terrasse du temple, évoque les temps passés et le monde héroïque. Soudain un murmure court sur la foule. Du porche illuminé de la pagode sort majestueusement le cortège des danseuses hiératiques, clochettes aux chevilles, coiffées de casques et de tiares, leurs membres souples enveloppés du *langouti* soyeux, les épaules ornées de flammes d'or ou d'embryons d'ailes. La superbe coryphée porte le bandeau royal, le diadème et une cuirasse étincelante de pierreries. Les instruments à cordes résonnent, les bambous marquent la mesure, et les danseuses sacrées commencent leurs évolutions. Elles se nouent en guirlande ou s'égrènent comme un collier de perles sur la

---

1. On trouve la *dévadassi*, sculptée en poses gracieuses et variées, dans les hauts reliefs et les frises du magnifique temple d'Angkòr-Thôm, au Cambodge.

terrasse. Puis, scandant leurs pas sur la musique et interprétant la mélopée du rhapsode, elles se prosternent en adoration devant la sublime coryphée, ou l'enveloppent de groupes expressifs, flexibles comme des lianes avec leurs mains fluides et leurs doigts de sensitives. Alors les lumineuses dévadassis, aux visages d'ambre et d'opale, aux yeux dilatés, sont vraiment devenues les messagères des Dévas, les Apsaras elles-mêmes. Car elles semblent apporter aux hommes les âmes des héros dans leurs tendres bras de vierges et les incarner dans leurs corps frémissants comme en des calices purs et parfumés...

On conçoit qu'en s'imprégnant de tels spectacles le paria lui-même avait un pressentiment lointain, mais grandiose, des arcanes profonds de la sagesse védique et d'un monde divin.

*
* *

Dira-t-on que cette évocation de la Dévadassi n'est qu'une idéale rêverie à propos de la bayadère, sirène capiteuse de grâce et de volupté? — Telle n'est point l'impression de ceux qui ont visité les ruines colossales d'Angkôr-Tôm, au Cambodge, et qui ont subi le charme étrange de ses étonnantes sculptures [1].

Merveille architecturale d'une civilisation disparue, ces ruines surgissent comme une cité fantastique au

---

1. Voir les lithographies qui reproduisent l'ensemble et les détails des temples d'Angkôr-Tôm et d'Angkôr-Watt dans le *Voyage au Siam et au Cambodge*, par Henri Mouhot (Hachette) et le chapitre sur l'*Art Khmer*, dans le curieux livre d'Emile Soldi sur les *Arts méconnus* (Leroux).

fond d'une immense forêt, dont la solitude sauvage les protège et les submerge à demi de ses végétations luxuriantes. Le voyageur pénètre dans le sanctuaire par une porte surmontée d'un masque énorme de Brahma et flanquée de deux éléphants de pierre que les lianes étreignent depuis mille ans sans pouvoir les étouffer. Au milieu de la cité sainte, trône la pagode centrale, cathédrale écrasante. Le visiteur entre au cœur du temple et chemine des heures sous les voûtes sombres de ces cloîtres sans fin, où des colosses menaçants apparaissent dans la pénombre. Il monte et redescend des marches innombrables, il passe des portes, il se perd dans un labyrinthe de cours irrégulières. Parfois, en levant les yeux, il aperçoit des têtes prodigieuses de Dévas aux mitres brodées, de griffons ou de saints en prière. La tête de Brahma, reproduite aux quatre faces des chapiteaux de colonnes, tête gigantesque et impassible, multipliée à l'infini, le regarde, l'obsède, le poursuit de tous les côtés à la fois. Aux murs et aux frises, une suite interminable de hauts reliefs développe l'épopée du Ramayana, comme si le légendaire héros traversait le temple avec son armée de singes pour la conquête de Ceylan.

Dans ce pandémonium de monstres, d'hommes et de dieux, un personnage frappe entre tous le visiteur attentif. C'est une figure de femme frêle, aérienne, singulièrement vivante. C'est la nymphe céleste, la divine *Apsara*, figurée par la danseuse sacrée. On la voit partout reproduite, en poses variées, seule ou par groupes, tantôt droite et pensive, tantôt cambrée d'un mouvement onduleux et la jambe repliée, ou les bras arrondis sur sa tête et penchée languissamment. Parfois, au bas de la muraille, elle semble arrêter d'un geste gracieux une avalanche de guerriers et de chars, parfois on aperçoit une dizaine de ces dévadassis, nouant sur un fronton la chaîne rythmée de leurs pas, comme pour inviter les lourds combattants à les suivre dans leur vol de libellules. La plupart de ces danseuses sculptées jaillisent d'une corolle de nymphéa et tiennent un lotus à la main. Fleurs écloses du calice de la vie universelle, elles agitent la fleur de l'âme comme une clochette au son argentin, et semblent vouloir emporter l'orgie tumultueuse de l'univers dans le songe étoilé de Brahma.

Ainsi la danse sacrée, cet art perdu qui confine à l'extase religieuse, cet art où la pensée d'un peuple s'incarnait dans une plastique vivante, cette magie psychique et corporelle, dont ni les savants, ni les historiens, ni les philosophes modernes n'ont deviné la portée, revit mystérieusement dans l'immense ruine d'Angkôr-Tôm, sous les palmiers et les acacias géants, qui balancent leurs parasols et leurs panaches sur les temples silencieux.

CHAPITRE II

LA VIE DE BOUDDHA [1]

La civilisation brahmanique avait déployé sa splendeur pendant plusieurs milliers d'années, en conservant son équilibre à travers les guerres de race, les rivalités dynastiques et les innovations des cultes populaires. Cet équilibre lui venait de la sagesse védique dont la puissance durait encore. Toutefois, six ou sept siècles avant notre ère, le déclin s'annonçait. Malgré la forte unité religieuse qui dominait la diversité de ses sectes, l'Inde, divisée en une foule de royaumes, était affaiblie de haut en bas et mûre pour les invasions étrangères dont Alexandre le

1. Je me suis servi principalement dans cette étude du précieux livre de Hermann Oldenberg, *Buddha, seine Lehre, seine Gemeinde* (1881). Le célèbre indianiste allemand a rassemblé dans ce volume et groupé de main de maître les plus anciens et les plus authentiques documents sur la vie de Gotama Çakia-Mouni. Il a rendu par là à sa personnalité historique une réalité qu'on lui a souvent contestée. — Il va sans dire, qu'en m'appuyant sur les résultats positifs de ce remarquable travail, je me suis réservé toute liberté pour pénétrer et peindre, au point de vue ésotérique, la psychologie, l'initiation et l'œuvre du réformateur indou.

Grand donnera le signal trois siècles plus tard. Livrés à des guerres intestines et aux intrigues de harem, efféminés par la polygamie, les rois s'enlizaient dans le luxe et la paresse, tandis que le peuple s'abâtardissait par le débordement des races inférieures. Devant les temples de Siva, des fakirs fanatiques, caricatures des vrais ascètes, s'évertuaient à de hideuses mortifications, sous prétexte d'atteindre à la sainteté. Aux vierges sacrées, aux dévadassis, qui figuraient toujours dans les temples de Brahma et de Vichnou, s'opposaient maintenant les prêtresses de Kali. De leurs yeux, plus incendiaires que leurs torches allumées, de ces yeux où brûle une soif inextinguible de volupté et de mort, elles attiraient les fidèles fascinés dans leurs temples ténébreux. Les parias avaient des plaisirs plus vils encore pour oublier leurs souffrances et le poids de l'esclavage. Des bas-fonds de cette société montaient des gémissements mêlés aux cris d'une joie sauvage, avec les miasmes du vice et une haleine de passions dissolvantes, menaçant ses vertus séculaires et ses conquêtes spirituelles.

Elles étaient gardées encore par les brahmanes. Car, au sommet de ce monde, veillait toujours avec eux la tradition, l'immémoriale sagesse. Mais elle aussi s'était rétrécie en vieillissant Elle avait perdu sa spontanéité primitive, sa large voyance ouverte sur le Kosmos comme sur le monde intérieur. Racornie en formules abstraites, elle s'ossifiait dans le ritualisme et dans une scolastique pédante. Il ne lui restait que sa prodigieuse science du passé, mais celle-ci commençait à l'écraser. Heureux les peuples qui, dans l'ivresse de l'action, boivent l'onde du Léthé et oublient leur odyssée à travers le monde! Ils se croient nés d'hier parce qu'ils renaissent en un jour d'une gorgée d'espérance et de vie. Les brahmanes pliaient sous le poids du passé humain. Les siècles, les millénaires, les *kalpas* ou périodes du monde pesaient sur leurs épaules comme les masses gigantesques du Gaorisankar, et leurs bras en tombaient de lassitude comme les branches des vieux cèdres, qui se penchent sous le poids des neiges. Comme les Aryas de l'Inde avaient perdu peu à peu l'esprit de conquête et d'aventure, les brahmanes avaient perdu la foi en l'avenir humain. Enfermés dans le cercle himalayen, séparés des autres peuples, ils laissèrent pulluler sous eux les masses corrompues et s'enfoncèrent dans leurs spéculations. Il y a de hautes pensées, des vues d'une étonnante profondeur dans les *Oupanichads* mais on y sent le découragement, l'indifférence et le dédain. A force de chercher l'union avec *Atma*, l'Esprit pur, dans leur contemplation égoïste, les brahmanes avaient oublié le monde et les hommes.

A ce moment, surgit du monde brahmanique un homme qui le premier osa le combattre à outrance. Mais, chose curieuse, tout en le combattant, il devait pousser à l'extrême sa pensée secrète et fixer son idéal moral en la figure inoubliable du renoncement parfait. Sa doctrine nous apparaît comme l'exagération et l'envers négatif du brahmanisme. C'est la dernière bordée du génie indou dans l'océan de l'infini, bordée d'une hardiesse et d'une témérité éperdue, qui se termine par un effondrement. Mais de cet effondrement, nous verrons ressortir deux grandes idées comme des oiseaux migrateurs échappés d'un naufrage. Idées fécondes, idées-mères, elles iront porter la quintessence de la sagesse antique en Occident, qui la transformera selon son génie et sa mission.

I. — *La jeunesse de Bouddha.*

Entre les contreforts népalais de l'Himalaya et la rivière Rohini, prospérait jadis la race des Çakias. Ce mot signifie *les Puissants.* Vastes plaines marécageuses, abreuvées par les torrents de la montagne, le travail de l'homme en avait fait une contrée riche et florissante, coupée de forêts touffues, de claires rizières, de grasses prairies nourricières de chevaux splendides et de bétail opulent. Là naquit, au sixième siècle avant notre ère, un enfant du nom de Sidartha. Son père Soudodana était un des nombreux rois de la contrée, souverains sur le domaine comme le sont encore officiellement les rajahs d'aujourd'hui. Le nom de Gotama, que la tradition donne au fondateur du bouddhisme, semble indiquer que son père descendait d'une famille de chanteurs védiques portant ce nom. L'enfant, qui fut consacré à Brahma devant l'autel domestique où brûlait le feu d'Agni, devait être lui aussi, un chanteur et un charmeur d'âmes, mais un chanteur d'un genre unique. Il ne devait célébrer ni l'Aurore au sein de rose et au brillant diadème, ni le Dieu solaire à l'arc étincelant, ni l'Amour dont les flèches sont des fleurs, et dont l'haleine seule étourdit comme un parfum violent. Il devait entonner une mélodie funèbre, étrange et grandiose, et tenter d'envelopper les hommes et les dieux dans le linceul étoilé de son Nirvana. Les grands yeux fixes de cet enfant, qui luisaient sous un front extraordinairement bombé (c'est ainsi que la tradition a toujours figuré le Bouddha), regardaient le monde avec étonnement. Il y avait en eux des abîmes de tristesse et de ressouvenance. Gotama passa son enfance dans le luxe et l'oisiveté. Tout lui souriait dans le jardin somptueux de son père, les bosquets de roses, les étangs émaillés de lotus, les gazelles familières, les antilopes apprivoisées et les oiseaux de tout plumage et de tout ramage qui foisonnaient à l'ombre des açokas et des manguiers. Mais rien ne pouvait chasser l'ombre précoce qui voilait son visage, rien ne pouvait calmer l'inquiétude de son cœur. Il était de ceux qui ne parlent pas parce qu'ils pensent trop.

Deux choses le rendaient différent des autres hommes, le séparaient de ses semblables comme par un abîme sans fond : d'une part, la pitié sans bornes pour les souffrances de tous les êtres; de l'autre, la recherche acharnée du pourquoi des choses. Une colombe déchirée par un épervier, un chien expirant sous la morsure d'un serpent, le remplissaient d'horreur. Les rugissements des fauves, dans les cages des montreurs de bêtes, lui paraissaient plus douloureux, plus effrayants encore que les râles de leurs victimes et le secouait d'un immense frisson, non de crainte mais de compassion. Comment, après de telles émotions pouvait-il se réjouir des fêtes royales, des danses joyeuses, des combats d'éléphants, des cavalcades d'hommes et de femmes qui passaient sous ses yeux aux sons des tambours et des cymbales ? Pourquoi Brahma avait-il créé ce monde, plein de douleurs affreuses et de joies insensées ? Où aspiraient, où allaient tous ces êtres ? Que cherchaient ces files de cygnes voyageurs qui s'envolaient, au printemps, plus haut que les nuées, vers les montagnes, et revenaient à la saison des pluies vers la Yamouna et le Gange ? Qu'y avait-il derrière les masses noires du Népal et les énormes dômes de neige de l'Himalaya qui s'entassaient dans le ciel ? Et lorsque, par les soirs étouffants de l'été, le chant langoureux d'une femme sortait des galeries cintrées du palais, pourquoi l'étoile solitaire s'allumait-elle, flamboyante, sur le rouge horizon de la plaine torride, brûlée de fièvre et noire de torpeur ? Était-ce pour lui dire qu'elle aussi palpitait d'un amour inassouvi ? Est-ce que, dans ce monde lointain, la même mélodie s'égrenait peut-être dans le silence de l'espace ? Est-ce que là-bas régnait la même langueur, le même désir infini ? Une fois ou l'autre et comme se parlant à lui-même, le jeune Gotama avait adressé ces questions à ses amis, à ses précepteurs, à ses parents. Ses amis avaient répondu en riant : « Que nous importe ? » Le brahmane précepteur avait dit : « Les sages ascètes peut-être le savent. » Ses parents avaient soupiré : « Brahma ne veut pas qu'on le sache. »

Pour se conformer à la coutume, Gotama se maria et eut de sa femme un enfant du nom de Rahoula. Cet événement ne put dissiper son trouble ni changer le cours de ses pensées. Le jeune prince dut s'émouvoir des tendres liens dont l'épouse amoureuse et l'enfant innocent enlaçaient son cœur. Mais que pouvaient les caresses d'une femme et le sourire d'un enfant sur cette âme que torturait la douleur du monde ? Il n'en ressentit qu'avec plus d'angoisse la fatalité qui l'enchaînait à la souffrance universelle, et le désir de s'en affranchir n'en devint que plus aigu.

La légende a rassemblé en un seul épisode les

impressions qui portèrent Gotama à son pas décisif. Elle rapporte que, dans une promenade, Gotama rencontra un vieillard, un malade et un mort. L'aspect de ce corps, chancelant et décrépit, de ce pestiféré couvert d'ulcères et de ce cadavre en décomposition auraient agi sur lui comme un coup de foudre en lui révélant la fin inéluctable de toute vie et le fond le plus noir de la misère humaine. C'est alors qu'il aurait résolu de renoncer à la couronne et de quitter pour toujours son palais, sa famille et son enfant pour se vouer à la vie ascétique. Cette tradition ramasse en une scène dramatique et en trois exemples les expériences et les réflexions de longues années. Mais ces exemples sont frappants, ils peignent un caractère, ils découvrent les mobiles de toute une existence. Un document en langue pâli, qui remonte à cent ans après la mort de Bouddha et où l'on sent encore sa tradition vivante, lui fait dire parlant à ses disciples : « L'homme de tous les jours, l'homme insensé éprouve du dégoût et de l'horreur devant la vieillesse. Il sait que la vieillesse l'atteindra lui-même. Mais il ajoute : « Cela ne me regarde pas. » En y pensant, je sentis tomber en moi tout le courage de la jeunesse. » Le fait est que, dans toutes les prédications de Bouddha et dans toute la littérature bouddhiste, la vieillesse, la maladie et la mort reviennent sans cesse, comme les trois exemples typiques des maux inévitables de l'humanité.

Gotama avait vingt-neuf ans lorsqu'il prit le parti définitif de quitter le palais de son père et de rompre toute attache avec sa vie passée, pour chercher la délivrance dans la solitude et la vérité dans la méditation. La tradition rapporte, en mots simples et touchants, ses adieux muets à sa femme et à son enfant. « Avant de s'en aller, il pense à son fils nouveau né : « Je veux voir mon enfant ! » Il va à l'appartement de sa femme et la trouve endormie, étendue su[r] un lit parsemé de fleurs, la main posée sur la tête d[e] l'enfant. Gotama pense : « Si j'écarte la main de m[a] femme pour saisir mon enfant, je la réveillerai. Quan[d] je serai Bouddha, je reviendrai voir mon fils. » De[hors] l'attend son cheval Khantaka, et le fils de ro[i] s'enfuit sans que personne le voie. Il s'enfuit loin d[e] sa femme et de son enfant, afin de trouver la paix pour son âme, pour le monde et pour les dieux, e[t] derrière lui s'avance, comme une ombre, Mâra, l[e] tentateur, guettant l'heure où une pensée de désir o[u] d'injustice s'élèvera dans cette âme qui lutte pour l[e] salut, une pensée qui lui donnera pouvoir sur l'ennemi détesté[1]. »

II. — *La vie solitaire et l'illumination.*

On vit alors Gotama, le royal descendant des Çakias, devenu moine (*Çakia mouni*), errer sur les grandes routes, la tête rasée, en robe jaune et mendier par les villages, une sébile à la main. Il s'adressa d'abord à de hauts brahmanes, leur demandant de lui indiquer le chemin de la vérité. Leurs réponses abstraites et compliquées sur l'origine du monde et la doctrine de l'identité avec Dieu ne le satisfirent point. Ces maîtres, détenteurs de la vieille tradition des richis, lui indiquèrent cependant certains procédés de

---

1. Résumé de la légende par Oldenberg.

respiration et de méditation nécessaires pour produire la parfaite concentration intérieure. Il s'en servit plus tard pour sa gymnastique spirituelle. Puis il passa plusieurs années avec cinq ascètes jaïnistes [1] qui le prirent à leur école à Ourouvala, au pays de Maghada, au bord d'un fleuve où se trouvait une belle place de bain. Après s'être soumis longtemps à leur discipline implacable, il s'aperçut qu'elle ne le menait à rien. Il leur déclara donc un jour qu'il renonçait à leurs mortifications inutiles et qu'il était résolu à rechercher la vérité par ses propres forces et par la seule méditation. A ces mots, les ascètes fanatiques, fiers de leurs faces émaciées et de leurs corps de squelettes, se levèrent pleins de mépris et laissèrent leur compagnon seul au bord du fleuve.

Il éprouva sans doute alors cette ivresssse de la solitude, au milieu de la nature vierge, dans cette fraîcheur matinale que décrit la poésie bouddhiste : « Quand mon regard n'atteint personne, ni devant ni derrière moi, il est beau de rester seul dans la forêt. Là il fait bon vivre pour le moine solitaire qui aspire à la perfection. Seul, sans compagnons, dans la forêt aimable, quand aurai-je atteint le but ? Quand serai-je libre de péché ? » Et le soir le retrouvait à la même place, assis, les jambes croisées, sous l'arbre de la méditation, aux cent mille feuilles bruissantes. « Sur la rive du fleuve, ornée de fleurs, enguirlandée d'une couronne bigarrée de forêts, le moine est assis joyeusement, adonné à sa méditation ; pas de plus grande

---

[1]. Les *Jaïnas* (dont le nom signifie *les Vainqueurs*) étaient une secte d'ascètes fanatiques. Elle existait au Sud de l'Inde longtemps avant le bouddhisme et a beaucoup d'analogie avec lui.

joie pour lui [1]. » Un berger, charmé par l'air ingénu et grave, par l'atmosphère bienfaisante du jeune ascète, lui apportait tous les jours du lait et des bananes. Une gazelle, attirée par sa douceur, s'était attachée à lui et venait manger les graines de riz dans sa main. Il était presque heureux.

Mais ses pensées plongeaient éperdument dans la spirale infinie du monde intérieur. Le jour, il méditait âprement, il réfléchissait avec intensité sur lui-même et sur les autres, sur l'origine du mal et sur le but suprême de la vie. Il cherchait à s'expliquer l'enchaînement fatal des destinées humaines par des raisonnements serrés, aigus, impitoyables. Mais que de doutes, que de lacunes, que de gouffres insondés ! La nuit, il se laissait aller à la dérive sur l'océan du rêve et y repensait le lendemain. Et son sommeil devenait de plus en plus transparent. C'étaient comme une série de voiles superposés, de gazes légères, qui, en se retirant, faisaient voir des mondes derrière des mondes. D'abord, sa propre vie passée se déroula à rebours en images successives. Puis, il se vit lui-même et se reconnut sous une autre figure, avec d'autres passions, comme dans une autre existence. Et, derrière ce voile fluide, apparaissaient d'autres figures inconnues, étranges, énigmatiques, qui semblaient l'appeler... — O royaume illimité du sommeil et du rêve, pensait Gotama, serais-tu le dessous du monde qui en contient les sources cachées ? Serais-tu l'envers de la trame brodée, derrière laquelle des puissances inconnues emmêlent les fils dont sont tissés les êtres et toutes les choses qui forment le tableau

---

1. *Theragata*, sentence de *Ekaviheraya*.

mouvant de ce vaste univers ? — Et il recommençait ses méditations sans pouvoir relier entre eux les courants de ce chaos multiforme. La tradition rapporte que Çakia-Mouni pratiqua pendant sept années ses exercices de concentration intérieure avant de recevoir son illumination. Elle lui vint enfin sous forme d'une série d'extases pendant son sommeil. Il faut suivre de près les phénomènes psychiques, ramassés par la légende en ces quatre nuits extatiques. Car, de leur caractère particulier et de leur interprétation est sortie la doctrine de Bouddha et tout le bouddhisme.

Pendant la première nuit, ÇakiaMouni pénétra dans ce que l'Inde appelle le *Kama loca* (lieu du Désir). C'est l'*Amenti* de l'Égypte, le *Hadés* des Grecs, le *Purgatoire* des Chrétiens. C'est la sphère appelée *le monde astral* par l'occultisme occidental, où l'état psychique défini par ce mot : *la sphère de la pénétrabilité*, chaos sombre et nébuleux. D'abord, il se sentit assailli, par toutes sortes de figures d'animaux, serpents, fauves et autres. Son âme, devenue lucide, comprit que c'étaient ses propres passions, les passions de ses vies précédentes, extériorisées et vivantes encore dans son âme qui fondaient sur lui. Elles se dissipaient sur le bouclier de sa volonté à mesure qu'il marchait sur elles. Alors il vit sa propre femme, celle qu'il avait aimée et quittée. Il la vit, les seins nus, les yeux pleins de larmes, de désir et de désespoir, lui tendant son enfant. Était-ce l'âme de son épouse encore vivante, qui l'appelait ainsi pendant son sommeil ? Saisi de pitié, repris d'amour, il allait s'élancer vers elle, mais elle s'enfuit avec un cri déchirant, auquel répondit le cri sourd de sa propre âme. Alors l'enveloppèrent, tourbillons infinis, écharpes déchirées par le vent, les âmes des morts encore gonflées des passions de la terre. Ces ombres poursuivaient leur proie, se ruaient les unes sur les autres sans pouvoir s'étreindre et roulaient haletantes dans un gouffre sans fond. Il vit les criminels, hantés par le supplice qu'ils avaient infligé, le subir à leur tour indéfiniment jusqu'à ce que l'horreur du fait eût tué la volonté coupable, jusqu'à ce que les larmes du meurtrier eussent lavé le sang de la victime. Cette région lugubre était réellement un enfer, car on y était ballotté du brasier d'un désir impossible à étancher aux ténèbres de l'angoisse dans le vide glacé. Çakia-Mouni crut apercevoir le prince de ce royaume. C'était celui que les poètes peignent sous la figure de Kama, le dieu du Désir. Seulement, au lieu d'avoir une robe de pourpre, une couronne de fleurs et l'œil souriant derrière son arc tendu, il était vêtu d'un linceul, couvert de cendres et brandissant un crâne vide. *Kama* était devenu *Mâra*, le dieu de la Mort.

Quand Çakia-Mouni s'éveilla après la première nuit de son initiation, son corps ruisselait d'une sueur froide. Sa gazelle familière, sa chère compagne, s'était enfuie. Avait-elle eu peur des ombres frôlées par son maître? Avait-elle flairé le dieu de la Mort? Gotama restait immobile sous l'arbre de la méditation aux cent mille feuilles bruissantes, car son engourdissement l'empêchait de bouger. Le pâtre attentif vint le ranimer en lui apportant du lait mousseux dans une noix de coco.

La seconde nuit, le solitaire entra au monde des âmes heureuses. Devant ses yeux fermés passèrent des pays flottants, des îles aériennes. Jardins enchantés, où les fleurs et les arbres, où l'air embaumé et les oiseaux, où le ciel, les astres et les nuages transparents comme la gaze de mousseline semblaient caresser l'âme et parler intelligemment la langue de l'amour et se mouler en formes significatives, pour exprimer des pensées humaines ou de divins symboles. Il vit ces âmes cheminant par couples ou par groupes, absorbées les unes dans les autres ou couchées au pied d'un maître. Et le bonheur qui débordait de leurs regards, de leurs attitudes, de leurs paroles, semblait pleuvoir d'un monde supérieur qui planait sur eux, vers lequel parfois se tendaient leurs bras et qui les joignait tous dans une céleste harmonie. Mais soudain Gotama vit quelques-unes de ces figures pâlir et frissonner. Il s'aperçut alors que chacune de ces âmes était reliée au monde inférieur par un fil imperceptible. Ce réseau de filaments descendait dans les profondeurs à travers un nuage pourpre qui s'élevait de l'abîme. A mesure que le nuage pourpre montait, il fonçissait, et le paradis aérien devenait plus pâle. Et Gotama devina le sens de sa vision. Il comprit que ces cordons subtils étaient les attaches indestructibles, les restes de passions humaines, les inextinguibles désirs, qui reliaient toujours ces âmes bienheureuses à la terre et les forceraient tôt ou tard à de nouvelles incarnations. Hélas, que de nouveaux adieux en perspective après le revoir céleste, que de nouveaux dispersements, en quels labyrinthes d'épreuve et de souffrance, — et peut-être, au bout, la séparation éternelle !...

Quand Çakia-Mouni s'éveilla au matin de la deuxième nuit, des cygnes voyageurs passaient dans le ciel nuageux. Et il fut plus triste encore en retombant de sa vision paradisiaque qu'en sortant du songe infernal. Car il pensait aux destinées futures de toutes ces âmes, à leurs errances sans fin.

La troisième nuit, il s'éleva d'un puissant effort jusqu'au monde des dieux. Allait-il enfin y trouver la paix espérée ? Ce fut un songe inénarrable, un panorama sublime d'une indicible grandeur. Il vit d'abord les Archétypes lumineux, qui brillent au seuil du monde des Dévas, cercles, triangles, étoiles flamboyantes, moules du monde matériel. Ensuite lui apparurent les forces cosmiques, les dieux, qui n'ont point de forme immuable, mais qui travaillent, multiformes, dans les veines du monde. Il vit des roues de feu, des tourbillons de lumière et de ténèbre, des astres qui se changeaient en lions ailés, en aigles gigantesques, en têtes éclatantes irradiant d'un océan de flammes. De ces figures, qui apparaissaient, disparaissaient, se métamorphosaient ou se multipliaient avec la rapidité de l'éclair, s'échappaient en tous sens des courants lumineux, qui se déversaient dans l'univers. Ces fleuves de vie s'en allaient bouillonner au cours des planètes, rejaillir à leur surface et pétrir tous les êtres. Comme le voyant se mêlait à cette vie ardente avec une sorte d'ubiquité, dans un éblouissement d'ivresse, il entendit tout à coup le cri de la douleur humaine monter de l'abîme vers lui, comme une marée grossissante d'appels désespérés. Alors il découvrit une chose qui lui parut terrible. Ce monde inférieur, ce monde de la lutte et de la souffrance, c'étaient les dieux qui l'avaient créé ! Bien plus, ils avaient pris conscience d'eux-mêmes, ils avaient grandi avec leur univers ; et maintenant, planant au-dessus de lui, mais inséparables de son essence, ils vivaient de son formidable reflux ! Oui, les dieux immortels se vêtaient du feu et de la lumière qui étaient sortis de leur cœur ; mais ce feu était devenu, pour les hommes, la passion, et cette lumière, l'angoisse. Ils se nourrissaient du souffle de l'amour humain qu'ils avaient excité ; ils respiraient le parfum de ses adorations et la fumée de ses tourmentes. Ils buvaient toutes ces marées d'âmes, gonflées de désir et de souffrance, comme le vent de la tempête boit l'écume de l'Océan... Ils étaient donc coupables, eux aussi ! Et, comme la vue panoramique du voyant embrassait des perspectives d'espace et de temps de plus en plus vastes, comme son esprit volait d'âges en âges, il crut voir ces dieux entraînés dans le naufrage final de leurs mondes, engloutis dans le sommeil cosmique, forcés à mourir et à renaître, eux aussi, d'éternité en éternité, en donnant le jour à des mondes toujours malheureux !

Alors l'univers entier apparut à Çakia-Mouni comme une roue effroyable, sur laquelle sont liés tous les êtres, avec les hommes et les dieux. Aucun moyen d'échapper à la loi inéluctable qui fait tourner la roue. De vie en vie, d'incarnation en incarnation, imperturbablement, tous les êtres recommencent toujours en vain la même aventure et sont impitoyablement broyés par la douleur et la mort. En arrière comme en avant s'étend l'incommensurable passé, l'incommensurable avenir de souffrance par la succession infinie des existences. D'innombrables périodes du monde s'écoulent en myriades d'années. Terres, cieux, enfers, lieux de torture, naissent et disparaissent comme ils ont surgi pour être balayés depuis des éternités. Comment échapper à cette roue ? Comment mettre fin au supplice de vivre ?

De cette vision l'ascète s'éveilla dans un vertige d'épouvante. Le vent du nord avait soufflé toute la nuit sur l'arbre de la connaissance aux cent mille feuilles bruissantes. L'aube blanchissait à peine, et une pluie froide tombait. La gazelle était revenue et s'était couchée aux pieds du solitaire en léchant ses pieds glacés. Il la toucha ; elle était glacée, elle aussi. Alors il l'attira dans ses bras pour la réchauffer sur son cœur, et Çakia-Mouni se consola, pendant une heure, de la douleur du monde, en serrant sur sa poitrine une pauvre gazelle.

Gotama n'avait pas l'habitude de prier. Il n'attendait rien des dieux, mais tout de lui-même et de sa méditation. Il ne leur en voulait pas, il ne les accusait pas. Il les enveloppait seulement de sa grande pitié. N'étaient-ils pas entraînés, eux aussi, dans l'illusion fatale du devenir par le désir universel, par la soif effrénée d'être et de vivre ? Comment les dieux, qui ne peuvent se sauver eux-mêmes, sauveraient-ils les hommes ? — Pourtant, avant sa quatrième nuit, Çakia-Mouni, accablé d'angoisse, demanda à l'Innommable, au Non-manifesté, à Celui que le clairvoyant même ne peut apercevoir, de lui révéler l'arcane du repos éternel et de la félicité.

En s'endormant, il revit la terrible roue de l'existence comme un cercle d'ombre peuplé de fourmilières humaines. La roue infatigable tournait lentement. Çà et là, quelques vaillants lutteurs, quelques sublimes ascètes émergeaient au-dessus du cercle d'ombre dans le halo de la lumière environnante. C'étaient les sages ascètes, les Bodisatvas qui l'avaient précédé. Mais aucun d'eux n'était parvenu au repos définitif, au salut véritable. Car tous étaient retombés dans le cercle d'ombre, tous avaient été repris par la roue fatale. — Alors Çakia-Mouni éprouva la plus grande de ses douleurs, un brisement de tout son être avec le brisement du monde des apparences. Mais à ce déchirement suprême succéda une ineffable félicité. Il se sentit plongé dans une mer profonde de silence et de paix. Là, plus de forme, plus de lumière, plus de remous de vie. Son être se dissolvait délicieusement dans l'âme dormante du monde, que n'agitait plus aucun souffle, et sa conscience s'évanouit dans cette immensité bienheureuse. — Il avait atteint le Nirvâna.

Si Çakia-Mouni avait eu la volonté d'aller plus loin et la force de s'élever au-dessus du sommeil cosmique, il eût entendu, il eût vu, il eût senti bien autre chose encore. Il eût entendu le Son primordial, la Parole divine qui enfante la Lumière ; il eût entendu cette musique des sphères qui met en branle les astres et les mondes. Emporté sur les ondes de cette harmonie, il eût vu l'effulguration du Soleil spirituel, du Verbe créateur. Là, le désir suprême de l'amour s'identifie avec la joie brûlante du sacrifice. Là, on est au-dessus de tout en traversant le tout, car on voit le fleuve du temps sortir de l'éternité et y revenir. Là, on n'est séparé de rien et un avec tout dans la plénitude de l'être. On plane au-dessus de toutes les douleurs parce qu'on aide à les transformer en joies. Là, toutes les souffrances se fondent dans une félicité unique, comme les couleurs du prisme dans le rayon solaire. Là, on atteint le repos dans l'action transcendante et la personnalité suprême dans l'absolu don de soi. Là, on ne condamne pas la vie, parce qu'on a bu l'essence divine à sa source. Libre, entièrement affranchi et désormais infrangible, on y rentre pour la recréer plus belle. De cette sphère de la Résurrection, pressentie par la sagesse égyptienne et par les mystères d'Éleusis, devait descendre le Christ.

Mais Çakia-Mouni n'était point destiné à faire connaître au monde le verbe de l'Amour créateur. Son rôle fut grand cependant, car il devait lui révéler la religion de la pitié et la loi qui relie entre elles les incarnations humaines. Mais il s'arrêta, dans son initiation à la *Mort mystique*, sans parvenir jusqu'à la *Résurrection*. Le *Nirvâna*, qu'on a voulu faire passer pour l'état divin par excellence, n'en est que le seuil. Bouddha ne l'a point dépassé [1].

Après la quatrième nuit de son illumination, dit la tradition, Gotama éprouva une grande joie, une force nouvelle inondait ses veines et l'animait d'un grand courage. Il sentit que, par l'atteinte du Nirvâna, il était à jamais délivré de tout mal. Trempé dans la mort comme dans les eaux du Styx, il se sentait in-

---

1. J'ai tenté ici de remettre le *Nirvâna* à sa place dans l'ordre des phénomènes psychiques de l'initiation. Cela est essentiel pour bien comprendre la personne de Bouddha et son rôle dans le monde. Car sa doctrine et son œuvre en découlent. La valeur d'un initié, d'un réformateur ou d'un prophète quelconque, dépend, en premier lieu, d'une vue intensive et directe de la vérité. Sa doctrine n'est jamais autre chose qu'une explication rationnelle de ce phénomène initial, qui est toujours, sous une forme ou sous une autre, une révélation ou une inspiration spirituelle. Le *Nirvâna* apparaît comme l'avant-dernière étape de la haute initiation, devinée par la Perse, l'Égypte et la Grèce et que le Christ vint accomplir. Ce que le bouddhisme appelle *l'extinction* ou *la fin de l'illusion* n'est donc qu'un état psychique intermédiaire, la phase neutre, atone et amorphe, qui précède le jaillissement de la vérité suprême. Mais c'est une grande chose et un grand rôle d'avoir comme le Bouddha réalisé complètement dans sa vie toutes les phases de l'initiation, comme le Christ devait les réaliser dans la sienne en les couronnant par la résurrection.

vincible. Gotama Çakia-Mouni avait vécu. Des pieds à la tête, de la moelle des os au sommet de l'âme, il était devenu le Bouddha, l'*Éveillé*. Avec la vérité conquise, il voulait sauver le monde. Il passa plusieurs jours à réfléchir sur ce qu'il avait traversé. Il se rendit compte de la logique secrète qui reliait entre elles les visions qu'il avait eues. Il en vint ainsi à formuler sa doctrine en repassant dans son esprit l'enchaînement des causes et des effets qui amènent la souffrance. « De la non-connaissance viennent les formes (*Sankara*), les formes de la pensée, qui donnent la forme aux choses. Des formes naît la conscience et ainsi, par une longue série de procédés intermédiaires, du désir des sens naît l'attachement à l'existence, de l'attachement vient le devenir, du devenir la naissance, de la naissance la vieillesse et la mort, la douleur et les plaintes, la peine, le chagrin, le désespoir. Mais, si la première cause, la non-connaissance est supprimée, toute la chaîne des effets est détruite et le mal est vaincu du même coup. » En somme, il fallait tuer le désir, pour supprimer la vie, et couper ainsi le mal à sa racine. Faire entrer tous les hommes dans le Nirvâna, tel fut le rêve de Bouddha. Sachant ce qu'il avait à dire aux brahmanes et au peuple, Çakia-Mouni quitta sa retraite pour se rendre à Bénarès, afin d'y enseigner sa doctrine.

III. — *La Tentation.*

Comme tous les prophètes, Bouddha eut encore à traverser une épreuve avant d'assumer sa tâche. Pas de réformateur qui n'ait passé par la tentation du doute sur lui-même avant d'attaquer ouvertement les puissances du jour. Au premier abord, les obstacles se dressent comme une montagne et le labeur qui s'étendra sur une série d'années se présente comme un bloc à rouler sur une cime. La légende raconte que le démon Mâra lui chuchota : « Entre dans le Nirvâna, homme accompli, le temps du Nirvâna est venu pour toi. » Bouddha lui répond : « Je n'entrerai pas dans le Nirvâna, tant que la vie sainte n'ira pas en croissant et se répandant parmi le peuple et ne sera pas bien prêchée aux hommes. » Un brahmane s'approche ensuite et lui dit avec mépris : « Un laïque ne peut être un brahmane. » Bouddha répond : « Le vrai brahmane est celui qui bannit toute méchanceté, toute raillerie, toute impureté de lui-même. » Les hommes ayant échoué devant le Bienheureux, les éléments s'en mêlent. Orage, pluie torrentielle, froid, tempête, ténèbres s'acharnent sur lui. Cette conjuration des éléments contre Bouddha représente le dernier et furieux assaut des passions expulsées par l'âme du saint et qui maintenant viennent fondre sur lui du dehors avec toute la horde des puissances dont elles procèdent. Pour rendre sensible le fait occulte qui se passe alors, la légende se sert d'un symbole. « A ce moment, dit-elle, le roi des serpents, Mucalinda, sort de son royaume caché, entoure sept fois le corps de Bouddha de ses anneaux et le protège contre la tempête. Après sept jours, quand le roi des serpents Mucalinda vit que le ciel était clair et sans nuages, il dénoua ses anneaux du corps du bienheureux, prit la forme d'un jeune homme et s'approcha du sublime, les mains jointes en l'adorant. Alors, le sublime dit : « Heureuse la solitude du bienheureux qui a reconnu et qui voit la vérité. » Le serpent Mucalinda représente ici le corps astral de l'homme, siège de la sensibilité, qui pénètre son corps physique et crée autour de lui une aura rayonnante, où ses passions se reflètent pour l'œil du clairvoyant en colorations multiples. Pendant le sommeil, le corps astral de l'homme s'échappe de son corps physique avec le moi conscient en forme de spirale. Il ressemble alors à un serpent. C'est dans ce corps astral [1] que résident et vibrent les passions humaines. C'est par lui que toutes les influences, bonnes ou mauvaises, agissent sur l'être humain. En le gouvernant et en l'organisant par sa volonté, l'initié ou le saint peut le transformer en une cuirasse infrangible contre toutes les attaques du dehors. Tel est le sens du serpent Mucalinda qui enroule ses anneaux autour du corps de Bouddha et le protège contre la tempête des passions. Il a un autre sens encore. A un certain degré de l'initiation, le clairvoyant aperçoit une image astrale de la partie inférieure et animale de son être, de celle évoluée dans les incarnations précédentes. Il faut supporter ce spectacle et tuer le monstre par la pensée. Sinon, impossible de pénétrer dans le monde astral, à plus forte raison dans le monde spirituel et dans le monde divin. Cette apparition s'appelle dans la tradition occulte *le gardien du seuil* Beaucoup plus tard, après de longues épreuves et d'éclatantes victoires, l'initié rencontre son prototype divin, l'image de son âme supérieure sous une forme idéale. Voilà pourquoi le serpent Mucalinda se

---

1. Paracelse l'a nommé ainsi parce qu'il est en rapport magnétique avec les astres qui composent notre système solaire. L'occultisme occidental a adopté ce terme.

métamorphose en un beau jeune homme, une fois que la bourrasque du monde inférieur s'est dissipée.

IV. — *L'enseignement et la communauté bouddhiste. La mort de Bouddha.*

Bouddha commença sa prédication à Bénarès. Il convertit d'abord cinq moines, qui devinrent ses disciples fervents et qu'il envoya plus tard prêcher sa doctrine au loin, en leur disant : « Vous êtes délivrés de tous les liens. Allez de par le monde pour le salut du peuple, la joie des dieux et des hommes. » Peu après, mille brahmanes d'Ourouvéla, qui pratiquaient les sentences du Véda et le sacrifice du feu et faisaient leurs ablutions dans le fleuve Neranjara, se déclarèrent pour lui. Bientôt la foule afflua. Les élèves quittaient pour lui leurs maîtres. Les rois et les reines arrivaient sur leurs éléphants pour admirer le saint et lui promettaient leur amitié. La courtisane Ambapâli fit cadeau au Bouddha d'une forêt de manguiers. Le jeune roi Bimbisara se convertit et devint le protecteur de son royal confrère transformé en moine mendiant. La prédication de Bouddha dura quarante ans, sans que les brahmanes y missent la moindre entrave. Sa vie se partageait annuellement en une période nomade et une période sédentaire : neuf mois de voyage et trois mois de repos. « Lorsqu'en juin, après la canicule brûlante, les nuages noirs s'entassent comme des tours et que le souffle de la mousson annonce les pluies, l'Indou se retire pour des semaines dans sa hutte ou dans ses palais. Les torrents ou les fleuves grossis interceptent les communications. « Les oiseaux, dit un vieux livre bouddhiste, bâtissent leurs nids dans la cime des arbres. » Ainsi faisaient les moines pendant trois mois. Pendant ses neuf mois de voyage, Bouddha trouvait partout des asiles, jardins et parcs, maisons de rois ou de riches marchands. Les mangos et les bananes ne manquaient pas pour la nourriture. Cela n'empêchait pas ces obstinés contempteurs des biens de ce monde d'observer leur vœu de pauvreté et de continuer leur vie de mendiants. Tous les matins ils faisaient leur tournée dans le village, le maître en tête. Silencieux, les yeux baissés, la sébile à la main, ils attendent l'aumône. Ils bénissent ceux qui donnent et ceux qui ne donnent pas. L'après-midi, dans l'obscurité de la forêt tranquille ou dans sa cellule, le Sublime médite dans « le silence sacré [1] ».

Ainsi se propage la secte bouddhiste. En maint endroit, sous la direction du maître, se fondent des associations de moines, qui deviendront plus tard de riches couvents. Autour d'eux se groupent des communautés laïques, qui, sans adopter la vie monacale, y trouvent leur idéal et prennent les moines pour maîtres. Les textes qui nous rapportent ces faits avec de froides sentences et des raisonnements mécaniques, toujours les mêmes, n'ont pas su nous rendre évidemment l'éloquence du maître, le charme qui émanait de sa personne, le magnétisme de cette volonté puissante, voilée d'imperturbable douceur et de sérénité parfaite, non plus que la fascination étrange qu'il savait apporter dans l'évocation mystérieuse du Nir-

---

1. OLDENBERG, *la Vie de Bouddha*.

vâna. Il peignait d'abord la vie des sens comme une mer furieuse, irritée, avec ses tourbillons, ses profondeurs insondables et ses monstres. Là sont ballottées, sans une minute de repos, ces pauvres barques qu'on appelle des âmes humaines. Puis insensiblement il faisait glisser l'auditeur dans une région plus calme, où l'océan s'apaise. Enfin sur la surface lisse et immobile se dessine un courant circulaire, qui se creuse en entonnoir. Au fond du gouffre, reluit un point brillant. Heureux qui entre dans le cercle rapide et descend jusqu'au fond de l'abîme. Il entre dans un autre monde, loin de la mer et de la tempête. Qu'y a-t-il de l'autre côté du gouffre, au delà du point brillant ? Le maître ne le dit pas, mais affirme que c'est la béatitude suprême, et il ajoute : « J'en viens. Ce qui n'est pas arrivé depuis des myriades d'années, est advenu, et je vous l'apporte. »

La tradition a conservé le sermon de Bénarès, qui est le Sermon de la montagne de Bouddha. Peut-être y trouve-t-on un écho lointain de sa parole vivante. « Vous m'appelez ami, mais vous ne me donnez pas mon vrai nom. Je suis le Délivré, le Bienheureux, le Bouddha. Ouvrez vos oreilles. La délivrance de la mort est trouvée. Je vous instruis, je vous enseigne la doctrine. Si vous vivez selon la doctrine, en peu de temps vous prendrez part à ce que cherchent les jeunes qui quittent leur patrie pour devenir des sans-patrie, vous atteindrez la perfection de la sainteté. Vous reconnaîtrez la vérité encore dans cette vie et vous la verrez face à face. Point de mortification, mais le renoncement à tous les plaisirs des sens. Le chemin du milieu conduit à la connaissance, à l'illumination, au Nirvâna. Le sentier huit fois saint s'appelle : juste foi, juste résolution, juste parole, juste action, juste vie, juste aspiration, juste pensée, juste méditation. Ceci, ô moines, est la vérité sainte sur l'origine de la souffrance : c'est la soif de l'être, de renaissance en renaissance, avec le plaisir et le désir, qui trouve ici et là-bas sa volupté, la soif de volupté, la soif de devenir, la soif de puissance. — Ceci, ô moines, est la vérité sainte sur la suppression de la souffrance : la suppression de la soif par la destruction du désir ; le mettre hors de soi, s'en délivrer, ne plus lui laisser de place. — Ceci, ô moines, est la vérité sainte sur la suppression de la douleur. » Depuis que Çakia-Mouni est en possession des quatre vérités essentielles, à savoir : 1° la souffrance ; 2° l'origine de la souffrance ; 3° la suppression de la souffrance ; 4° le chemin de la suppression, il déclare que dans le monde de Brahma et de Mâra, parmi tous les êtres, y compris les ascètes et les brahmanes, les dieux et les hommes, il a atteint la félicité parfaite et la plus haute dignité de Bouddha.

Toute la carrière du réformateur indou, toute sa prédication, tout le bouddhisme avec sa littérature sacrée et profane ne sont qu'un commentaire perpétuel, à mille variations, du sermon de Bénarès. Cette doctrine a un caractère exclusivement et rigoureusement moral. Elle est d'une douceur impérieuse et d'une désespérance béate. Elle cultive le fanatisme du repos. On dirait une conjuration pacifiste pour amener la fin du monde. Ni métaphysique, ni cosmogonie, ni mythologie, ni culte, ni prière. Rien que la méditation morale. Uniquement préoccupé de mettre fin à la souffrance et d'atteindre le Nirvâna, Bouddha se défie de tout et de tous. Il se défie des dieux, parce que ces malheureureux ont créé le monde. Il se défie de la vie terrestre parce qu'elle est une matrice de réincarnation. Il se défie de l'au-delà parce que, malgré tout, c'est encore de la vie et par conséquen de la souffrance. Il se défie de l'âme parce qu'elle est dévorée d'une soif inextinguible d'immortalité. L'autre vie est, à ses yeux, une autre forme de séduction, une volupté spirituelle. Il sait, par ses extases, que cette vie existe, mais il se refuse d'en parler. Cela serait trop dangereux. Ses disciples le pressent de questions sur ce point ; il demeure inflexible. — L'âme continue-t-elle de vivre après la mort ? s'écrient-ils en chœur. Pas de réponse. — Alors elle doit mourir ? Pas de réponse. Resté seul avec lui, Ananda, le favori du maître, lui demande la raison de ce silence. Bouddha répond : « Il serait préjudiciable à la morale de répondre dans un sens ou dans un autre, » et il garde son secret. Un moine raisonneur et plus malin que les autres décoche un jour au maître un argument incisif et redoutable. « O Bienheureux, dit-il, tu prétends que l'âme n'est qu'un composé de sensations éphémères et viles. Mais alors, comment le moi, qui va d'incarnation en incarnation, est-il influencé par le non-moi ? » Bouddha eût été sans doute très embarrassé de répondre victorieusement à cet argument digne de Socrate ou de Platon. Il se contenta de dire: « O moine, en ce moment tu es sous l'empire de la concupiscence. »

Si Bouddha se défie des dieux et de l'âme, il se défie encore plus des femmes. En cela, comme en tout le reste, il est l'antipode de Krichna, l'apôtre de l'Éternel-Féminin. Il sait que l'amour est le plus puissant appât de la vie et qu'en la femme est renfermée, comme en un coffret de philtres et de parfums, la quintessence de toutes les séductions. Il sait que Brahma ne se décida à créer les dieux et le monde qu'après avoir tiré de lui-même l'Éternel-Féminin, le voile coloré de Maïa où chatoyait l'image de tous les êtres. Il ne redoute pas seulement chez la femme le délire des sens qu'elle sait provoquer d'un sourire ou d'un regard, il redoute son arsenal de ruses et de mensonges, qui sont la trame et le fil dont se sert la nature pour tisser la vie. « L'essence de la femme, dit-il, est insondablement cachée comme les détours du poisson dans l'eau. » « — Comment nous conduire avec une femme ? demande Ananda à son maître. — Éviter leur aspect. — Et si nous la voyons quand même ? — Ne pas lui parler. — Et si nous lui parlons quand même, Seigneur, que faire ? — Alors, veillez sur vous ! » Bouddha permit cependant, après de longues hésitations, à la communauté bouddhiste de fonder des couvents de femmes, mais il ne les admit point dans son intimité et les bannit de sa présence. On ne trouve, dans son histoire, ni Madeleine, ni Marie de Béthanie. Il est juste d'ajouter à la défense et à l'honneur des femmes indoues que les institutions de bienfaisance de l'ordre bouddhiste furent en grande partie l'œuvre des femmes.

Comment expliquer qu'une doctrine aussi dépouillée des joies de la terre et du ciel, doctrine de morale implacable aussi excessive par son nihilisme mystique que par son positivisme négatif, doctrine qui supprimait d'autre part les castes avec la foi traditionnelle de l'Inde en l'autorité des Védas et abolissait le culte brahmanique avec ses rites somptueux pour y substituer des centaines de couvents et une armée de moines mendiants parcourant l'Inde la sébile à la main, comment expliquer le succès prodigieux d'une telle religion ? Il s'explique par la dégénérescence précoce de l'Inde, par l'abâtardissement de la race aryenne, mélangée d'éléments inférieurs et alanguie de paresse. Il s'explique par la tristesse d'un peuple vieillissant entre la lassitude de la tyrannie et la lassitude de l'esclavage, d'un peuple sans perspective historique et sans unité nationale, ayant perdu le goût de l'action et n'ayant jamais eu le sens de l'individualité sauf aux temps védiques, où la race blanche dominait dans sa pureté et dans sa force [1]. Cela dit, il faut ajouter que le triomphe momentané de Bouddha en Inde est dû moins à sa philosophie qu'à son sérieux moral, à ce profond travail sur la vie intérieure qu'il sut inculquer à ses disciples. « Pas à pas, morceau par morceau, heure par heure, le sage doit purifier son moi comme l'orfèvre purifie l'argent. Le moi, auquel la métaphysique bouddhiste refuse la réalité, devient ici l'agent principal. Trouver le moi devient le but de toute recherche. Avoir son moi pour ami, est la plus vraie, la plus haute amitié. Car le moi est la protection du moi. Il faut le tenir en bride

---

[1]. On sait que le bouddhisme ne se maintint en Inde que quatre siècles environ. Sauf dans l'île de Ceylan, il disparut et se fondit en quelque sorte devant une recrudescence de brahmanisme. Celui-ci sut le vaincre, sans persécution, en absorbant ses éléments vitaux et en se renouvelant lui-même. On sait aussi que si le bouddhisme se propagea au Thibet, en Mongolie et en Chine, ce fut en reprenant une bonne partie des éléments métaphysiques et mythologiques que Bouddha proscrivait et en modifiant profondément sa doctrine.

comme un marchand tient son noble cheval [1]. » De cette discipline austère se dégage, à la fin, un sentiment de liberté qui s'exprime avec le charme d'un François d'Assise : « Nous ne devons avoir besoin que de ce que nous portons sur nous-mêmes, comme l'oiseau n'a pas besoin de trésors, et ne porte sur lui que ses ailes, qui le conduisent où il veut. » Enfin, par la tendresse de son âme, Bouddha fut vraiment le créateur de la religion de la pitié et l'inspirateur d'une poésie nouvelle. Elle se traduit dans les paraboles attribuées au maître et dans les légendes postérieures du bouddhisme Quelle insinuante et suggestive métaphore par exemple que celle sur les différents degrés d'évolution des âmes. La vie physique, troublée par les sens, est comparée à un fleuve au-dessus duquel les âmes aspirent à s'élever pour respirer la lumière du ciel. « Comme dans un étang de lotus blancs et bleus, il y en a beaucoup sous l'eau et hors de l'eau ; ainsi il y a des âmes très diverses, les unes pures, les autres impures. Le sage est celui qui s'élève au-dessus de l'eau et laisse retomber sa sagesse sur les autres âmes, comme le lotus épanoui parsème ses gouttes de rosée sur les nymphéas qui nagent à la surface du fleuve. »

A l'âge de quatre-vingts ans, Bouddha se trouvait dans une de ses retraites d'été, à Bélouva, quand il tomba malade et sentit l'approche de la mort. Alors il pensa à ses disciples : « Il ne convient pas, se dit-il, d'entrer dans le Nirvâna sans avoir parlé à ceux qui ont pris soin de moi. Je veux vaincre cette maladie par ma force et retenir ma vie en moi. » Alors la

---

1. Sentences morales bouddhistes, résumées par Oldenberg.

maladie du Sublime disparut. Et Bouddha s'assit à l'ombre de la maison qui avait été préparée pour lui. Son disciple préféré, Ananda, accourut et lui fit part de son effroi en ajoutant : « Je savais que le Bienheureux n'entrerait pas dans le Nirvâna sans avoir annoncé sa volonté à la communauté de ses disciples. — Que demande la communauté ? dit Bouddha. J'ai prêché la doctrine. Je ne veux pas régner sur la communauté, Ananda. Laissez la vérité être votre flambeau. Celui qui maintenant et après ma mort est son propre flambeau et son propre refuge, celui qui ne cherche pas d'autre refuge que la vérité et marche dans la droite voie, celui-là est mon disciple. »

Et Bouddha se leva, rejoignit les autres disciples et se mit en route avec eux, voulant marcher et enseigner jusqu'au bout. Il s'arrêta quelque temps à Vésala, mais à Kousinara ses forces l'abandonnèrent. On l'étendit sur un tapis, entre deux arbres jumeaux. Là, il resta couché comme un lion fatigué. Ne pouvant supporter ce spectacle, le disciple qu'il aimait, Ananda, rentra dans la maison et se mit à pleurer. Bouddha devina sa tristesse, le fit rappeler et dit : « Ne gémis pas, Ananda, ne t'ai-je pas dit qu'il faut quitter tout ce qu'on aime ? Comment serait-il possible que ce qui est né et soumis à l'éphémère échappât à la destruction ? Mais toi, Ananda, pendant longtemps tu as honoré le Parfait ; tu as été pour lui plein d'amour, de bonté, de joie, sans fausseté, sans cesse, en pensées, en paroles et en œuvres. Tu as fait le bien, Ananda. Efforce-toi maintenant, et bientôt tu seras libre de péché. » Peu avant d'expirer, Bouddha dit : « Peut-être aurez-vous cette pensée, Ananda : la parole a perdu son maître, nous n'avons plus de maître. Il ne faut pas penser ainsi. La Doctrine et l'Ordre que je vous ai enseignés, voilà votre maître, quand je serai parti. » Ses dernières paroles furent : « Courage, mes disciples. Je vous dis : Tout ce qui est devenu est périssable. Luttez sans cesse [1]. »

La nuit tombait. Et voici que la face et le corps du Sublime se mirent à reluire comme s'ils devenaient transparents. Ce rayon mystérieux dura jusqu'à son dernier soupir, puis s'éteignit brusquement. Aussitôt du sommet des deux arbres, une pluie de fleurs tomba sur le Bouddha qui venait d'entrer dans le Nirvâna.

A ce moment, les femmes de Kousinara, qu'on avait toujours tenues loin du maître par son ordre, supplièrent qu'on les laissât voir le Bienheureux. Ananda le leur permit, malgré les protestations des autres. Elles s'agenouillèrent près du cadavre, se penchèrent sur lui en sanglotant et inondèrent de larmes brûlantes la face glacée du maître, qui, vivant, les avait bannies de sa vue.

Ces détails touchants, cette auréole discrète que la tradition fait planer sur la mort de Bouddha peignent peut-être mieux encore ce qui se passa dans le tréfonds de sa conscience et dans celle de ses disciples que leurs derniers entretiens. Comme une vague de l'Invisible, le merveilleux envahit le vide du Nirvâna. Ainsi les puissances cosmiques combattues ou écartées par Çakia-Mouni comme dangereuses, parce qu'il voyait en elles les tentatrices du fatal Désir, les forces qu'il avait jalousement proscrites de sa doctrine et

[1]. Cela est stoïque et grand, mais combien plus grande la parole du Christ : « Et voici que je suis avec vous jusqu'à la fin du monde. »

de sa communauté, fleurs de l'Espérance, Lumière céleste, Éternel-Féminin, ces tisseuses infatigables de la vie terrestre et divine, hantent sa dernière heure. Subtiles, enlaçantes, irrésistibles, elles viennent le frôler et cueillir l'âme de l'ascète redoutable pour lui dire — qu'il ne les a ni supprimées, ni vaincues.

V. — *Conclusions.*

Il est aisé de faire la critique du bouddhisme au point de vue philosophique. Religion sans Dieu, morale sans métaphysique, il ne jette aucun pont entre le fini et l'infini, entre le temps et l'éternité, entre l'homme et l'univers. Or, trouver ce pont est le besoin suprême de l'homme, la raison d'être de la religion et de la philosophie. Bouddha fait sortir le monde d'un désir de vivre aveugle et malfaisant. Alors comment expliquer l'harmonie du Kosmos et la soif inextinguible de perfection innée à l'esprit ? Voilà la contradiction métaphysique. — Bouddha veut ensuite que de jour en jour, d'année en année, d'incarnation en incarnation, le Moi humain travaille à son perfectionnement par la victoire sur ses passions, mais il ne lui accorde aucune réalité transcendante, aucune valeur immortelle. Alors comment expliquer ce travail ? Voilà la contradiction psychologique. — Enfin Bouddha donne à l'homme et à l'humanité, comme idéal et comme but unique : le Nirvâna, concept purement négatif, la cessation du mal par la cessation de la conscience. Ce *saltus mortalis*, ce saut dans le vide du néant vaut-il l'immensité de l'effort ? — Voilà la contradiction morale. Ces trois contradictions, qui ressortent l'une de l'autre et s'emboîtent rigoureusement indiquent suffisamment la faiblesse du bouddhisme comme système cosmique.

Il n'en est pas moins vrai que le bouddhisme a exercé une influence profonde sur l'Occident. A toutes les époques où la philosophie et la religion traversent une grande crise, à l'époque alexandrine, à celle de la Renaissance et à la nôtre, on entend en Europe comme un écho lointain et transposé de la pensée bouddhiste. D'où lui vient ce pouvoir ? De sa doctrine morale et de ses conclusions ? Nullement. Elle lui vient de ce fait que Bouddha fut le premier à divulguer au grand jour la doctrine dont les brahmanes n'avaient parlé qu'à demi-mot et qu'ils avaient cachée dans le secret de leurs temples. Or cette doctrine est le vrai mystère de l'Inde, l'arcane de sa sagesse. J'entends la doctrine de la pluralité des existences et le mystère de la réincarnation.

Dans un très vieux livre, un brahmane dit à son collègue dans une assemblée : « Où va l'homme après sa mort ? — Donne-moi la main, Yaïnavalkia, répond l'autre, nous seuls devons le savoir. Pas un mot de cela aux autres. » Et ils parlèrent de la réincarnation [1]. Ce passage prouve qu'à une certaine époque, cette doctrine fut considérée comme ésotérique par les brahmanes. Ils avaient pour cela d'excellentes raisons. S'il n'est point de vérité qui introduise plus avant dans les officines secrètes de la nature et dans le processus de l'évolution universelle, il n'en est pas non plus dont le vulgaire puisse faire de plus grands abus. Pour exprimer la fascination singulière, le

---

1. *Oupanischad des cent sentiers*, cité par Oldenberg.

charme insinuant et redoutable que ce mystère a exercé de tous temps sur les âmes ardentes et songeuses, qu'on me permette de rappeler ici une vieille légende indoue.

En des jours très anciens, dit cette légende, une nymphe céleste, une Apsara, voulant séduire un ascète, qui s'était montré insensible à toutes les tentations du ciel et de la terre, eut recours à un stratagème ingénieux. Cet ascète habitait dans une forêt vierge, inextricable, effrayante, au bord d'un étang couvert de toutes sortes de plantes aquatiques. Lorsque des apparitions infernales ou célestes venaient planer sur le miroir de l'onde pour tenter le solitaire, il baissait les yeux pour regarder leur reflet dans l'étang sombre. L'image renversée et déformée des nymphes ou des démones tentatrices suffisait pour calmer ses sens et rétablir l'harmonie dans son esprit troublé. Car elle lui montrait les conséquences qu'aurait sa chute dans la matière fangeuse.

L'Apsara rusée imagina donc de se cacher dans une fleur pour séduire l'anachorète. Des profondeurs de l'étang elle fit sortir un lotus merveilleux; mais ce n'était pas un lotus comme les autres. Ceux-ci, comme on sait, replient leurs calices sous l'eau pendant la nuit et n'en sortent qu'au baiser du soleil. Ce lotus-là, au contraire, demeurait invisible le jour. Mais, la nuit, quand la lumière rosée de la lune glissait par-dessus l'épaisse crinière des arbres sur l'étang immobile, on voyait frémir sa surface et, de son sein noir, sortait un lotus géant d'une blancheur éclatante, aux mille feuilles et grand comme une corbeille de roses. Alors, de son calice d'or, vibrant sous le rayon enflammé de la lune, sortait la divine Apsara, la nymphe céleste, au corps lumineux et nacré. Elle tenait au-dessus de sa tête une écharpe étoilée, arrachée au ciel d'Indra. Et l'ascète, qui avait résisté à toutes les autres Apsaras descendues directement du ciel, céda au charme de celle-ci, qui, née d'une fleur de l'onde, semblait remonter de l'abîme et être à la fois la fille de la terre et la fille du ciel. — Eh bien! de même que la nymphe céleste sort du lotus épanoui, de même, dans la doctrine de la réincarnation, l'âme humaine sort de la nature aux mille feuilles comme la dernière et plus parfaite expression de la pensée divine.

Les brahmanes disaient ensuite à leurs disciples : De même que l'univers est le produit d'une pensée divine qui l'organise et le vivifie sans cesse, de même le corps humain est le produit de l'âme qui le développe à travers l'évolution planétaire et s'en sert comme d'un instrument de travail et de progrès. Les espèces animales n'ont qu'une âme collective, mais l'homme a une âme individuelle, une conscience, un moi, une destinée personnelle, qui lui garantissent sa durée. Après la mort, l'âme, délivrée de sa chrysalide éphémère, vit d'une autre vie, plus vaste, dans la splendeur spirituelle. Elle retourne en quelque sorte à sa patrie, et contemple le monde du côté de la lumière et des dieux, après y avoir travaillé du côté de l'ombre et des hommes. Mais il en est peu d'assez avancées pour demeurer définitivement dans cet état que toutes les religions appellent le ciel. Au bout d'un long espace de temps, proportionné à son effort terrestre, l'âme sent le besoin d'une nouvelle épreuve pour faire un pas de plus. De là, une nouvelle incarnation dont les conditions sont déterminées par les qualités acquises dans une vie précédente. Telle la loi du *Karma*, ou de l'enchaînement causal des vies, conséquence et sanction de la liberté, logique et justice du bonheur et du malheur, raison de l'inégalité des conditions, organisation des destinées individuelles, rythme de l'âme qui veut revenir à sa source divine à travers l'infini. C'est la conception organique de l'immortalité, en harmonie avec les lois du Kosmos.

Survint le Bouddha, âme d'une sensibilité profonde et travaillée par le tourment des causes dernières. En naissant, il semblait accablé déjà du poids de je ne sais combien d'existences et altéré de la paix suprême. La lassitude des Brahmanes, immobilisés dans un monde stagnant, se centupla chez lui d'un sentiment nouveau : une immense pitié pour tous les hommes et le désir de les arracher à la souffrance. Dans un mouvement de générosité sublime, il voulut le salut pour tous. Mais sa sagesse n'égala pas la grandeur de son âme et son courage ne fut pas à la hauteur de sa vision. Une initiation incomplète lui fit voir le monde sous le jour le plus noir. Il n'en voulut comprendre que la douleur et le mal. Ni Dieu, ni l'univers, ni l'âme, ni l'amour, ni la beauté ne trouvèrent grâce devant ses yeux. Il rêva d'engloutir à jamais ces ouvriers d'illusion et ces ouvrières de souffrance dans le gouffre de son Nirvâna. Malgré l'excessive sévérité de sa discipline morale, et quoique la pitié qu'il prêchait établît entre les hommes un lien de fraternité universelle, son œuvre fut donc partiellement négative et dissolvante. Cela est prouvé par l'histoire du bouddhisme. Socialement et artistiquement, il n'a rien créé de fécond. Là où il s'installe en bloc, il engendre la passivité, l'indifférence et le découragement. Les peuples bouddhistes sont demeurés à l'état de stagnation. Ceux qui, comme le Japon, ont déployé une activité surprenante, l'ont fait par des instincts et des principes contraires au bouddhisme. Le Bouddha eut cependant un grand mérite et un grand rôle. Il divulgua la doctrine de la réincarnation qui, avant lui, était restée le secret des brahmanes. Par lui, elle se répandit hors de l'Inde et entra dans la conscience universelle. Quoique repoussée officiellement ou voilée par la plupart des religions, elle ne cessa plus de jouer dans l'histoire de l'esprit humain le rôle d'un ferment vivace. Seulement, ce qui avait été pour Bouddha une raison de se renoncer et de mourir devint pour des âmes plus énergiques et des races plus fortes une raison de s'affirmer et de vivre.

Quelle autre allure, en effet, et quelle autre couleur prendra l'idée de la pluralité des vies chez les Aryens ou même chez les Sémites qui l'adopteront ! Que ce soit sur les bords du Nil, à Éleusis ou à Alexandrie, qu'il s'agisse des successeurs d'Hermès, d'Empédocle, de Pythagore ou de Platon, elle prendra un caractère héroïque. Ce ne sera plus la roue fatale de Bouddha, mais une fière ascension dans la lumière.

L'Inde tient les clés du passé, elle ne tient pas celles de l'avenir ; c'est l'Épiméthée des peuples, mais non pas leur Prométhée.

Elle s'est endormie dans son rêve. L'initié aryen, au contraire, apporte dans l'idée de la pluralité des existences ce besoin d'action et de développement infini qui brûle dans son cœur comme la flamme inextinguible d'Agni. Il sait que l'homme ne possède que la terre qu'il arrose de sa sueur et de son sang, qu'il n'atteint que le ciel auquel il aspire de toute son âme. Il sait que l'univers est une formidable tragédie, mais que la victoire est aux croyants et aux courageux. La lutte elle-même est pour lui un plaisir et la douleur un aiguillon. Il l'accepte au prix des joies sublimes de l'amour, de la beauté et de la contemplation. Il croit à l'avenir de la terre comme à l'avenir du ciel. Les existences successives ne l'effrayent pas, à cause de leur variété. Il sait que le ciel cache dans son azur des combats sans nombre, mais aussi des félicités inconnues. Les voyages cosmiques lui promettent plus de merveilles encore que les voyages terrestres. Enfin il croit avec le Christ et son Verbe à une victoire finale sur le mal et la mort, à une transfiguration de la terre et de l'humanité, à la fin des temps, par la descente complète de l'Esprit dans la chair. Le vieux bouddhisme et le pessimisme contemporain affirment que tout désir, toute forme, toute vie, toute conscience est un mal et que le seul refuge est dans l'inconscience totale. Leur félicité est purement négative. L'Aryen considère la lassitude de vivre comme une sorte de lâcheté. Il croit à une félicité active dans l'épanouissement de son désir, comme à la fécondité souveraine de l'amour et du sacrifice. Pour lui, les formes éphémères sont des messagères du divin. Il croit donc à la possibilité de l'action et de la création dans le temps avec la conscience de l'Éternel. L'ayant éprouvé et vécu, il sent son âme pareille à un navire qui surnage toujours dans la tempête. C'est le seul repos, c'est le calme divin auquel il aspire. Pour tout dire, dans le concept de l'Aryen, la disparition de l'univers visible, ce que l'Indou appelle le sommeil de Brahma, ne serait qu'un inénarrable rêve, un silence du Verbe se recueillant en lui-même pour écouter chanter ses harmonies intimes avec ses myriades d'âmes et se préparer à une nouvelle création.

⁎
⁎ ⁎

Mais ne soyons point injustes pour l'Inde et pour son Bouddha, puisqu'ils nous ont légué le trésor de la plus antique sagesse. Rendons-leur, au contraire, le culte reconnaissant qu'on doit aux plus lointains ancêtres et aux premiers mystères religieux de notre race.

Lorsque la femme indoue montait sur le bûcher de son époux et que la flamme meurtrière la touchait, elle jetait son collier de perles à ses enfants comme un dernier adieu. C'est ainsi que l'Inde agonisante, assise sur le tombeau de ses héros aryens, jeta au jeune Occident la religion de la pitié et l'idée féconde de la réincarnation.

LIVRE IV

LES ÉTAPES DU VERBE SOLAIRE

I

ZOROASTRE

> Gloire à Ormuz!...
> Hommage à ma propre âme!...

LES ÉTAPES DU VERBE SOLAIRE

La religion et la civilisation brahmanique représentent la première étape de l'humanité post-atlantéenne. Cette étape se résume en un mot : *la conquête du monde divin par la sagesse primordiale.* Les grandes civilisations qui suivirent, la Perse, la Chaldée, l'Égypte, la Grèce et Rome, le judéo-christianisme, enfin le monde celto-germanique encore en pleine évolution et dont nous faisons partie, figurent la marche en avant de la race blanche. Autant de religions, autant de races, autant de civilisations, autant de mondes divers. Mais en tous s'infiltre l'élément aryen qui les domine, et tous se relient par une chaîne magnétique, par une idée qui les anime et les guide instinctivement. Cette idée *est la conquête de la terre par l'application du Divin révélé à la vie.* Une telle application n'était pas possible sans un affaiblissement progressif de l'instrument qui avait servi à la découverte de ce monde divin, je veux dire *la communion spontanée avec les puissances cosmiques, appelées les dieux, et la voyance dans le monde astral comme dans le monde spirituel, qui est le monde intérieur de l'homme et de l'univers.* Ces facultés révélatrices et créatrices s'étaient déjà atrophiées en Inde, dès l'époque où la philosophie spéculative prit la place de l'intuition primordiale. Elles devaient s'obscurcir et s'oblitérer davantage encore chez les races aryennes et sémitiques de l'Asie centrale et de l'Europe, à mesure que se développèrent les facultés propres de la race aryenne, facultés indispensables à la connaissance et à la domination du monde extérieur, à savoir : l'observation rigoureuse, l'analyse et la raison, d'où ressortent le sentiment de l'indépendance individuelle et de la liberté. *Toutefois les facultés transcendantes de l'âme ne s'éteignent pas dans l'humanité. Elles se conservent dans une élite qui les discipline et les développe en secret, sous le voile du mystère, à l'abri des profanations et des corruptions du dehors. C'est la raison de l'initiation.* Chez cette élite qui se sélecte elle-même, par les épreuves qu'elle exige, l'inspiration divine continue, mais elle change de caractère. Au lieu de s'éparpiller sur tout l'univers et de se perdre dans l'Infini comme chez les Indous, elle tend à se condenser et à se concentrer sur un point unique, que nous appellerons le *Verbe solaire*.

Le Verbe solaire est le Logos, la Parole divine qui anime notre monde planétaire. En glorifiant le soleil, les richis primitifs et les chantres védiques n'adoraient pas seulement le soleil physique. Ils pressentaient, derrière lui, l'Esprit qui anime l'astre-roi. Notre système solaire et la terre, son creuset le plus dense, celui donc où l'Esprit et la Matière atteignent leur tension la plus forte et créent la vie la plus ardente, ont été créés par la hiérarchie des puissances cosmiques, sous l'inspiration du Dieu infini et insondable.

C'est ce que la Genèse exprime admirablement par le mot Elohim, qui signifie Dieu-les-Dieux [1]. Toutefois, dès l'origine, dès la période saturnienne de la vie planétaire, la pensée divine, le Logos qui préside spécialement à notre système solaire, tendait à se condenser et à se manifester dans un organe souverain, qui serait en quelque sorte son verbe et son foyer brûlant. Cet Esprit, ce Dieu, est le roi des Génies solaires, supérieur aux Archanges, aux Dominations, aux Trônes et aux Séraphim, à la fois leur inspirateur et la fleur sublime de leur création commune, couvé par eux et grandissant avec eux pour les dépasser, destiné à devenir la Parole humaine du Créateur, comme la lumière des astres est sa parole universelle. Tel le Verbe solaire, le Christ cosmique, centre et pivot de l'évolution terrestre.

Ce Génie sublime, ce Verbe solaire, qu'il ne faut pas confondre avec le soleil physique (car il n'est que la quintessence spirituelle de cet astre), ne pouvait pas se révéler tout d'un coup et en une seule fois à la faible humanité. Il ne pouvait se rapprocher des hommes que par étapes successives. On devait d'abord en saisir des reflets et des rayons épars avant d'en supporter la lumière aveuglante. Les premières races, les premières religions commencèrent par le deviner à travers d'autres dieux, comme on voit luire le soleil à travers les nuages ou une figure humaine se mouvoir sous des voiles de plus en plus transparents. Le Christ brille de loin à travers Indra, il flamboie pour Zoroastre sous l'auréole d'Ormuz, il s'allume pour

---

1. Voir la *Bible hébraïque restituée*, par Fabre d'Olivet, *la Science secrète*, par Rudolf Steiner, et le premier livre de cet ouvrage : *l'Évolution planétaire et l'origine de l'homme*.

Hermès dans le soleil d'Osiris. Il parle à Moïse dans le buisson ardent et sillonne, comme un blanc météore, les foudres rouges du Sinaï. Il s'incarne enfin dans le maître Jésus, en sa douceur humaine et sa splendeur divine. Il se fait chair afin de devenir pour toute l'humanité un soleil d'amour et de résurrection.

Ainsi, pas à pas, le reflet se fait rayon, le rayon étoile et l'étoile soleil fulgurant. Cette étoile des mages, qui promène ses rayons de l'Asie centrale en Egypte pour revenir se poser sur le berceau de Bethléem, éclaire trois points merveilleux dans la sombre cohue des peuples qui se ruent les uns sur les autres, pendant cinq mille ans, entre la mer Caspienne, le golfe Persique et la Méditerranée.

Ces trois points sont la révélation de Zoroastre dans l'Iran primitif ; la rencontre des mages de Babylone avec l'imposante figure du prophète Daniel ; enfin la vision terrifiante et sublime du soleil d'Osiris dans les cryptes d'Egypte, vision qui annonce la fin des monarchies absolues de l'Orient et l'élargissement des mystères antiques en prédisant la venue du Christ.

Ces trois faits marquent trois étapes du Verbe solaire, en même temps que trois pas gigantesques pour la conquête de la terre. Car ils permettent d'entrevoir, d'une part, la descente graduelle du Christ cosmique dans l'humanité ; de l'autre, l'œuvre de trois puissantes civilisations, la Perse, la Chaldée et l'Égypte, en qui se poursuit la poussée aryenne vers l'Occident.

ZOROASTRE

Passons de l'Inde en Asie centrale et regardons le pays à vol d'oiseau. A perte de vue, se déroulent à nos pieds le Pamyr et l'Indou-Kousch « Toit du monde » et nœud gordien du continent. Crêtes blanches et grises vallées. A l'est et au nord de ce fouillis montagneux, la Perse et l'Iran forment un haut plateau. De vastes étendues s'encadrent de lignes austères, d'une grandeur superbe et sauvage. Sol accidenté, vertes oasis, déserts arides qu'enferment les plus hautes cimes de la terre. Un des voyageurs modernes qui a le mieux vu la Perse et senti son âme, le comte de Gobineau, décrit ainsi cette contrée altière : « La nature a disposé l'Asie centrale comme un immense escalier, au sommet duquel elle semble avoir tenu à honneur de porter au-dessus des autres régions du globe le berceau antique de notre race. Entre la Méditerranée, le golfe Persique et la mer Noire, le sol va s'élevant d'étages en étages. Des croupes énormes placées en assises, le Taurus, les monts Gordyens, les chaînes du Laristan, soulèvent et soutiennent les provinces. Le Caucase, l'Elbourz, les montagnes de Chiraz et d'Ispahan y ajoutent un colossal gradin plus haut encore. Cette énorme plateforme, étalant en plaines ses développements majestueux du côté des monts Soleyman et de l'Indou-Kousch, aboutit d'une part au Turkestan qui conduit à la Chine, et de l'autre aux rives de l'Indus, frontière d'un non moins vaste monde. La note dominante de cette nature, le sentiment qu'elle éveille par-dessus tous les autres, est celui de l'immensité et du mystère [1]. »

Mais elle abonde aussi en violents contrastes, qui évoquent l'idée de la lutte et de la résistance. Après les redoutables tempêtes du printemps, de mai jusqu'en septembre, le temps reste sec et l'atmosphère d'une pureté merveilleuse. Les contours des montagnes et les moindres détails du paysage se dessinent dans une clarté limpide avec des couleurs vives qui ont la fraîcheur de l'arc-en-ciel. L'été est chaud et léger, l'hiver rude et terrible. L'oranger et le grenadier poussent au bord des vallées fertiles. Des palmes ombragent les sources où boivent les gazelles, tandis que les neiges s'amassent aux flancs des montagnes, boisées de chênes et de cèdres, qu'habitent l'ours et le vautour, et que le vent du Nord balaye les steppes en tourbillons de poussière.

Telle la terre d'adoption des Aryas primitifs, terre où l'eau ne jaillit du sol avare que sous les coups de pic, terre qui ne donne son fruit que sous le soc de la charrue et le canal d'irrigation, où la vie est un éternel combat contre la nature. Telle fut la patrie de Zoroastre.

---

1. Gobineau, *Trois ans en Asie*, Plon.

CHAPITRE PREMIER

LA JEUNESSE DE ZOROASTRE

Les uns le font naître en Bactriane, les autres dans la biblique Rhagès, non loin de l'actuelle Téhéran. J'emprunte encore à Gobineau la description de ces lieux grandioses : « Au Nord s'étendait une chaîne de montagnes dont les sommets étincelants de neige se relevaient à une hauteur majestueuse : c'était l'Elbourz, cette immense crête qui unit l'Indou-Kousch aux montagnes de la Géorgie, le Caucase indien au Caucase de Prométhée, et, au-dessus de cette chaîne, la dominant comme un géant, s'élançait dans les airs l'énorme dôme pointu du Demavend, blanc de la tête aux pieds... Pas de détails qui arrêtent la pensée, c'est un infini comme la mer, c'est un horizon d'une couleur merveilleuse, un ciel dont rien, ni parole, ni palette, ne peut exprimer la transparence et l'éclat, une plaine qui, d'ondulations en ondulations, gagne graduellement les pieds de l'Elbourz, se relie et se confond avec ses grandeurs. De temps en temps, des trombes de poussière se forment, s'arrondissent, s'élèvent, montent vers l'azur, semblent le toucher de leur faîte tourbillonnant, courent au hasard et retombent. On n'oublie pas un tel tableau. »

A l'époque où naquit le premier Zoroastre, quatre ou cinq mille ans avant notre ère[1], l'antique Iran et la Perse étaient peuplés par des tribus nomades, issues de la plus pure race blanche. Une élite seulement connaissait la charrue et l'art du labour, l'épi sacré qui pousse droit comme un javelot, les moissons d'or qui ondulent comme des seins de femme et la gerbe divine, ce pur trophée du moissonneur. Les autres vivaient en pasteurs avec leurs troupeaux, mais tous adoraient le soleil et offraient le sacrifice du feu sur l'autel de gazon. Ils vivaient par petites tribus, ayant perdu leurs anciens rois pontifes. Mais, depuis des siècles, les Touraniens venus des plaines du Nord et des montagnes de la Mongolie, avaient envahi la terre des purs et des forts, l'antique Aryana Vaeya. Pépinière humaine inépuisable, les Touraniens étaient issus de la race la plus résistante de l'Atlandide, hommes trapus, au teint jaune, aux petits yeux bridés. Puissants forgerons d'armes, ca-

---

[1]. Pline dit Zoroastre de 1.000 ans antérieur à Moïse. Hermippe, qui traduisit ses livres en grec, le faisait remonter à 4.000 ans avant la prise de Troie, Eudoxe à 6.000 ans avant la mort de Platon. La science moderne, après les savantes études d'Eugène Burnouf, de Spiegel, de James Darmesteter et de Harlez, déclare qu'il n'est pas possible de fixer la date où vécut le grand prophète iranien, auteur du Zend-Avesta, mais la recule en tout cas à 2.500 ans avant J.-C. La date indiquée par Pline correspond à peu près à la date approximative admise par les modernes orientalistes. Mais Hermippe, qui s'occupa spécialement de ce sujet, devait posséder sur la Perse des documents et des traditions aujourd'hui perdues. La date de 5.000 ans avant J.-C. n'a rien d'improbable, étant donnée l'antiquité préhistorique de la race aryenne.

valiers pillards et rusés, ils adoraient aussi le feu, non la lumière céleste qui illumine les âmes et rapproche les tribus, mais le feu terrestre, souillé d'éléments impurs, père des noirs enchantements, le feu qui donne la richesse et la domination en attisant les désirs cruels. On les disait voués aux démons des ténèbres. Toute l'histoire des Aryas primitifs est l'histoire de leurs luttes avec les Touraniens. Sous le choc des premières invasions, les tribus aryennes se dispersèrent. Elles fuyaient devant les cavaliers jaunes montés sur leurs chevaux noirs, comme devant une armée de démons.

Les plus récalcitrants se réfugiaient dans les montagnes; les autres se soumettaient, subissaient le joug du vainqueur et admettaient son culte corrompu.

A cette époque, naquit dans les tribus montagnardes de l'Elbourz, qui s'appelait alors l'Albordj, un jeune homme du nom d'Ardjasp, descendant d'une ancienne famille royale. Ardjasp passa sa jeunesse avec sa tribu, chassant le buffle et guerroyant contre les Touraniens. Le soir, sous la tente, le fils de roi dépossédé songeait quelquefois à restaurer l'antique royaume de Yima[1] le puissant ; mais ce n'était qu'un rêve sans contour. Car, pour cette conquête, il n'avait ni les chevaux, ni les hommes, ni les armes, ni la force. Un jour, une sorte de fou visionnaire, un saint en haillons comme l'Asie en a toujours eu, un *pyr*, lui avait prédit qu'il serait roi sans sceptre et sans diadème, plus puissant que les rois de la terre, un roi couronné par le soleil. Et c'était tout.

1. Le Rama indou, dont il est question au début du Zend-Avesta sous le nom de Yima et qui reparaît dans la légende persane sous le nom de Djemchyd.

Dans une de ses courses solitaires, par un clair matin, Ardjasp atteignit une vallée verte et fertile. Des pics élancés formaient un large cirque ; çà et là fumaient des champs de labour ; au loin, un portique construit en troncs d'arbres dominait un groupe de huttes entourées de palissades. Une rivière courait sur un tapis de hautes herbes et de fleurs sauvages. Il la remonta et atteignit un bois de pins odorants. Tout au fond dormait, au pied d'un roc, une source limpide plus bleue que l'azur. Une femme drapée de lin blanc, agenouillée au bord de la source, puisait de l'eau dans un vase de cuivre. Elle se releva et posa l'urne sur sa tête. Elle avait le fier type des tribus aryennes montagnardes. Un cercle d'or retenait ses cheveux noirs. Sous l'arc des sourcils, qui se rejoignaient au-dessus du nez busqué, brillaient deux yeux d'un noir opaque. Il y avait dans ces yeux une tristesse impénétrable d'où jaillissait parfois un dard, pareil à un éclair bleu sortant d'un nuage sombre.

— A qui appartient cette vallée ? demanda le chasseur égaré.

— Ici, dit la jeune femme, règne le patriarche Vahoumano, gardien du Feu pur et serviteur du Très-Haut.

— Et toi, noble femme, quel est ton nom ?

— On m'a donné le nom de cette source, qui s'appelle Ardouizour (source de Lumière). Mais prends garde, étranger ! Le maître a dit : Celui qui boira de cette eau, sera brûlé d'une soif inextinguible, et seul un Dieu peut l'étancher...

Encore une fois, le regard de la jeune femme aux yeux opaques tomba sur l'inconnu. Il vibra cette fois-ci comme une flèche d'or, puis elle se tourna et disparut sous les pins odorants.

Des centaines de fleurs blanches, rouges, jaunes et bleues penchaient leurs étoiles et leurs calices en gerbes sur la source bleue. Ardjasp s'y pencha aussi Il avait soif et but à longues lampées, dans le creux de sa main, l'eau cristalline. Puis il s'en alla et ne s'inquiéta plus de cette aventure. Seulement, il repensait quelquefois à la vallée verdoyante, ceinte de pics inaccessibles, à la source d'azur sous les pins parfumés et à la nuit profonde des yeux d'Ardouizour d'où sortaient des éclairs bleus et des flèches d'or.

Des années se passèrent. Le roi des Touraniens, Zohak, triomphait des Aryas. Dans l'Iran, sur un contrefort de l'Indou-Kousch, à Baktra [1], une cité de pierre, une forteresse s'éleva pour commander aux tribus nomades. Le roi Zohak y convoqua toutes les tribus aryennes qui devaient reconnaître sa puissance. Ardjasp s'y rendit avec ceux de sa tribu, non pour se soumettre, mais pour voir l'ennemi face à face. Le roi Zohak, vêtu d'une peau de lynx, occupait un trône d'or placé sur un tertre couvert de peaux sanglantes de buffles. Autour de lui, en un grand cercle, se tenaient les chefs armés de longues lances D'un côté, un petit groupe d'Aryas ; de l'autre, des centaines de Touraniens. Derrière le roi, s'ouvrait un temple fruste, taillé dans la montagne comme une sorte de grotte. Deux énormes dragons de pierre, grossièrement sculptés dans les rochers de porphyre, en gardaient l'entrée et lui servaient d'ornement. Au centre brûlait un feu rouge sur un autel

---

1. L'actuelle Balk, en **Baktryane**.

de basalte. On y jetait des ossements humains, du sang de taureau et des scorpions. De temps à autre, on voyait se lover, derrière ce feu, deux énormes serpents qui se chauffaient à la flamme [1]. Ils avaient des pattes de dragon et des capuchons charnus à crêtes mobiles. C'étaient les derniers survivants des ptérodactyles antédiluviens. Ces monstres obéissaient aux bâtons de deux prêtres. Car ce temple était celui d'Angra Mayniou (Ahrimane), le seigneur des mauvais démons et le dieu des Touraniens.

Ardjasp était à peine arrivé avec des hommes de sa tribu que des guerriers amenèrent devant le roi Zohak une captive. C'était une femme magnifique, presque nue. Un lambeau de toile couvrait à peine sa ceinture Les anneaux d'or de ses chevilles prouvaient une race noble. Ses bras étaient liés sur son dos avec des cordes et des gouttes de sang tachaient sa peau blanche. Elle était retenue au col par une corde tressée de crin de cheval aussi noire que ses cheveux défaits, qui retombaient sur son dos et ses seins palpitants. Ardjasp reconnut avec terreur la femme de la source, Ardouizour... Hélas! combien changée! Elle était blême d'angoisse, aucun dard ne sortait de ses yeux mornes. Elle baissait la tête, la mort dans l'âme.

Le roi Zohak dit : « Cette femme est la plus fière captive des Aryas rebelles du mont Albordj. Je l'offre à celui d'entre vous qui saura la mériter. Mais il faut qu'il se voue au dieu Angra-Mayniou, en versant

---

1. De là vient que, dans les traditions persanes du *Zerduscht-Namèh* et du *Schah-Namèh*, le roi Zohak est représenté avec deux serpents qui lui sortent des épaules.

de son sang dans le feu et en buvant du sang de taureau. Il faut ensuite qu'il me prête serment, à la la vie, à la mort, en plaçant sa tête sous mon pied. Celui qui fera cela, qu'il prenne Ardouizour et en fasse son esclave. Si personne n'en veut, nous l'offrirons en pâture aux deux serpents d'Ahrimane. »

Ardjasp vit un long frisson secouer, des pieds à la tête, le beau corps d'Ardouizour. Un chef touranien, au teint orange, aux yeux bridés, se présenta. Il offrit le sacrifice du sang devant le feu et les deux serpents, il plaça sa tête sous les pieds de Zohak et fit le serment. La captive avait l'air d'une aigle blessée. Au moment où le Touranien brutal mit la main sur la belle Ardouizour, celle-ci regarda Ardjasp. Un dard bleu sortit de ses yeux et un cri de sa gorge : « Sauve-moi ! » Ardjasp s'élança l'épée nue contre le chef, mais les gardiens de la captive le saisirent et allaient le transpercer de leurs lances quand le roi Zohak s'écria : « Arrêtez ! ne touchez pas à ce chef ! »

Puis se tournant vers le jeune Arya :

— Ardjasp, dit-il, je te laisse la vie et je te donne cette femme, si tu me prêtes serment et te soumets à notre Dieu.

A ces mots, Ardjasp se prit les tempes, baissa la tête et rentra dans le rang des siens. Le Touranien saisit sa proie, Ardouizour poussa un nouveau cri, et cette fois-ci Ardjasp se serait fait tuer, si ses compagnons ne l'avaient pas retenu en le serrant à la gorge jusqu'à l'étouffer Le jour pâlit, le soleil devint noir et Ardjasp ne vit plus qu'un fleuve de sang rouge, le sang de toute la race touranienne, qu'il brûlait de verser pour la victime, pour la divine Ardouizour, blessée et traînée dans la boue. Ardjasp tomba à terre et perdit connaissance.

Quand le jeune chef rouvrit les yeux, sous la tente où ses compagnons l'avaient transporté, il aperçut au loin une femme liée sur la selle d'un cheval. Un cavalier sauta sur la bête, serra la femme dans ses bras, et tout une troupe de Touraniens aux longues lances, montés sur leurs chevaux noirs, s'élança à sa suite. Bientôt cavaliers, chevaux, croupes et sabots rués en l'air, disparurent dans une nuée de poussière avec la horde sauvage.

Alors Ardjasp se souvint des paroles d'Ardouizour près de la source de lumière, sous les pins odorants : « Celui qui boira de cette eau sera brûlé d'une soif inextinguible, — et seul un Dieu peut l'étancher ! » Il avait soif dans le sang de ses veines, dans la moelle de ses os, soif de revanche et de justice, soif de lumière et de vérité, soif de puissance pour délivrer Ardouizour et l'âme de sa race !

CHAPITRE II

LA VOIX DANS LA MONTAGNE ET LE VERBE SOLAIRE

Le cheval galopait ventre à terre à travers plaines et collines. Ardjasp regagna les monts de l'Albordj. Il retrouva, à travers maint rocher, la route du vallon aux herbes fleuries, entre les cimes de neige. En s'approchant des huttes de bois, il vit des laboureurs qui fendaient le sol avec la charrue attelée de chevaux fumants. Et la terre, rejetée le long des sillons, fumait aussi de plaisir sous le soc tranchant et les durs sabots. Sur un autel de pierre, en plein champ, dormait un glaive, et par-dessus reposait en croix une gerbe de fleurs. Ces choses rassérénèrent le cœur d'Ardjasp. Il trouva Vahoumano, le vénérable patriarche, assis sous sa tente et rendant la justice à sa tribu. Ses yeux étaient pareils au soleil d'argent qui se lève entre les cimes de neige; sa barbe, d'un blanc verdâtre, semblable aux lichens qui recouvrent les vieux cèdres, aux flancs de l'Albordj.

— Que demandes-tu de moi ? dit le patriarche à l'étranger.

— Tu sais le rapt d'Ardouizour par le roi Zohak, Ardjasp.

— J'ai vu son supplice à Baktra. Elle est devenue la proie du Touranien. On dit que tu es un sage ; tu es le dernier héritier des prêtres du soleil. Tu es de ceux qui savent et qui peuvent par les Dieux d'en haut. Je viens chercher auprès de toi lumière et vérité pour moi, justice et délivrance pour mon peuple.

— As-tu la patience qui brave les années ? Es-tu prêt à renoncer à tout pour ton œuvre ? Car tu n'en es qu'au début de tes épreuves, et ta souffrance durera toute ta vie.

— Prends mon corps, prends mon âme, dit Ardjasp, si tu peux me donner la lumière qui assouvit et le glaive qui délivre. Oui, je suis prêt à tout, si par cette lumière et par ce glaive je puis sauver les Aryas et arracher Ardouizour à son bourreau.

— Alors je puis t'aider, dit Vahoumano. Viens habiter ici pour un temps Tu vas disparaître aux yeux des tiens ; quand ils te reverront, tu seras un autre. A partir de ce jour, ton nom ne sera plus Ardjasp, mais Zarathoustra [1] qui signifie *étoile d'or* ou *splendeur du soleil* et tu seras l'apôtre d'Ahoura-Mazda, qui est l'*auréole de l'Omniscient*, l'*Esprit vivant de l'Univers !*

C'est ainsi que Zoroastre devint le disciple de Vahoumano [2].

Le patriarche, prêtre du soleil, détenteur d'une tradition qui remontait à l'Atlantide, enseigna à son

---

1. *Zarathoustra* est le nom zend dont *Zoroastre* est la forme grecque postérieure. Les Parsis donnent au grand prophète aryen le nom de *Zerduscht*.
2. Certains kabalistes juifs, quelques Gnostiques et les Rosicruciens du moyen âge identifiaient Vahoumano, l'initiateur de Zoroastre, avec Melchisédec, l'initiateur d'Abraham.

élève ce qu'il savait de la science divine et de l'état présent du monde.

— La race élue des Aryens, dit Vahoumano, est tombée sous le joug fatal des Touraniens, sauf quelques tribus montagnardes ; mais celles-ci sauveront la race entière. Les Touraniens adorent Ahrimane et vivent sous son joug.

— Qu'est-ce donc qu'Ahrimane ?

— Il y a des esprits sans nombre entre le ciel et la terre, dit le vieillard. Innombrables sont leurs formes, et, comme le ciel sans bornes, l'enfer insondable a ses degrés.

Il est un puissant Archange, nommé Adar-Assour[1] ou Lucifer, qui s'est précipité dans l'abîme pour porter le feu dévorant de son flambeau dans toutes les créatures. Il est le plus grand sacrifié de l'orgueil et du désir, qui cherche Dieu en lui-même et jusqu'au fond du gouffre. Même tombé, il conserve le souvenir divin et pourra quelque jour retrouver sa couronne, son étoile perdue. Lucifer est l'Archange de la lumière. Ahrimane[2] n'est pas Lucifer, mais son ombre et son revers, le chef des bandes ténébreuses. Attaché à la terre avec frénésie, il nie le ciel et ne sait que détruire. C'est lui qui a souillé les autels du feu et suscité le culte du serpent, lui qui propage l'envie et la haine, les vices et l'oppression, la fureur sanguinaire. Il règne

---

1. Nous le retrouverons sous ce nom dans la tradition assyrienne de Ninive et chaldéenne de Babylone.

2. En zend : *Angra-Maynlou*. J'ai adopté dans ce récit la plupart des noms de la tradition gréco-latine parce qu'ils sont plus conformes à notre oreille et plus évocateurs de souvenirs. La conception de Méphistophélès dans le *Faust* de Gœthe correspond exactement à celle d'Ahrimane avec en plus l'ironie et le scepticisme modernes.

sur les Touraniens, il attire leur génie maléfique. C'est lui qu'il faut combattre et terrasser — pour sauver la race des purs et des forts.

— Mais comment combattre l'Invisible qui ourdit sa trame dans les ténèbres ?

— En te tournant vers le soleil qui se lève derrière la montagne de Hara-Berezaïti. Monte par la forêt des cèdres et gagne la grotte de l'aigle qui est suspendue sur le gouffre. Là, tu verras le soleil surgir tous les matins des pics hérissés. Pendant le jour, prie le Seigneur du soleil de se manifester à toi ; la nuit, attends-le et déploie ton âme vers les astres comme une lyre immense. Tu attendras longtemps le Dieu, car Ahrimane cherchera à te barrer la route. Mais une nuit, dans la paix de ton âme, se lèvera un autre soleil, plus brillant encore que celui qui enflamme les cimes du mont Berezaïti, — le soleil d'Ahoura-Mazda. Tu entendras sa voix et il te dictera la loi des Aryas.

Quand le temps fut venu pour Zoroastre de se retirer dans sa solitude il dit à son maître :

— Mais où donc retrouverai-je la captive garottée de Baktra, que le Touranien a traînée dans sa tente et qui saigne sous son fouet ? Comment l'arracher de ses poings ? Comment chasser de devant mes yeux le spectre de ce beau corps lié de cordes et taché de sang, qui crie et qui m'appelle toujours ? Hélas ! ne reverrai-je jamais la fille des Aryas, qui puise l'eau de lumière sous les pins odorants et ses yeux qui ont laissé dans mon cœur leurs flèches d'or et leurs dards bleus ? Où reverrai-je Ardouizour ?

Vahoumano se tut un instant. Son œil devint terne et fixe, aussi morne que la pointe des glaçons aux branches des sapins en hiver. Une grande tristesse semblait peser sur le vieillard comme celle qui tombe sur les cimes de l'Albordj quand le soleil les a quittées. Enfin, d'un grand geste, il étendit le bras droit et murmura :

— Je l'ignore, mon fils. Ahoura-Mazda te le dira... Va à la montagne !

*　*
*

Zoroastre, vêtu de peaux de mouton, passa dix ans à l'extrémité de la grande forêt de cèdres, dans la grotte suspendue sur le gouffre. Il vivait de lait de buffle et du pain que les pâtres de Vahoumano lui apportaient de temps en temps. L'aigle, qui nichait dans les rochers au-dessus de la grotte, l'avertissait par ses cris du lever du soleil. Quand l'astre d'or chassait les brumes de la vallée, il venait voler quelques instants à grand bruit d'ailes devant la caverne, comme pour voir si le solitaire dormait, puis il dessinait quelques cercles au-dessus de l'abîme et partait pour la plaine.

Des années passèrent, disent les livres persans, avant que Zoroastre entendît la voix d'Ormuz et vît sa gloire. Ce fut Ahrimane qui l'assaillit d'abord avec ses légions furieuses. Les jours du disciple de Vahoumano coulaient tristes et désolés. Après les méditations, les exercices spirituels et les prières de la journée, il pensait au destin des Aryas opprimés et corrompus par l'Ennemi. Il repensait aussi au sort d'Ardouizour. Que devenait la plus belle des Aryennes aux mains du Touranien hideux ?

Avait-elle noyé son angoisse dans quelque fleuve

ou subi son ignoble destin ? Suicide ou dégradation, il n'y avait pas d'autre alternative. L'une et l'autre était affreuse. Et Zoroastre voyait sans cesse le beau corps sanglant d'Ardouizour ligotté d'une corde. Cette image sillonnait la méditation du prophète naissant comme un éclair ou comme une torche.

Les nuits étaient pires que les jours. Ses rêves nocturnes dépassaient en horreur les pensées de sa veille. Car tous les démons d'Ahrimane, tentations et terreurs, venaient l'assaillir sous des formes hideuses et menaçantes d'animaux. Une armée de chacals, de chauves-souris et de serpents ailés envahissait la caverne. Leurs voix glapissantes, leurs chuchotements et leurs sifflements lui inspiraient le doute sur lui-même, la peur de sa mission. Mais, le jour, Zoroastre se représentait les milliers et les milliers d'Aryas nomades opprimés par les Touraniens et secrètement révoltés contre leur joug, les autels souillés, les blasphèmes et les invocations maléfiques, les femmes enlevées et réduites en esclavage comme Ardouizour. Alors l'indignation lui rendait le courage.

Quelquefois, il gravissait, avant l'aube, la cime de sa montagne boisée de cèdres. Il écoutait le vent gémir dans les grands arbres tendus comme des harpes vers le ciel. Du sommet il regardait l'abîme, l'escarpement des pentes vertes, les cimes de neige, hérissées de pointes aiguës, et au loin, sous une vapeur rose, la plaine de l'Iran. Si la terre, disait Zoroastre, a eu la force de soulever d'un tel élan ses mille mamelles vers le ciel, pourquoi n'aurais-je pas, moi, la force de soulever mon peuple ? Et quand le disque éclatant de l'astre-roi jaillissait des cimes de neige, dissipant d'un seul rayon comme d'un coup de lance les brumes du gouffre, Zoroastre se remettait à croire à Ormuz. Il priait tous les matins, comme Vahoumano le lui avait enseigné : « Sors, ô soleil étincelant avec tes chevaux rapides, monte sur le Hara-Berezaïti et éclaire le monde ! »

Cependant Ormuz ne venait pas. Les rêves nocturnes de Zoroastre devenaient de plus en plus effrayants. Des monstres plus horribles l'assiégeaient, et, derrière leur houle mouvante, une ombre apparut, une ombre vêtue de longs habits de deuil, le visage voilé de noir comme le reste de son corps. Elle se tenait immobile et semblait regarder le dormeur. Était-ce l'ombre d'une femme ? Ce ne pouvait être Ardouizour. La blanche puiseuse à la source d'azur n'aurait pas eu cet air sinistre. Elle paraissait et disparaissait, toujours immobile, toujours voilée, son masque noir fixé sur Zoroastre. Pendant un mois, elle revint toutes les nuits sur la houle des démons changeants. Enfin elle parut se rapprocher et s'enhardir. Derrière ses voiles noirs, chatoyait, en lueurs fugitives, un corps nacré d'une beauté phosphorescente. Était-ce une tentatrice envoyée par Ahrimane ? Était-ce une de ces lémures qui induisent les hommes à des amours lugubres parmi les marbres des tombeaux, sous les cyprès des cimetières ? Mais non ; l'Ombre voilée avait trop de tristesse et de majesté. Une nuit cependant elle se pencha sur lui, et de sa bouche, à travers son voile noir, sortit une haleine brûlante qui se répandit dans les veines du voyant comme un fleuve de feu.

Et Zoroastre s'éveilla dans une sueur d'angoisse, sur son lit de feuilles sèches, sous sa peau de buffle. On n'entendait, dans la nuit, que les hurlements du vent tournoyant dans le gouffre, en trombes et en rafales, du vent désespéré qui répondait à la voix âpre et sauvage du torrent.

Cependant, peu à peu, de mois en mois, en ses visites espacées, l'Ombre-Femme s'éclaircit. De noire elle devint grise, puis blanchâtre. Elle semblait apporter avec elle des rayons et des fleurs, car, elle chassa les démons de son nimbe rose et venait seule maintenant. Un jour, elle se montra presque transparente, dans la blancheur d'une aube incertaine, et tendit ses deux bras vers Zoroastre comme en un geste ineffable d'adieu. Elle resta longtemps ainsi, toujours muette et voilée. Puis, d'un autre geste, elle montra le soleil naissant, et, tournée vers lui, se dilua dans son rayon, comme absorbée et bue par sa chaleur.

Zoroastre s'éveilla et marcha jusqu'au bord de la grotte qui surplombe l'abîme. Il faisait grand jour ; le soleil était haut dans le ciel. A ce moment, quoiqu'il n'eût point vu le visage de l'Ombre, le solitaire eut le sentiment irréfragable que ce fantôme était l'âme d'Ardouizour et qu'il ne la reverrait plus en ce monde.

Il resta longtemps immobile. Une douleur aiguë le poignait ; un torrent de larmes silencieuses s'échappa de ses yeux. Le froid les gelait dans sa barbe. Puis il monta vers le sommet de sa montagne. Des stalactites de neige gelée pendaient aux branches des vieux cèdres et fondaient au soleil printanier. La neige étincelait en cristaux sur les cimes et toute la chaîne de l'Albordj semblait pleurer des larmes de glace.

Les trois jours et les trois nuits qui suivirent furent pour Zoroastre le pire temps de désolation. Il vivait la Mort, non pas la sienne propre, mais celle de tous les êtres ; il habitait en Elle et Elle campait en lui. Il n'espérait plus rien, il n'invoquait même plus Ormuz et ne trouvait de repos que dans un brisement de tout son être qui amenait l'inconscience.

Mais voici que, la troisième nuit, au plus profond de son sommeil, il entendit une voix immense, pareille au roulement d'un tonnerre qui finirait en un murmure mélodieux. Puis, un ouragan de lumière se rua sur lui d'une telle violence qu'il crut qu'on chassait son âme hors de son corps. Il sentait que la puissance cosmique, qui le hantait depuis son enfance, qui l'avait comme cueilli dans sa vallée pour le porter à sa cime, que l'Invisible et l'Innommable allaient se manifester à son intelligence dans le langage par lequel les dieux parlent aux hommes. Le Seigneur des esprits, le roi des rois, Ormuz, le verbe solaire, lui apparut sous forme humaine. Vêtu de beauté, de force et de lumière, il fulgurait sur un trône de feu. Un taureau et un lion ailés supportaient son trône des deux côtés et un aigle gigantesque étendait ses ailes sous sa base. Autour de lui resplendissaient, en trois demi-cercles, sept Kéroubim aux ailes d'or, sept Elohim aux ailes d'azur et sept Archanges aux ailes de pourpre [1]. D'instant en instant, un éclair partait d'Ormuz et pénétrait les trois mondes de sa lumière. Alors les Kéroubim, les Elohim et les Archanges reluisaient comme Ormuz lui-même de l'éclat de la neige, pour reprendre aussitôt leur couleur propre. Noyés dans la gloire d'Ormuz, ils manifestaient l'unité de

---

1. Les Kéroubim s'appellent dans le Zend-Avesta *Amschapands*, les Elohim des *Yzeds* et les Archanges des *Férouers*.

Dieu ; brillants comme l'or, l'azur et la pourpre, ils devenaient son prisme. Et Zoroastre entendit une voix formidable, mais mélodieuse et vaste comme l'univers. Elle disait :

— Je suis Ahoura-Mazda, celui qui t'a créé, celui qui t'a élu. Maintenant, écoute ma voix, ô Zarathoustra, le meilleur des hommes. Ma voix te parlera jour et nuit et te dictera la parole vivante [1].

Alors il y eut une fulguration aveuglante d'Ormuz avec ses trois cercles d'Archanges, d'Elohim et de Kéroubim. Le groupe devenu colossal, occupait toute la largeur du gouffre et cachait les cimes hérissées de l'Albordj. Mais il pâlit en s'éloignant pour envahir le firmament. Pendant quelques instants, les constellations scintillèrent à travers les ailes des Kéroubim, puis la vision se dilua dans l'immensité. Mais l'écho de la voix d'Ahoura-Mazda retentissait encore dans la montagne comme un tonnerre lointain et s'éteignit avec le frémissement d'un bouclier d'airain.

Zoroastre était tombé la face contre terre. Quand il s'éveilla, il était tellement anéanti qu'il se retira dans le coin le plus obscur de la grotte. Alors l'aigle qui nichait au-dessus de la caverne et qui sortait ce matin-là du gouffre, où il avait vainement cherché sa proie, vint se poser familièrement à quelques pas du solitaire, comme si l'oiseau royal d'Ormuz reconnaissait enfin son prophète. Le dos de l'oiseau ruisselait de pluie. Il lissa du bec ses plumes fauves, puis, comme l'astre du jour sortait d'un nuage, il étendit ses ailes pour les sécher et regarda fixement le soleil.

---

1. *Zend-Avesta* signifie la parole vivante dans la langue zend.

*
* *

A partir de ce moment, Zoroastre entendit journellement la voix d'Ormuz. Elle lui parlait la nuit et le jour comme une voix intérieure ou par des images ardentes qui étaient comme les pensées vivantes de son Dieu. Ormuz lui enseigna la création du monde et sa propre origine, c'est-à-dire la manifestation du verbe vivant dans l'univers [1], les hiérarchies ou forces cosmiques, la lutte nécessaire contre Ahrimane, déchet de l'œuvre créatrice, esprit du mal et de la destruction, les moyens de le combattre par la prière et le culte du feu. Il lui enseigna le combat contre les démons par la pensée vigilante et contre les Impurs (les Touraniens) par les armes consacrées. Il lui apprit l'amour de l'homme pour la terre et l'amour de la terre pour l'homme qui sait la cultiver, la part qu'elle prend à la splendeur des moissons et sa joie d'être labourée, et ses forces secrètes qui émanent en bénédictions sur la famille du laboureur. Tout le Zend-Avesta n'est qu'une longue conversation entre Ormuz et Zoroastre. « Quelle est la chose la plus agréable à cette terre ? Ahoura-Mazda répondit : — C'est lorsqu'un homme pur marche sur elle. — Qu'y a-t-il en

---

[1]. « Dans la religion de Zoroastre, dit Silvestre de Sacy, il est évident qu'à l'exception du temps tout a été créé ; le créateur c'est le temps, car le temps n'a point de bornes ; il n'a ni hauteur ni racine ; il a toujours été et il sera toujours. Malgré ces excellentes prérogatives que possédait le temps, il n'y avait personne qui lui donnât le nom de créateur. Pourquoi cela ? Parce qu'il n'avait rien créé. Ensuite il créa le feu et l'eau et quand il les eut mis en contact, Ormuz reçut l'existence. Alors le temps fut et créateur et seigneur, à cause de la création qu'il avait exercée. »

second lieu de plus agréable à cette terre ? — C'est lorsqu'un homme pur construit une demeure pourvue de feu, pourvue de bétail, où il y a une femme, des enfants et de beaux troupeaux. *Car il y a en cette maison abondance de droiture* [1]. » Et Zoroastre, par la voix d'Ormuz, entendit la réponse que la terre fait à l'homme qui la respecte et la cultive. Elle dit : « Homme, je te soutiendrai toujours et je viendrai à toi. » Et la terre vient à lui avec sa bonne odeur et sa bonne fumée, et la pointe du blé vert qui pousse et la moisson resplendissante. Tout au contraire du pessimisme bouddhiste et de la doctrine de la non-résistance, il y a dans le *Zend-Avesta* (écho des révélations intimes de Zoroastre) un optimisme sain et une combativité énergique. Ormuz condamne la violence et l'injustice, mais impose le courage comme la vertu première de l'homme. Dans la pensée de Zoroastre, on sent la présence continue du monde invisible, des hiérarchies cosmiques, mais toute l'attention est portée sur l'action, sur la conquête de la terre, par la discipline de l'âme et l'énergie de la volonté.

Le prophète inspiré de l'Albordj prit l'habitude de noter ses révélations intérieures sur une peau de mouton avec un stylet de bois trempé dans le feu, sous la forme des caractères sacrés que lui avait enseignés Vahoumano. Plus tard des disciples notèrent ses pensées ultérieures sous sa dictée, et cela devint le *Zend-Avesta*, écrit d'abord sur des peaux de bêtes comme devait l'être le *Koran* des Arabes, et conservé dans une sorte d'arche sainte en bois de cèdre, renfermant la cosmogonie, les prières et les lois avec les cérémonies du culte.

1. Troisième Fargard du *Vendidad-Sadé* (1-17).

CHAPITRE III

LE GRAND COMBAT ET L'ANGE DE LA VICTOIRE

Lorsque, après dix ans de solitude et de méditation, Zoroastre revint dans sa tribu natale, les siens le reconnurent à peine. Une flamme guerrière sortait du mystère de ses grands yeux, et une autorité souveraine émanait de sa parole. Il convoqua sa tribu et les tribus aryennes voisines pour les inciter à la guerre contre les Touraniens, mais en même temps il leur annonça sa révélation, le *Zend-Avesta*, le verbe vivant, la parole d'Ormuz. Cette parole devint le centre animateur de son œuvre. Purification, travail et combat, telles en furent les trois disciplines. *Purification* de l'esprit et du corps par la prière et le culte du feu, « ce fils d'Ormuz », comme il l'appelle, du feu qui renferme le premier souffle de Dieu. *Travail* de la terre par la charrue et culture des arbres sacrés, cyprès, cèdre, oranger; travail couronné d'amour, avec l'épouse prêtresse au foyer. *Combat* contre Ahrimane et les Touraniens. La vie des Aryas sous Zoroastre fut ainsi une perpétuelle veillée des armes, une lutte incessante, adoucie et rythmée par les travaux des champs et les joies mâles du foyer. Les hymnes à Ormuz embellissaient le sacrifice quotidien du feu. La cité primitive fondée par Zoroastre fut une cité en marche, une cité de combat. On semait l'arc en main et le javelot fixé à la ceinture, on labourait sur le champ de bataille, on moissonnait aux jours de repos. On n'avançait que pas à pas. Sur chaque terre conquise Zoroastre faisait planter le camp formé de palissades, germe d'une cité future. Au centre, l'autel du feu sous un portique entouré de cyprès, souvent près d'une source. Des *mobeds*, ou prêtres, furent institués, et des *destours*, ou docteurs de la loi. Défense, sous peine de mort, à ceux de la religion mazdéenne de donner leurs filles aux Touraniens ou d'épouser les Touraniennes. Zoroastre donnait pour exemple, à ses laboureurs guerriers, les animaux sacrés, leurs compagnons et collaborateurs : le chien fidèle, le cheval alerte, le coq vigilant. « Que dit le chant du coq ? Il dit : Tiens-toi debout, il fait jour. Celui qui se lève le premier, entre en paradis. » Comme tous les vrais initiés, Zoroastre n'ignorait pas la loi de la réincarnation, mais il n'en parlait point. Il n'entrait pas dans sa mission de la révéler. Cette idée eût détourné la race aryenne de son œuvre prochaine, la conquête du sol par l'agriculture et la cristallisation de la famille. Mais il enseignait à ses adeptes le principe du *Karma* sous sa forme élémentaire, à savoir que l'autre vie est la conséquence de celle-ci. Les impurs vont au royaume d'Ahrimane. Les purs s'en vont, sur un pont de lumière construit par Ormuz, brillant comme un diamant, aigu comme le tranchant d'une épée. Au haut de ce pont, les attend un ange ailé, beau comme une vierge de quinze ans et cette vierge leur dit : « Je suis ton œuvre, je suis ton vrai moi, je suis ta propre âme sculptée par toi-même [1] ! »

Toutefois Zoroastre portait au fond de lui-même une tristesse indicible. La terrible mélancolie des prophètes, rançon de leurs extases, l'accablait quelquefois. Son œuvre était vaste comme les horizons de l'Iran, où les montagnes galopent derrière les montagnes, où les plaines fuient au bout des plaines. Mais plus Ahoura-Mazda l'attirait à lui, et plus la grandeur du prophète le séparait du cœur des hommes, quoiqu'il vécût au milieu d'eux dans la lutte. Parfois, aux soirs d'automne, les femmes portant leurs gerbes de moisson défilaient devant lui. Quelques-unes s'agenouillaient et présentaient leur gerbe de blé au prophète assis sur une pierre, près de l'autel des champs. Il étendait les bras sur chacune en prononçant quelques mots. Il regardait ces nuques robustes et ces bras bronzés par le soleil. L'une ou l'autre de ces femmes lui rappelait Ardouizour, mais aucune n'avait la blancheur éclatante de la Vierge, puiseuse de lumière à la source d'azur, aucune n'avait la fierté de son port, aucune son visage de fille de roi, aucune son regard d'aigle blessée qui perçait comme un javelot, aucune le son de sa voix qui submergeait comme un flot de cristal. Il entendait encore son cri : « Sauve-moi ! »

---

1. Voyez dans le *Zend-Avesta* (traduction d'Anquetil-Duperron, l'héroïque découvreur de la langue zend et de la religion persane primitive) le récit d'une sorte de tentation de Zoroastre par Agra-Mayniou (Ahrimane). Suivent les moyens de combattre Ahrimane par des prières et des invocations. Le chapitre se termine par une description du jugement de l'âme entrevu par Zoroastre en une sorte de vision (*Vendidad-Sadé*, 19ᵉ Fargard).

et il n'avait pu la sauver... C'est ce cri terrible qui avait poussé le fougueux jeune homme vers le sage Vahoumano, lequel Ardjasp était devenu Zoroastre. C'est grâce à ce cri qu'il avait soulevé sa tribu et toute la race des Aryas à la conscience d'elle-même pour une lutte à la vie, à la mort. De ce cri d'une femme en détresse était née son œuvre. Mais Elle... Ardouizour... où languissait-elle... vivante ou morte ? Zoroastre, qui savait tant de choses, ne le savait pas. Malgré toutes ses prières, Ahoura-Mazda ne le lui avait pas révélé. Un nuage de sombre douleur lui masquait ce secret.

Après quarante ans de luttes tumultueuses aux nombreuses péripéties, Zohak, roi des Touraniens, qui n'avait cessé de harceler les vainqueurs, fut tué, et sa forteresse prise par les Aryas. Zoroastre proclama Lorasp roi des Aryas et instaura le culte d'Ormuz à Baktra, après avoir fait couper en morceaux les deux serpents, puis combler de sable et de blocs de pierre la caverne qui avait servi au culte infâme d'Ahrimane. Ayant ainsi parfait son œuvre, il voulut se retirer dans sa caverne, pour savoir d'Ormuz l'avenir de sa race et transmettre cette révélation aux siens. Il donna ordre à ses trois meilleurs disciples de le rejoindre au mont Albordj, au bout d'un mois, pour recevoir ses dernières instructions. Zoroastre voulait finir sa vie sur la montagne où il avait entendu pour la première fois la voix d'Ormuz, et il savait que son Dieu lui dirait là une dernière parole. Mais, avant de quitter le monde, voici la recommandation qu'il laissa à ses fidèles comme conclusion et résumé du *Zend-Avesta :* « Que ceux qui m'écoutent ne considèrent pas Ahrimane, l'apparence des choses et des ténèbres, mais le feu originaire, la Parole, Ahoura-Mazda — et qu'ils y vivent. Ceux qui ne m'écoutent pas s'en repentiront à la fin des temps [1]. »

Quand Zoroastre parvint à sa caverne, aux premiers jours du printemps, il neigeait encore dans l'Albordj, et le vent était rude, sous les cimes blanches, dans la forêt de cèdres. Les pâtres qui l'avaient conduit lui firent du feu, puis le laissèrent seul. Et le prophète fatigué et rassasié de jours se mit à songer en contemplant la danse des flammes rouges et claires sur le bois résineux. Il repensa toute sa vie et la contempla comme un seul tableau. Il la revit comme un grand fleuve aux cent détours, aux mille affluents, il la vit de la source à l'embouchure. Le clair ruisseau des hauteurs était devenu une large rivière, et la rivière un fleuve roulant sur le sable, écumant contre les falaises. Des cités avaient surgi sur ses bords et des navires glissaient à sa surface. Et voici que la majesté du fleuve allait se perdre dans l'immensité de l'Océan !... La tâche était faite, les Aryas étaient libres. Mais maintenant, qu'allait devenir sa race ?

La nuit tombait, il faisait froid. Le vieux prophète grelottait près de son feu. Alors il s'écria : « O divin seigneur Ormuz, me voici près de ma fin. Je me suis dépouillé, j'ai tout sacrifié à mon peuple, j'ai obéi à ta voix. Pour devenir Zoroastre, Ardjasp a renoncé à la divine Ardouizour... et Zoroastre ne l'a plus revue !

---

1. *Ahoura-Mazda*, l'auréole du soleil, représente ici la couronne d'esprits divins qui ont créé le soleil et forment son aura et dont Ormuz est l'animateur. Cette auréole spirituelle est en quelque sorte l'âme vivante du soleil dans la pensée du mazdéisme.

Elle s'est évanouie dans les limbes de l'espace et le seigneur Ormuz ne l'a point rendue à son prophète. J'ai tout sacrifié à mon peuple pour qu'il ait des hommes libres et de fières épouses. Mais aucune d'elles n'a la splendeur d'Ardouizour, la flamme dorée qui tombait de ses yeux... Que du moins je connaisse l'avenir de ma race !... »

En murmurant ces mots, Zoroastre entendit le roulement d'un tonnerre lointain, accompagné du frémissement de mille boucliers de bronze. Le bruit grandit en se rapprochant et devint terrible. Toutes les montagnes tremblaient, et la voix du Dieu irrité semblait vouloir déraciner la chaîne de l'Albordj.

Zoroastre ne put que s'écrier : « Ahoura-Mazda ! Ahoura-Mazda ! » Et le prophète épouvanté s'évanouit, la face contre la terre, sous la voix grondante du ciel.

Aussitôt Zoroastre revit Ormuz dans toute sa splendeur, tel qu'il l'avait vu au premier jour de sa révélation, mais sans sa couronne de Férouers et d'Amschapands. Seuls les trois animaux sacrés, le taureau, le lion et l'aigle, soutenant son trône de feu, fulguraient sous lui. Zoroastre entendit la voix d'Ormuz rouler à travers l'espace et strider à travers son cœur.

— Pourquoi, disait-elle, veux-tu connaître ce qui n'appartient qu'à ton Dieu ? Aucun prophète ne connaît toutes les pensées du Verbe. Ne doute pas d'Ahoura-Mazda, Zoroastre, ô toi le meilleur des hommes, car je porte dans ma balance le destin de tous les êtres et le tien propre. Tu veux savoir le destin de ta race ? Regarde donc ce que les peuples d'Asie vont faire des trois animaux qui soutiennent mon trône.

La vision fulgurante d'Ormuz disparut, et Zoroastre fut transporté en esprit dans les temps futurs. Volant à travers l'espace, il vit défiler à ses pieds le tumulte des montagnes et la fuite éperdue des plaines comme le rouleau d'un grand livre qui se déroule. Il aperçut l'Iran jusqu'à la mer Caspienne, la Perse jusqu'au Taurus et au Caucase, la Mésopotamie jusqu'au golfe Persique. Il vit d'abord un flot de Touraniens reprendre la forteresse de Baktra et profaner le temple d'Ormuz. Puis il vit, sur les bords du Tigre, se dresser l'orgueilleuse Ninive, palais, tours et temples. Un taureau gigantesque, ailé, à tête humaine, symbole de sa puissance, posait au sommet de la ville. Et Zoroastre vit ce taureau se changer en un buffle sauvage et ravager les plaines et piétiner les peuples d'alentour, au milieu desquels les purs Aryas fuyaient en masse vers le Nord. Puis il vit, cité plus vaste encore, sur les bords de l'Euphrate, s'élever, avec sa double enceinte et ses pyramides, la monstrueuse Babylone. Dans un de ses sanctuaires, dormait roulé sur lui-même un serpent colossal. L'aigle d'Ormuz, qui volait par les airs, voulut l'attaquer. Mais le serpent lové le chassa d'un souffle de feu, et s'en alla baver son poison sur tous les peuples d'alentour. Enfin Zoroastre vit le lion ailé marcher victorieux à la tête d'une armée de Perses et de Mèdes. Mais soudain le roi du désert se changea en un tigre féroce qui dévorait les peuples et déchirait les prêtres jusqu'au fond du temple du soleil, aux bords du Nil.

Et Zoroastre s'éveilla de son rêve avec un cri d'horreur : « Si tel est l'avenir qui menace les Ayras, de la race des purs et des forts, s'écria le prophète, j'ai combattu en vain. S'il en est ainsi, je m'en vais receindre mon épée, qui jusqu'à ce jour est resté vierge de sang ennemi et la tremper jusqu'à la garde dans le sang touranien. Moi, vieillard, j'irai seul vers l'Iran, pour exterminer jusqu'au dernier les fils de Zohak, afin qu'ils ne détruisent pas mon peuple, dussé-je devenir la proie d'Ahrimane... comme la noble Ardouizour !

Alors la voix d'Ormuz s'éleva comme un léger murmure, comme un souffle de brise dans les branches des grands cèdres et dit : « Arrête, mon fils, arrête, grand Zoroastre. Ta main ne doit plus toucher une épée, tes jours sont révolus. Gagne le haut de la montagne, où l'on voit le soleil se lever sur les cimes du mont Berezaïti. Tu viens de voir l'avenir avec l'œil des hommes ; tu vas le voir avec l'œil des Dieux... Là-haut reluit la justice d'Ormuz et t'attend l'Ange de la Victoire !... »

Et Zoroastre gravit la montagne au-dessus de la grotte. Au sommet, il s'assit épuisé sous un cèdre et attendit le jour. Quand le soleil parut derrière la forêt des cimes blanches, le vieux lutteur sentit un grand frisson secouer son corps.

— C'est la mort ! dit la voix d'Ahrimane dans le gouffre ténébreux.

— C'est la résurrection ! dit la voix d'Ormuz dans le ciel.

Aussitôt Zoroastre aperçut comme une arche de lumière, qui partait de ses pieds pour s'élancer au ciel. Elle était aiguë comme le tranchant d'un glaive et brillait comme le diamant...

Son âme, arrachée de son corps et comme emportée par un aigle, s'élança par-dessus...

Au haut de l'arche, une femme superbe, drapée de

lumière, était debout sur le pont de Tinegad. Elle rayonnait de fierté et de joie surhumaine. Comme deux éclairs blancs, deux ailes jaillissaient de ses épaules. Elle tendait au prophète une coupe d'or d'où débordait un breuvage écumant. Il sembla à Zoroastre qu'il la connaissait depuis toujours, et pourtant il ne put la nommer, tant son sourire merveilleux l'éblouissait de son éclat.

— Qui es-tu, ô prodige ?

— O mon maître, ne me reconnais-tu pas ? Je suis Ardouizour... Je suis ta création, je suis plus que toi-même, je suis ton âme divine. Car c'est toi qui m'as sauvée, c'est toi qui m'as suscitée à la vie ! Quand, prise d'horreur et de colère, j'ai tué mon ravisseur, le chef touranien, et quand ses frères m'eurent poignardée, mon âme erra longtemps dans les ténèbres. J'étais l'ombre qui te hanta. Je t'ai persécuté de mon désespoir, de mes remords, de mon désir... Mais ce sont tes prières, tes larmes, tes appels qui m'ont soulevée peu à peu du royaume d'Ahrimane. Sur l'encens de ton amour, sur l'éclair de ta pensée, je me suis approchée, moi aussi, de la splendeur d'Ormuz. Enfin nous allons boire la coupe de la vie immortelle à la source de la lumière !...

Et la belle Ardouizour, transfigurée en l'Ange de la Victoire, se jeta au cou de Zoroastre comme l'épouse se jette au cou de l'époux, lui présentant à boire la coupe écumante de l'éternelle jeunesse. Alors il sembla au prophète qu'une onde de lumière et de feu le submergeait tout entier. Du même coup, Ardouizour avait disparu, mais elle avait pénétré de part en part son sauveur. Maintenant Ardouizour vibrait au cœur de Zoroastre. Elle regardait par ses yeux ; il regardait par les siens, et tous deux voyaient la gloire d'Ormuz. Désormais ils étaient un. Zoroastre sentait qu'Ardouizour pouvait s'envoler au loin sans se séparer de lui — ou se fondre à son essence sans cesser d'être elle-même !

Et tout à coup, abaissant ses yeux vers la terre, le prophète vit les Aryas s'avancer en longues caravanes, par tribus et par peuples. Ardouizour marchait à leur tête et les conduisait vers l'Occident... Ardouizour devenue... l'Ame de la race blanche.

*
* *

Quand les trois disciples voulurent rejoindre leur maître, ils ne le trouvèrent plus.

Dans la grotte, il n'y avait que son bâton de voyage et le gobelet d'or qui lui servait pour verser la liqueur fermentée dans le feu. Ils cherchèrent partout, mais en vain. Au sommet de la montagne, il n'y avait aucune trace du prophète.

Son aigle familier planait seul sur le gouffre et lorsqu'il frôlait les flancs de la caverne, d'un fort battement d'aile, il semblait y chercher encore le frère de sa solitude, le seul homme qui avait osé — comme lui — regarder le soleil en face.

LIVRE V

LES ÉTAPES DU VERBE SOLAIRE

II

UN MAGE KALDÉEN
AU TEMPS DU PROPHÈTE DANIEL

> Au sommet de la Tour de Babel, un lit virginal attend le Sauveur...
> ... Dans les limbes infernaux, Lucifer attend sa délivrance d'Istar, l'Ame humaine...

UN MAGE DE BABYLONE
AU TEMPS DU PROPHÈTE DANIEL

L'adaptation de la révélation divine à la vie humaine et la conquête de la terre par la raison, telle est la mission de la race sémitico-aryenne et de toutes les sous-races auxquelles elle se mélangea. Cette conquête commence avec la Perse par l'organisation de l'agriculture et la consolidation de la famille, sous l'égide du verbe d'Ormuz. Elle se continue en Assyrie et en Kaldée par le développement de la science, maîtresse des autres sciences, les mathématiques, appliquées d'une part à l'observation des astres et à leur influence sur l'humanité (astronomie et astrologie), de l'autre à l'architecture et aux arts industriels.

L'Assyrie et la Kaldée furent des civilisations jumelles, essentiellement réalistes, et qui, par là même, jouèrent un rôle important dans l'histoire, malgré leur politique féroce. Les civilisations contemporaines ou postérieures y trouvèrent leurs instruments de travail, la science des métiers. Le monde kaldéen fournit en quelque sorte à l'Égypte, à la Grèce et à Rome, les moellons, le ciment et l'équerre pour bâtir leurs cités, leurs temples et leurs acropoles. La composition ethnique des Assyriens et des Kaldéens est très complexe. Comme le veut la légende biblique, Babel joua dans la préhistoire le drame chaotique de la confusion des langues et des races. L'élément sémitico-aryen prédomine en Assyrie, le touranien en Kaldée ; ce qui donne à Ninive la force guerrière, à Babylone le génie de l'observation. Reine de la bâtisse et mère de l'industrie, Babel enfanta un art massif et colossal ; temples énormes, taureaux gigantesques, géants trapus étreignant des lions.

Au point de vue de l'inspiration religieuse et des courants spirituels qui agirent sur l'Assyrie et la Kaldée, ces civilisations offrent un intérêt singulier et des plus étranges. Les armées de Ninive et de Babylone furent les verges et les fléaux du peuple juif, verges de feu et fléaux d'airain, maniés par des rois sanguinaires et implacables. Mais, à force de fustiger et de piétiner le peuple d'Israël sans pouvoir le détruire, Assour et Babel suscitèrent ses plus fiers prophètes, Isaïe, Ezéchiel et Daniel ; et leur voix infatigable provoqua la résurrection de leur peuple asservi et déporté. En même temps les mages de la Kaldée, fortement imprégnés de la tradition de Zoroastre et créateurs d'une mythologie particulière, agirent puissamment sur la religion hébraïque en lui fournissant de nouvelles données cosmogoniques et en précisant sa connaissance des hiérarchies célestes. Le fait que le prophète Daniel fut nommé chef des mages par Nabuchodonosor et confirmé dans cette dignité par Balthazar est hautement significatif par lui-même. Si les inscriptions cunéiformes n'en disent rien, toute l'histoire postérieure du peuple juif en est en quelque sorte la contre-épreuve. Car sa religion porte, à partir de ce moment, l'empreinte ineffaçable de l'initiation kaldéenne.

Ces faits historiques une fois constatés, plaçons-nous au point de vue de *l'évolution divine*, c'est-à-dire des puissances cosmiques et des courants spirituels en action dans l'humanité, remontons jusqu'à l'Invisible qui se reflète dans le Visible — et nous trouverons que Babylone est un des points d'intersection les plus remarquables des deux courants contraires, qui, dès l'origine, concourent en se combattant à la création de la planète Terre et au développement de l'Homme. J'entends *le courant du verbe solaire*, qui aboutit au Christ et *le courant luciférien* qui aboutit au monde moderne.

C'est au moment où cette lutte intense, où ce tourbillon occulte atteint toute sa violence, à l'heure fatidique de la prise de Babylone par Cyrus et pendant la présence du prophète Daniel dans cette ville, que se place le récit qu'on va lire.

CHAPITRE PREMIER

LE SOLEIL COUCHANT DE BABYLONE

C'était sur la haute colline de Borsippa. — Elle s'élevait à l'angle sud-ouest de la colossale cité de Babylone, entre ses deux remparts, l'Imgour-Bel (enceinte extérieure) et le Nivitti-Bel (enceinte intérieure) situés à plus d'une demi-lieue l'une de l'autre [1]. Dans le vaste espace compris entre ces deux murs, les rois de Babylone avaient l'habitude de parquer les populations étrangères qu'ils déportaient en masse. Des milliers de juifs y demeuraient à ce moment dans leurs maisons de briques ou d'argile, entourées çà et

---

1. Hérodote, qui visita Babylone au cinquième siècle de notre ère, nous en a laissé une description détaillée. « Située dans une vaste plaine, dit-il, Babylone forme un carré dont chaque côté a 120 stades. Son périmètre entier rempli d'eau courante coule alentour. Au delà s'élève un rempart, large de 50 coudées royales, haut de 200 coudées.
(HÉRODOTE, Livre Ier, chap. CLXXVIII). — Un stade ayant 180 mètres, cela représente 21 kilomètres pour un côté, c'est-à-dire plus de vingt-cinq lieues pour l'enceinte extérieure de Babylone. La topographie de Babylone a été fixée dans ses grands traits par les fouilles de J. Oppert : *Expédition scientifique en Mésopotamie de* 1851 à 1854.

là de champs cultivés. La colline de Borsippa occupait l'endroit où la légende plaçait la fabuleuse Tour de Babel. Un certain roi accadien du nom de Hammurabi [1] y avait jadis élevé un temple au dieu du soleil. Nabuchodonosor, à l'apogée de son règne, y avait fait construire la merveille du temps, le plus grand des *Zigurat*, une pyramide de 250 pieds [2] composée de sept temples superposés [3].

Une terrasse haute de vingt-cinq pieds, bordée d'une balustrade d'airain massif, servait de soubassement au zigurat. On n'y voyait pas une âme. C'était le lendemain de la prise de Babylone, où les Perses avaient pénétré en détournant l'Euphrate. On craignait les représailles de Cyrus contre les cruautés des rois kaldéens en Médie. Tout le monde se cachait. Les soixante-dix prêtres qui desservaient habituellement le temple de Bel s'étaient enfuis.

Un seul être vivant était accroupi devant la porte de bronze du temple inférieur, entre les deux linteaux du mur en briques recouvert de bitume noir. C'était le gardien du serpent consacré à Saturne, dont les mages avaient toléré le culte jusqu'à ce jour parce que la populace y voyait la sauvegarde de la ville.

Tout à coup, un homme gravissant l'escalier d'en bas surgit sur la terrasse. Il portait la tunique pourprée des mages avec le manteau écarlate, dont les broderies imitaient des ailes d'aigle repliées et la tiare

---

1. Son code de loi est conservé sur une stèle de marbre vert au musée assyrien du Louvre.
2. Les mesures sont données par Hérodote.
3. Inscription cunéiforme de Nabuchodonosor sur Borsippa, reproduite dans le tome IV de *l'Histoire ancienne de l'Orient*, par F. Lenormant.

d'or à sept bourrelets, inscrutée de pierres précieuses. Mais en signe de deuil national, le mage avait recouvert ce riche costume d'un voile noir transparent, qui l'enveloppait de la tiare aux talons. On ne distinguait à travers la gaze que son nez busqué, ses yeux fixes d'épervier et les longues cordelettes de la barbe postiche, de rigueur chez les mages comme chez les rois kaldéens.

Le chef de la zigurat s'approcha du gardien, accroupi devant le temple de Saturne et lui dit d'un ton amer de mépris et de dédain :

— Tu gardes donc toujours ton serpent mort ?

L'Accadien, enveloppé dans un haillon couleur de bitume, répondit sans bouger avec un sourire sardonique sur sa bouche de batracien :

— J'attends que le *mulet persan* (Cyrus) vienne me tuer avec son acolyte, le traître sorcier, le Juif maudit.

— Inutile de les insulter, dit Nabou-Nassir, d'un ton bref, ils sont vainqueurs. Mais pourquoi tiens-tu sur tes genoux cette large épée rouillée d'un sang noir ?

— C'est celle avec laquelle le Juif infâme a tranché la tête du serpent devant le roi qui l'avait défié. Il a jeté le fer avec dégoût. Mais moi, je ne le lâcherai pas avant d'avoir vengé mon Dieu !

— Donne-le moi ! dit le mage, je me charge de la vengeance.

— Tu veux donc venger nos Dieux comme moi ? s'écria l'Accadien en se dressant sur ses pieds.

— Je vais passer la nuit là-haut dans la chapelle et travailler contre l'Adversaire en invoquant le Dieu suprême, dit le mage. Ce qui adviendra je l'ignore,

mais je sais que demain l'un de nous deux mourra...
Lui ou Moi ! Tu serviras le survivant.

— Si c'est Toi, toujours... si c'est Lui — jamais !
dit le geôlier du serpent mort en lui tendant l'épée
Puis il se rassit et demeura immobile comme une
statue.

Nabou-Nassir attacha l'épée à sa ceinture et la cacha sous son manteau, puis il fit le tour de la terrasse, d'où l'on apercevait une grande partie de Babylone, la plus monstrueuse cité du monde qui fût jamais. Tout près, on voyait saillir d'en-bas les toits bombés et recouverts d'airain des trois temples de la Lune. Au-dessus du fouillis des maisons qui s'entassaient dans la vallée, le regard suivait les deux remparts parallèles de l'Imgour-Bel et du Nivitti-Bel, qui se prolongeaient en droite ligne, à perte de vue, comme deux routes royales. Un char attelé de quatre chevaux de front pouvait courir sur ce rempart comme dans un stade. Au nord, au delà de l'enceinte intérieure, l'Euphrate serpentait, encaissé dans un fouillis de rues et de maisons de briques, comme un serpent dont les écailles luisent de place en place dans les buissons. Au delà, on apercevait le temple de Zarpanit et la pyramide des jardins suspendus de la reine Amytis, comme une montagne en pointe aux degrés verdoyants. L'horizon se fermait par la longue ligne de la cité royale, forteresse de palais splendides, avec ses bastions, ses tours, ses pavillons, ses portes de cèdre et de bronze, ses créneaux d'albâtre et ses lamelles d'or et d'argent.

Le soleil, qui plongeait en ce moment dans une brume couleur de safran, incendiait tous ces édifices d'une flambée de pourpre et d'orange sinistre qui les faisait ressortir du fond bitumineux de la ville comme des vases pleins de feu sur un sombre tabernacle.

Nabou-Nassir regarda la pyramide des sept temples superposés, dont il se proposait de faire l'ascension pour la dernière fois. Comme les autres monuments de l'orgueilleuse Babylone, elle flambait elle aussi au soleil couchant, la zigurat des sept sanctuaires. Elle flambait de toutes les couleurs de l'arc-en-ciel. Car les sept temples tous carrés, sauf le plus élevé de forme circulaire, portaient des revêtements minéraux ou métalliques de couleurs différentes.

Comptés de haut en bas, les temples répondaient aux sept jours de la semaine. Comptés de bas en haut, leurs étages successifs rappelaient, selon la doctrine des mages, l'ascension de l'âme humaine pendant toute l'évolution planétaire, depuis sa sortie du chaos pendant la période saturnienne, jusqu'à son retour au soleil divin à travers les métamorphoses de notre monde. Et la pyramide, caméléon aux couleurs changeantes, semblait participer, elle-même, à cette épuration graduelle. Car, elle passait du noir de Saturne à la blancheur d'albâtre de Vénus, et, par le rose pâle de Jupiter, par le bleu chatoyant de Mercure au rouge foncé de Mars, pour s'affiner, comme le pistil d'une fleur, dans le temple argenté de la Lune et dans la chapelle dorée de Bel.

L'œil de Nabou-Nassir mesurait la pyramide. Son âme sombre et grave se préparait à refaire cette ascension pour consulter les Dieux dans sa détresse.

Il posa le pied sur l'escalier extérieur, qui, se répétant d'étage en étage, faisait le tour de la zigurat pour atteindre le sommet. Chemin faisant, le mage ne regarda ni le soleil qui disparaissait derrière les plaines fauves de la Mésopotamie, ni l'immense cité dont les contours indécis s'effaçaient à ses pieds et qui, de marche en marche, approfondissait son ténébreux abîme.

Nabou-Nassir avait gagné la dernière plate-forme de la pyramide et se trouvait au seuil du petit temple de Bel qui la couronnait. Le soleil avait disparu ; en quelques instants la nuit s'était abattue sur la ville. De cette hauteur, Babylone n'était plus qu'un sombre chaos d'où s'élevaient çà et là des constructions gigantesques comme des citadelles blafardes. On eût dit que l'Erèbe avait enfanté, de son sein ténébreux, la cité colossale pour défier le ciel. Mais par-dessus le cercle noir de l'horizon se voûtait de toute sa splendeur le firmament étoilé, le ciel profond de la Mésopotamie dont l'indigo foncé a la transparence du cristal. Des globes jaunes, rouges et bleus y roulaient égrenés à des distances prodigieuses, en rythmes innombrables, dans une harmonie immense.

Et, devant ce ciel, qui était son domaine d'investigation, Nabou-Nassir mit en regard sa sagesse avec les événements. Il pesa sa science dans la balance du destin. Certes, elle était sublime cette science. Depuis des milliers et des milliers d'années [1], les mages et leurs prédécesseurs les Manous avaient étudié les mouvements des astres et les révolutions régulières du ciel. Ils avaient fixé, par leurs observations, la marche de l'horloge céleste, avec ses rouages compliqués. Ils avaient découvert une influence certaine

1. Selon Diodore de Sicile, la tradition des Mages remontait à 50.000 ans. Ce chiffre peut être exagéré, mais il prouve l'antiquité que la civilisation gréco-romaine attribuait à l'astrologie.

des astres, non seulement du soleil et de la lune, mais des cinq planètes, sur les destinées humaines, selon leurs positions respectives dans le ciel, en tel lieu, en telle année, à tel jour, à telle heure. L'ensemble du système planétaire ne constituait-il pas un corps vivant, qui, à l'origine n'avait formé qu'une masse homogène et dont chaque planète représentait un organe nécessaire ? La vie des hommes et des nations subissait leurs multiples influences. On pouvait prévoir des triomphes ou des revers, mais non la nature ou le détail des événements. Car, ceux-ci résultent d'une combinaison incalculable de la liberté humaine et de l'action divine. Les empreintes des constellations sur la vie des hommes et des peuples fournissaient en quelque sorte les cadres et la trame sur laquelle viennent se broder les événenents, mais non les broderies infinies qu'y dessinent les hommes et les Dieux. C'est ainsi que Nabou-Nassir avait prévu qu'une catastrophe menaçait Babylone en voyant Mars et Saturne réunis sans le signe du Scorpion, mais il n'avait pas prévu l'énormité de la chute, la profondeur du gouffre, l'effondrement de la puissance kaldéenne. Chute ignominieuse, qui permettait maintenant aux Juifs prisonniers de crier dans les rues de Babylone les prédictions des prophètes et d'insulter les passants par ces mots: « Descends, assieds-toi dans la poussière, vierge fille de Babylone ; assieds toi par terre et non sur un trône, fille du Kaldéen. Prends les meules et mouds du blé ; ôte tes voiles et relève ta robe ; découvre ta cuisse pour passer les torrents ; montre ta nudité, que l'on voie ta honte ! »

Or, cette science de la divination, Daniel la possédait. C'est parce qu'il communiait avec l'Invisible qu'il prévoyait l'avenir, dominait les rois et fascinait la foule, tandis que les mages vivaient depuis des siècles dans leurs observatoires, sans pouvoir sur les âmes, sans action sur les destinées du peuple, contemplateurs impuissants de la fatalité. Non, depuis trois mille ans les mages n'avaient pas su tempérer les instincts féroces des rois de Ninive et de Babylone, en qui vivait, malgré leur piété égoïste, la cupidité et la fureur d'Ahrimane avec toute la sauvagerie de la race jaune du Touran. Massacrés en masse, dès qu'ils voulaient s'opposer aux rois, les mages s'étaient finalement confinés dans leur science spéculative, dans l'observation du ciel et de ses révolutions périodiques. Les rois ne les consultaient que pour les horoscopes, et malheur à eux s'ils n'étaient pas favorables! Les mages n'avaient pu dompter ni les tigres de Ninive, ni les taureaux de Babel; ni Teglath Phalasar qui joncha toute une chaîne de montagnes des têtes coupées des Moschiens ; ni Assur-Nazir-Pal, ni Sargon, ni le terrible Sénnachérib, le dévastateur de la Judée ; ni Assurbanipal, le destructeur de l'ancienne Babylone, qui écorcha de sa propre main ses satrapes révoltés sur le tombeau de son grand-père.

Et toujours Nabou-Nassir voyait devant lui l'homme redoutable, l'ascète juif au regard doux mais invincible, le dompteur d'âmes auquel personne ne résistait, l'agneau plus fort que les lions, ce prophète de malheur, annonciateur de catastrophes. N'était-ce pas Daniel qui avait fasciné et ensorcelé Nabuchodonosor, le plus formidable des tyrans en lui expliquant ses songes ? N'avait-il pas reçu de lui le titre d'archimage à la confusion de tous les prêtres kaldéens?

15

N'était-ce pas lui enfin qui avait prédit et peut-être machiné la chute de Babylone ?

Et le mage revoyait, dans son esprit, la scène stupéfiante qui avait précédé la mort de Balthazar.

Au fond de l'énorme galerie du palais royal, aux plafonds et aux parois lambrissés de cèdre, au bout de cette enfilade de salles, dont les murs reproduisaient les guerres et les triomphes babyloniens en bas-reliefs de terre-cuite écarlate sur fond noir, comme si la pourpre des vainqueurs se teignait du sang des victimes ; au fond de cette caverne d'orgueil et de luxure, reluisait, comme une chapelle ardente d'or et de flambeaux, la retraite favorite du roi. Balthazar trônait là, à demi couché sur un lit somptueux, ses femmes parées et demi-nues pressées autour de lui en groupes voluptueux, les officiers de sa cour formant cercle. Le roi était sombre. Il avait fait venir les vases sacrés du temple de Jérusalem, et buvait pour s'étourdir en défiant l'ennemi et le Dieu de l'adversaire. Tout à coup les rires éclatants s'arrêtent dans les gorges nues ; un chuchotement parcourt la foule et les bras des femmes se tendent, avec un geste d'effroi, vers le mur en face, de l'autre côté de la table où brille le chandelier à sept branches. Balthazar regarde et voit une main lumineuse tracer trois mots sacrés sous la frise du mur. Il se dresse et balbutie : « Nabou-Nassir, peux-tu m'expliquer ce que veulent dire ces trois mots ? » Le mage est forcé d'avouer qu'il ne connaît même pas les caractères de cette écriture. « Qu'on amène Daniel ! » crie le roi. Et, comme s'il était prévenu, Daniel apparaît pâle, solennel, impassible. Il lit et prononce à haute voix les trois mots que la main lumineuse aux longs doigts fuselés, une main d'ange ou d'esprit, vient d'écrire sur le mur et qui reluit encore, comme une signature divine, au bas de la dernière lettre. Le prophète parle ainsi :

— *Mané, Thékel, Pharès*, cela signifie dans le langage de la terre : *Nombre, Poids, Mesure* et dans le langage éternel de Dieu : *Sagesse, Justice, Economie.* O Balthazar, comme tes prédécesseurs, tu as vécu en insensé dans l'injustice et le désordre, tu as été pesé dans la balance et trouvé trop léger. C'est pourquoi ton royaume a été donné à un autre [1].

Pendant ce discours, l'écriture et la main lumineuse s'étaient effacés sur le mur. Daniel parlait encore et un garde s'élançait dans la salle en clamant : « Les Perses sont entrés dans la ville par l'Euphrate... ils marchent sur le palais ! » Balthazar chancelle ; ses femmes affolées se cramponnent à lui, mais, nouveau Sardanapale, il s'arrache à leur étreinte en secouant cette grappe de chairs palpitantes et crie : « Mes armes ! Je veux combattre ! » Il sort et tombe tué par ses gardes déjà gagnés par l'ennemi.

Et voilà que le prophète, devenu l'homme le plus puissant de la ville, s'était rendu au camp de Cyrus pour négocier la paix au nom des grands de la cour.

---

1. Voir le livre du prophète Daniel dans la Bible, chap. V On a traité de légendaire le livre de Daniel et même le personnage de Balthazar, mais les textes cunéiformes, dans lesquels il est nommé Bel-sur-Assour confirment l'existence de ce dernier. Quant aux trois mots énigmatiques, ils faisaient partie de la langue sacrée des temples anciens *Méné, Manas, Man* désigne, dans toutes les langues indo-européennes, l'intellect humain en ce qu'il a d'universel et de divin. Voir la belle interprétation de ces trois mots par Saint-Yves d'Alveydre dans sa *Mission des Juifs*.

Qu'allait-il rapporter ? Babylone prise subirait-elle le sort de Ninive ? La ville serait-elle mise à sac et rasée jusqu'au sol pour que la charrue y passe et que les fauves trouvent leurs tanières dans ses décombres ? Le vainqueur allait-il supprimer le collège des mages et décréter la mort de son chef ? On pouvait tout attendre de l'insondable et redoutable prophète.

Mais Nabou-Nassir ne se donnait pas pour vaincu. Lui aussi sentait derrière lui une puissance magique incalculable, une force dardée par les astres du fond de l'Infini et charriée par trois cents siècles de science. Il lutterait jusqu'au bout, dût-il être foudroyé par le Dieu inconnu des juifs et par son prophète !

Dans cette pensée de défi, il étendit horizontalement vers le nord la pointe de l'épée nue qu'il portait à sa ceinture, celle avec laquelle le sacrilège Daniel avait tranché la tête du serpent. Il la tint immobile une minute au-dessus de la ténébreuse Babylone, sous les constellations immuables qui fulguraient dans le ciel, en invoquant Jupiter et Vénus, les planètes toujours bienfaisantes. En même temps, sa volonté se projetait au loin, dans la nuit, contre l'adversaire invisible

CHAPITRE II

LE MYSTÈRE DE LA PARTHÉNOGÉNIE

Tout à coup Nabou-Nassir se souvint du but de sa démarche solitaire.

Nommé chef de la zigurat depuis peu, il n'avait pas encore pénétré dans le temple supérieur de la pyramide, dans la chapelle consacrée au dieu solaire. Le grand prêtre du temple avait seul le droit d'entrer, une fois par an, dans ce sanctuaire et devait y passer la nuit, à la fête printanière d'Istar. Autrement, il n'avait le droit d'y pénétrer que dans une seule circonstance : si Babylone était en détresse et le temple menacé. Alors il pouvait consulter le Dieu Bel et la déesse Istar, attendre d'eux un signe. Ce moment était venu. Nabou-Nassir allait donc pénétrer dans le saint des saints de la zigurat, contempler de ses propres yeux l'arcane du temple et chercher le dernier mot de son mystère.

Il glissa une clef dans la porte et poussa les battants de bronze. La chapelle circulaire était entièrement tapissée de lamelles d'or et sans aucun ornement. De la voûte pendait, à un tube, une lampe d'albâtre toujours allumée, dont la flamme se nourrissait d'un réservoir de naphte contenu dans la coupole. La lampe figurait une colombe blanche. Sa flamme intérieure la rendant lumineuse éclairait la chapelle d'or. Une chose attirait et fixait le regard : un lit vide, incrusté d'ivoire et recouvert de pourpre somptueuse. Devant le lit, une table d'or avec une fiole. Derrière, sur le mur noir, une sculpture, peinte en haut-relief, représentant la déesse Istar, blanche et svelte, levant ses deux bras pour retenir un génie ailé, couleur de feu et armé d'une torche, qui s'envolait au-dessus d'elle comme l'ouragan, chassé par les flèches du soleil. Il se souvint que son prédécesseur lui avait expliqué, avant de mourir, le sens secret du mythe d'Istar, connu du seul grand prêtre de Bel. Istar était la déesse la plus populaire de Babylone, la déesse de la Lune, en même temps que la Vénus kaldéenne. Mais la tradition secrète lui donnait un sens plus profond, expliquait son origine en la rattachant à Adar-Assour, Dieu mystérieux et peu connu, le Lucifer kaldéen. Bien avant la création de la Terre, lors de la formation de la planète Jupiter, Adar-Assour (Lucifer) l'Archange rebelle, avait évoqué par la puissance de son désir des arcanes du Verbe : Lilith, Mylitta, l'Eve astrale, l'Ève première. Lucifer avait voulu faire de Lilith son épouse et régner sur le monde avec elle. Mais, pour avoir violé les arcanes du Tout-Puissant et prévenu sa volonté, il fut précipité dans l'Abîme des nimbes planétaires. Et Lilith, séparée de son amant céleste, devint la Femme terrestre, la moitié de l'Homme, l'âme de l'Humanité. Cette puissance cosmique de l'Éternel-Féminin, les peuples de l'Asie l'adorèrent sous le nom de Mylitta, d'Istar ou d'Astarté.

A cette tradition immémoriale venait se joindre une prophétie récente mais énigmatique. Le grand prêtre l'avait dit à Nabou-Nassir : dans cette humanité souffrante et cruelle, créée par le désir de Lucifer, un Dieu devait naître un jour d'une vierge, un Dieu qui serait le sauveur du genre humain. C'est pour cela que, dans un certain nombre de temples solaires, dans celui de Bel à Babylone, dans celui d'Ammon-Râ en Égypte, on attendait la naissance de ce Dieu. C'est pour cela qu'un lit était dressé dans la chapelle supérieure de la zigurat, au temple du soleil, pour une vierge. Elle devait venir d'elle-même, poussée par un délire sacré, d'un pas de somnambule, dans un sommeil magique, passer une nuit dans le temple et être fécondée mystérieusement par le Dieu solaire, à la fête du printemps. Mais cette femme n'était pas venue [1].

1. Voici la description donnée par Hérodote de cette chapelle aux chapitres CLXXXI et CLXXXII du Livre Ier de ses *Histoires* : « La dernière tour est surmontée d'une chapelle spacieuse, renfermant un grand lit richement couvert, et auprès une table d'or... Nul n'y passe la nuit, hormis une femme indigène *que choisit entre toutes le Dieu*, à ce que rapportent ses prêtres les kaldéens. — Les mêmes prêtres disent aussi, et ils ne me paraissent point dignes de foi, que le dieu parcourt le temple et se repose sur le lit, de la même manière qu'à Thèbes en Egypte, selon les Egyptiens. Car là aussi, une femme passe la nuit dans le temple de Jupiter-Thébain, et l'on assure que ni l'une ni l'autre de ces femmes n'a commerce avec les mortels. »

On voit par ce passage d'Hérodote que la parthénogénie hantait la pensée des prêtres de Babylone et de Thèbes au cinquième siècle avant notre ère. Mais quelle en est l'explication véritable ? La tradition ésotérique orientale et occidentale

Nabou-Nassir éprouvait une émotion troublante à repasser dans sa mémoire ces détails étranges qu'il tenait de son prédécesseur, maintenant qu'il se trouvait devant le lit vide, dans le sanctuaire silencieux. Il ne comprenait pas le sens de la prédiction qui lui inspirait une sorte de crainte, mais il comprenait le sens du mythe d'Istar qui correspond au plus profond arcane de la religion kaldéenne. Il sentait amèrement que la puissance protectrice de sa race et de sa religion était déchue et que le sort de Babylone était lié au sien. Involontairement il murmura :

— « O Istar, déesse aimée, captive des Dieux inférieurs, puisses-tu retrouver ta lumière. Dis-moi ton secret, et je saurai vaincre l'Adversaire ! »

Sur la table d'or placée près du lit il y avait une fiole en vermeil. Le mage la prit et s'écria :

« Que cette boisson contienne la vie ou la mort, je veux savoir ton énigme ! »

Nabou-Nassir but d'un trait le contenu de la fiole. L'arome de la liqueur entra dans son cerveau comme la tige en spirale d'une fleur au parfum capiteux. En

---

affirme que le corps physique des grands prophètes et des messies est engendré par un homme et une vierge plongés tous deux dans le sommeil magnétique. La loi universelle de la nature n'est pas supprimée, mais le mystère de la génération s'accomplit sous l'influx des puissances dans un état d'extase qui exclut le désir charnel. On peut donc dire qu'en pareil cas l'homme et la femme restent vierges moralement, parce qu'au réveil ils ne se souviennent de rien. Le caractère mystique de leur fusion astrale donne au corps de l'enfant une pureté particulière. Tel est le sens de ce qui s'appelle dans l'Eglise catholique l'*Immaculée Conception*. Mais, quelque interprétation qu'on lui donne, il importe que l'humanité conserve devant ce mystère sacré la réserve et la vénération profonde qui est due à la plus haute manifestation du Divin dans l'Humain par le sacrifice de l'incarnation.

se retournant, il aperçut près de la porte d'entrée un griffon de porphyre incrusté dans le mur. Sa tête touchait à la voûte ; ses pattes de devant formaient un siège. Nabou-Nassir s'assit entre elles et s'endormit aussitôt d'un lourd sommeil.

CHAPITRE III

LE RÊVE DE NABOU-NASSIR : LA DESCENTE D'ISTAR AUX ENFERS [1]

Longtemps, longtemps il ne perçut rien dans le gouffre noir de l'inconscience où il resta plongé. Les minutes embrassaient des siècles ; le Temps marchait en arrière. Il se sentit transporté dans les limbes, à l'époque où la terre n'était pas encore formée. Le sombre Saturne tournait au bord du cercle planétaire ; Jupiter sortait de l'ombre comme un globe fantôme. Dans une sphère plus rapprochée du soleil, Nabou-Nassir aperçut Lilith, l'Ève première, Istar avec Lucifer, au moment où les Dieux créateurs, les Elohim, exécuteurs du Dieu suprême l'arrachaient aux bras de son époux pour précipiter l'Archange rebelle dans l'Abîme. La Déesse, d'une blancheur éclatante, pâlit et flotta longtemps évanouie, sur l'orbite d'une pla-

---

1. La légende d'Istar, que j'essaye de restituer ici dans son sens le plus profond, nous est parvenue sous une forme exotérique mais néanmoins très significative par les inscriptions cunéiformes. Voir OPPERT, *Expédition scientifique en Mésopotamie* et *Babylone et les Babyloniens*.

nète détruite. A son réveil, elle poussa un cri d'effroi et plongea dans l'Abîme, comme une comète, à la recherche de son époux, mais en vain. Maintenant la roue du temps marchait en avant avec une rapidité foudroyante.

Au milieu des formidables convulsions du Feu et de l'Eau, l'astre de la Lutte et de la Douleur, la Terre avait pris forme et consistance et souriait, séduisante, sous un tapis de verdure. Istar s'y jeta, et, comme elle frôlait les cimes, se vit en face d'Istoubar, un roi initié, pasteur de peuples, qui habitait une haute vallée. Elle lui apparut dans sa plus attirante splendeur et lui dit :

— Toi qui sais tout, peux-tu me dire où se trouve Lucifer, mon époux ? Si tu me le dis, je te ferai monter sur mon char d'albâtre aux roues d'or et je te ferai voir les Dieux.

Istoubar répondit :

— Fais pénitence, ô Déesse, et adresse tes prières au soleil. Lui seul peut te rendre ton époux.

— Le soleil ? dit Istar. C'est lui dont les flèches meurtrières, dirigées par les Elohim, ont précipité Lucifer dans l'Abîme. Puisque le Ciel et la Terre ne peuvent me le rendre, je vais le chercher au fond des Enfers.

Et Nabou-Nassir vit la déesse échevelée, à face de lumière, plonger d'abîme en abîme, de ténèbre en ténèbre, clamant :

— Où est mon époux ? Lucifer ! Lucifer ! Au premier cercle, une nuée d'ombres l'accueillit en chuchotant :

— Donne ta tiare rayonnante, ou tu ne passeras pas !

Elle donna sa tiare et plongea plus avant, toute frémissante, car elle sentit s'évanouir le souvenir divin.

Au second cercle, une nuée d'ombres plus épaisses l'arrêta en criant :

— Donne tes ailes, ou tu ne passeras pas !

Elle donna ses ailes et plongea plus avant. Mais elle tremblait, car il lui sembla qu'elle avait perdu le pouvoir de remonter.

Au troisième cercle une nuée de monstres l'assaillit en hurlant :

— Donne ta tunique lumineuse, ou tu ne passeras pas !

Elle arracha sa tunique et frissonna d'horreur. Car son corps était devenu opaque et dur.

Alors du centre de l'Abîme se dressa un cône de feu rouge. Une voix dominatrice en sortit :

— Que veux-tu de moi ?

— Où est Lucifer ?

— Loin d'ici, dans les limbes inaccessibles de l'espace. Vainement tu le cherches. Car c'est moi ton époux et tu ne sortiras plus d'ici.

— Tu mens ! cria Istar. Pour le trouver, j'ai tout osé, tout bravé, tout perdu. Mon amour est si grand qu'il pourrait briser ta puissance et faire sauter comme des brins de paille les portes de ton enfer !

Dans le cône de feu, il se fit un crépitement de flammes pareil à un éclat de rire, et la voix dit :

— Tout ce qui franchit ce cercle m'appartient... et c'est ton désir secret qui t'a conduit vers moi. Déjà tu m'aimes !.. autrement tu ne serais pas ici... Déjà mon haleine t'a touchée... Quand tu me connaîtras sous ma vraie forme, tu me trouveras plus beau que Lucifer !... Car lui, il est lié et misérable, mais moi je suis libre et tout-puissant dans mon royaume !

— Ce n'est pas vrai, dit Istar, je te hais !.. tu ne peux pas me prouver ce que tu dis.

— Veux-tu voir ton Archange ? dit la voix qui sortait du feu. Je puis l'appeler, car c'est mon frère aîné et je puis évoquer son fantôme devant toi... Promets-moi, si je te le montre... que tu seras à moi !...

Istar hésitait. Car il lui semblait que les flammes mobiles qui sortaient du cône léchaient son corps comme des serpents de feu et la pénétraient jusqu'aux moelles. Mais reprenant courage d'un élan d'espérance, elle s'écria :

— Quand je le verrai, il m'emportera dans ses bras ! Fais le paraître !

Alors la voix qui sortait du feu s'écria :

— Par la puissance que les Dieux immortels ont accordée à l'Abîme, qui leur sert de piédestal et sans lequel le Ciel n'existerait pas, apparais Adar-Assour, apparais Lucifer!

Un nuage phosphorescent surgit. Dans son bouillonnement, Istar vit apparaître l'Archange douloureux, ses ailes et ses membres garottés, sublime de souffrance héroïque et d'orgueil indompté. Des larmes de lumière tombaient de ses yeux, des gouttes de sang ruisselaient de ses membres en rouges étincelles. Ses yeux transperçaient Istar d'un regard d'amour... mais il restait muet.

Istar voulut s'élancer vers lui, mais elle se sentit pétrifiée et ne put que murmurer :

— Adar-Assour, emporte-moi d'ici !

Mais l'image de Lucifer s'évanouit, tandis qu'Ahrimane sortit de la fumée sous la forme d'un monstrueux dragon essayant de darder sa langue de feu sur sa victime. Mais la Déesse échappa à son étreinte et sa voix perçante clama à travers les ténèbres, balayant tout devant elle :

—J'ai perdu ma tiare, mes ailes et mon corps lumineux. J'ai tout donné pour mon amour... Mais il me reste un cœur que tu n'as pas vaincu, et que personne... pas même les Dieux... ne peut arrêter dans son essor ! Avec lui je fends les voûtes de l'Abîme et je vais rejoindre les hommes. Ils m'apprendront le chemin de Lucifer !...

Terrible est l'angoisse de Nabou-Nassir dans son rêve. Il sent que si Istar, l'Ève divine périssait, les mages aussi périraient avec toute leur science. Car que serait la Science sans l'Amour divin, qui est la Sagesse ? Un instrument de suicide et de mort. Et Nabou-Nassir crut qu'il plongeait lui-même dans les gouffres de la terre et que sur lui se refermaient les voûtes surplombantes de rochers noirs striés de raies jaunâtres. Il poussa un cri de détresse : « Istar ! Istar ! »

Et tout à coup il lui sembla qu'il s'éveillait à moitié de son rêve... Il se trouvait de nouveau dans la chapelle de Bel, assis entre les pattes du griffon. La colombe blanche, éclairait toujours le sanctuaire d'or, mais, entre le mage et la statue de la Déesse, oscillait une flamme rouge qui la lui cachait... Était-ce Ahrimane ?..

Tout à coup Nabou-Nassir bondit de son siège avec un cri. Daniel était debout devant lui, dans sa robe écarlate avec son collier d'or d'archimage — et le prophète fixait le prêtre de Bel de son regard invincible et doux.

CHAPITRE IV

LE MINISTÈRE DE DANIEL PROPHÈTE

Machinalement, Nabou-Nassir avait pointé contre l'Adversaire l'épée qu'il portait à la ceinture; mais Daniel, impassible, lui souriait et lui tendait sa main amaigrie en le regardant toujours du même sourire.

Alors Nabou-Nassir, sans savoir ce qu'il faisait, dompté par un pouvoir supérieur, laissa tomber son épée et considéra le prophète qui venait à lui comme un messager divin après son rêve infernal.

Daniel avait la tête nue. Ses cheveux bouclés et noirs faisaient comme une auréole à son visage émacié et allongé d'ascète. Sous le vaste front bombé, brillaient deux yeux énormes de voyant, pleins de flamme et de mansuétude. De toute sa personne émanait un fluide si puissant que le dur Kaldéen se sentit remué dans ses dernières fibres. Il se taisait stupéfait — et ravi. Daniel parla le premier.

— Béni soit le nom de Dieu depuis un siècle jusqu'à l'autre! Car c'est en lui que sont la sagesse et la force. Tu me crois ton adversaire, Nabou-Nassir, mais je viens à toi en ami, de la part de Cyrus, roi des Perses et maître de Babylone. Il respecte vos Dieux, sachant que parmi eux vous révérez le sien, celui de Zoroastre. Il maintient dans leur pouvoir les mages, gardiens de la science des astres et leur promet sa protection s'ils se montrent dignes de leur ancêtre Zoroastre, le mage du Verbe solaire. C'est moi, Daniel, l'Exilé, humble prophète d'Israël et du Dieu souverain qui te dis ce message et t'apporte la paix.

Vaincu par ces paroles, Nabou-Nassir tendit ses deux mains au prophète.

— Béni sois-tu, au nom du Dieu souverain que nous appelons Iliou et du Dieu qui parla à Zoroastre par l'astre-roi. Je vois que tu viens en leur nom. Mais les Dieux anciens qui régnaient ici sont vaincus. Le monde a tourné sur son axe. Par un pouvoir plus fort que le mien, tu as pénétré dans ce sanctuaire où ne doit entrer que le grand prêtre du Temple de Bel et où j'ai passé une nuit d'angoisse. Peux-tu m'expliquer le songe terrible que j'ai fait ? J'ai vu la descente d'Istar aux Enfers ; j'ai entendu son cri de détresse appelant Lucifer. Ce cri s'est perdu dans l'Infini et l'écho en est resté dans mon cœur désolé. Peux-tu m'expliquer cette énigme et celle des noces mystiques, prédites par cette couche vide sur laquelle plane la colombe blanche, Iona, symbole de l'Eternel-féminin ? Le peux-tu, toi qui sais lire dans les songes confus des hommes et dans la trame fulgurante des Dieux ?

Daniel répondit :

— O mage de Kaldée, qui sais lire dans les astres, écoute la Vérité, sœur de la tienne. Les

Dieux invisibles, les Pouvoirs d'en haut et d'en bas, les Dieux créateurs avec leurs doubles féminins, émanations de leur amour, ceux que nous appelons Séraphim, Kéroubim, Elohim et Archanges, règnent tour à tour sur le monde et sur les peuples. Ils se succèdent de siècle en siècle, de millénaire en millénaire; mais un seul Dieu les inspire et les gouverne toujours. C'est en son nom que parlent les prophètes d'Israël, et c'est en son nom que je te parle humblement; car nous ne sommes que ses serviteurs et sa voix... Tu as vu dans ton rêve les causes premières de tout ce qui s'est passé aux siècles sanglants de Ninive et de Babylone. Istar, votre déesse, l'Ève première, la reine astrale de l'âme humaine, la buveuse d'amour s'est étourdie dans le sang, la volupté et la mort. Maintenant elle est plongée en léthargie... Eh bien, toutes les prophéties l'affirment : Elle ne pourra retrouver son Archange, son Lucifer, que lorsqu'un Dieu naîtra d'une vierge.

— N'est-ce pas ici que doit s'opérer ce miracle? dit Nabou-Nassir. N'est-ce pas ce que dit ce lit d'ivoire et cette colombe blanche?

— Vous aussi, les mages, vous avez pressenti le grand mystère; mais ce n'est pas ici que naîtra le Fils de l'Homme en qui se manifestera le Dieu vivant, ce n'est pas ici que s'incarnera le Verbe solaire qui a parlé à Zoroastre... C'est dans la nation d'Israël, c'est dans ce peuple de captifs et d'exilés que naîtra l'homme divin. Et toutes les nations de la terre lui seront soumises [1].

---

1. Voir cette prédiction au livre de Daniel, chap. VII, 13 et 14, et chap. IX, 25 et 26.

— Alors que signifie ma science ? Que signifie mon temple ?

— La science des astres est divine comme la voyance de l'âme, pourvu qu'elles soient régies par l'œil de l'Esprit, qui est l'Amour de la Sagesse et la Sagesse de l'Amour. Garde ta science pour les temps futurs. Quand la science du Firmament et la science de l'Ame se rejoindront, il n'y aura plus sur la terre qu'un seul Dieu et qu'une seule nation. C'est pour cela, Nabou-Nassir, que Cyrus te confie la dignité d'Archimage.

— Moi Archimage ? dit le Kaldéen en reculant d'un pas. Alors que seras-tu toi, Daniel ?

Tranquillement le prophète entrouvrit son manteau écarlate et dépliant ses deux ailes le fit tomber à ses pieds. Alors Daniel apparut à Nabou-Nassir dans la robe de lin blanc du grand prêtre de Jérusalem avec le pectoral où flamboyaient les douze pierres précieuses, symboles des douze tribus d'Israël et des douze signes du zodiaque.

Saisi de respect, le mage plia un genou devant le prophète, qui en dépouillant sa dignité de mage semblait grandir d'une coudée et dont les yeux brillaient d'une lumière extatique.

**

De sourdes rumeurs, des cris lointains retentissaient au dehors. Le mage et le prophète sortirent de la chapelle qui couronnait la pyramide à sept degrés et s'arrêtèrent au bord de la terrasse d'où l'on dominait Babylone. A l'Orient, l'aube ouvrait son éventail de safran sur une brume cuivrée. Les toits métalliques, les dômes écrasés des palais et des temples se teignirent d'une lueur sinistre sur la ville bitumineuse. La ligne de poussière et de brume d'un brun orangé, qui barrait l'horizon à l'endroit où devait jaillir l'astre-roi, semblait déjà vouloir rouler sur Babylone le manteau du désert qui devait l'engloutir plus tard et l'effacer du visage de la terre. Mais, des profondeurs du vallon, vers lequel se penchaient le mage et le prophète, montait une grave mélopée chantée par des voix d'hommes et de femmes, accompagnée du son de la kinnor. Daniel désigna à Nabou-Nassir, dans la vallée encore pleine d'ombre, une maison blanche dont la terrasse s'ornait de feuillages illuminés de girandoles. Cette maison juive semblait veiller comme une lanterne dans le gouffre ténébreux. « Ecoute ! » murmura Daniel et le Kaldéen, qui savait l'hébreu finit par comprendre les paroles du psaume.

> Si je t'oublie, ô Jérusalem,
> Que ma droite s'oublie elle-même !
> Que ma langue s'attache à mon palais,
> Si je ne me souviens plus de toi,
> Si je ne fais pas de Jérusalem
> Le commencement de ma joie.

— Tu entends ! dit Daniel. L'espérance n'est pas morte au cœur des exilés. C'est dans ces cœurs que vit la Jérusalem future !

Cependant le disque du soleil cramoisi avait paru sur la barre brune de l'horizon et lançait des flèches aiguës sur la grouillante Babylone. Une fourmilière humaine s'agitait maintenant dans son labyrinthe. Des soldats couraient dans les rues, des femmes se pressaient sur les toits. Les Perses faisaient leur entrée solennelle dans la capitale de la Kaldée. Sur la large voie rectiligne du rempart d'Imgour-Bel, on voyait s'avancer lentement le char royal, attelé de douze chevaux blancs, rangés par quatre. Derrière lui marchait la garde des Mèdes, aux longues chevelures, aux armures étincelantes. Devant le char, un guerrier portait un étendard rouge brodé d'or, où flamboyait le lion persan et le soleil de Zoroastre. Une clameur immense comme le bruit de la mer montait de la ville :

— Gloire à Cyrus, roi des Perses et de Babylone !

LIVRE VI

LES ÉTAPES DU VERBE SOLAIRE

III

LA MORT DE CAMBYSE ET LE SOLEIL D'OSIRIS

> Apparais, soleil de minuit... Dieu doux et terrible... apparais Osiris!...
> LIVRE DES MORTS.

LA MORT DE CAMBYSE
ET LE SOLEIL D'OSIRIS

Cyrus fut le plus grand monarque de l'Asie, un roi de justice, un vrai fils de Zoroastre. Il joua dans les destinées du monde un rôle capital. Les actes essentiels de son règne eurent sur l'avenir de la race blanche une influence décisive. Sans lui toute l'histoire eût pris un autre cours.

Vainqueur de Babylone, il épargna la capitale de ses ennemis devenue impuissante et permit aux mages de garder leur sagesse, arche des sciences futures.
— En repoussant la formidable invasion des Scythes, il préserva les civilisations méditerranéennes de la destruction par les barbares et rejeta les races du Nord vers les plaines sarmates et les côtes de la Scandinavie, d'où elles devaient refluer, huit siècles plus tard, sur l'empire romain et rajeunir l'Europe.
— En autorisant, par contre, les Juifs à regagner la Palestine et à reconstruire le temple de Jérusalem, il sauva Israël, arche du monothéisme et berceau du Christ futur.

Toutefois, si Kyros avait tenu, sa vie durant, dans ses mains puissantes tous les fils de l'avenir et su débrouiller ce nœud gordien, il ne put empêcher la gangrène du vice et l'épilepsie de l'orgueil, qui guette toujours le pouvoir absolu, de s'attacehr à sa famille.

Contraste effrayant entre Cambyse et son père. C'est le chacal qui suit le lion et vient rôder sur ses traces. Adieu Sagesse, Clémence et Courage, adieu Vertus de l'âme et Génies de l'esprit, qui, descendus de la montagne de Zoroastre, étiez venus vous poser comme des Victoires sur les armées du vainqueur de Babel. Lâche, cruel, envieux et féroce, monstre de luxure et de perversité, Cambyse poussa le délire de la tyrannie jusqu'à la frénésie du crime. A peine sur le trône, il fit tuer en secret son frère cadet qu'il considérait comme un rival dangereux, puis il se tourna contre l'Égypte.

Depuis plus de mille ans, le royaume des Pharaons était le rival imposant de tous les empires de l'Asie et la digue de l'anarchie universelle. Malgré les invasions et leurs propres rébellions, les Pharaons étaient restés les disciples de la sagesse thébaine. Chez eux, l'initiation subsistait encore intacte; elle imposait le sentiment de la justice à la royauté et le sceau des hiérarchies divines à toutes les fonctions sociales. L'Égypte avait résisté aux assauts de Ninive et de Babylone. Nabuchodonosor l'avait ravagée sans atteindre Thèbes la sainte; Cyrus l'avait respectée; Cambyse voulut la détruire. Les tyrans haïssent instinctivement tous les pouvoirs qui limitent le leur. Le pouvoir moral et spirituel qui les dépasse a le don de les irriter. Le jeune roi des Perses sentait dans la sagesse et dans la théocratie égyptienne une ennemie irréductible. Le flair du danger, en exaspérant sa rage, le poussa aux dernières extrémités.

Cambyse était superstitieux et avait en même temps le goût du sacrilège. Sa conscience trouble oscillait entre la crainte panique et un orgueil sans mesure. Quand la peur de mourir le prenait, il eut rampé devant le plus vil des sorciers ; quand la folie des grandeurs s'emparait de lui, il se croyait l'égal d'Ormuz et brûlait de se mesurer avec lui. Mais, à cette époque, les mages persans avaient perdu le pouvoir d'évoquer la lumière d'Ormuz pour leurs fidèles. Cependant Phanès d'Halicarnasse, général grec d'Ahmès, le roi d'Égypte, Phanès, et transfuge auprès de Cambyse, avait dit au roi des Perses : « Les prêtres d'Égypte sont plus savants que les tiens. Leur Dieu Osiris est le plus puissant de tous et le même qu'Ormuz. Ils savent l'évoquer. Le nom d'Osiris contient un grand secret. Qui le connaît obtient, dit-on, le pouvoir de ressusciter et ne craint plus la mort. Je me charge de conduire ton armée sur les bords du Nil. Si tu te rends maître des temples de l'Egypte et de ses prêtres, et si par eux tu obtiens la faveur du Dieu, tu seras le maître du monde [1].

— Conduis-moi en Égypte, dit Cambyse.

Le désert et les marais formaient un boulevard entre la Syrie et le delta égyptien. Grâce à l'intervention de Phanès, le scheik arabe, qui dominait sur la côte, disposa sur la route des caravanes avec des provisions pour trois jours de marche. Cela permit à l'armée persane d'envahir le delta. La grande bataille eut lieu à Péluse et des deux côtés la lutte fut

---

[1]. Sur l'initiation égyptienne voir le chapitre sur *Hermès* dans mes *Grands Initiés* et celui sur *l'Egypte ancienne* dans mes *Sanctuaires d'Orient*.

acharnée. Le matin du combat, les Cariens et les Ioniens au service du Pharaon égorgèrent les enfants du traître Phanès, mais ce sacrifice cruel et stupide ne leur porta point bonheur. Vers le soir, l'armée égyptienne plia et fut mise en déroute. Le roi Psammétique, réfugié dans Memphis, fut forcé de se rendre. Aussitôt, la Haute-Egypte envoya sa soumission. La guerre n'avait duré que peu de semaines. Le puissant royaume des Pharaons, qui, depuis deux mille ans, dominait la Méditerrannée et arrêtait l'Asie, s'écroulait sous les premiers coups du fils de Cyrus.

Dans son triomphe, le délire de Cambyse ne connut pas de bornes. Il commença par demander aux prêtres de Memphis s'ils pouvaient évoquer pour lui le Dieu Osiris et lui révéler son grand secret. Ils répondirent : — Ce n'est pas nous qui possédons ce secret, ce sont les prêtres de Thèbes. Va les trouver.

Cambyse fut tellement furieux de cette réponse qu'il se livra aux dernières violences. Il fit exécuter les principaux prêtres du temple de Phtah. Non seulement il condamna l'infortuné roi Psammétique à la mort, mais il le força d'assister, avant de périr, au supplice de ses enfants. Après quoi, il viola le tombeau du père de Psammétique, le roi Ahmas II, et brûla sa momie, sacrilège horrible aux yeux des Égyptiens.

Parvenu à Thèbes, Cambyse réunit le collège des prêtres dans le temple d'Ammon-Râ.

— Je suis le maître de l'Égypte, leur dit-il, et je réclame pour moi ce que les Pharaons réclamaient de vous. Pouvez-vous me faire voir le plus caché de vos Dieux ? Pouvez-vous me révéler le secret d'Osiris ? Vos temples, vos trésors, vos archives, vos vies sont entre mes mains. Si vous voulez les conserver, à vous de me rendre favorable votre Dieu suprême.

Le grand pontife de Thèbes prit la parole et répondit :

— Ce que tu demandes, ô grand roi, est au-dessus de nos forces. Nous pouvons invoquer notre Dieu en le priant de te pardonner le sang que tu as versé et de faire entrer la clémence dans ton âme ; mais nous ne pouvons le forcer à se manifester à toi. Ce n'est pas nous qui commandons à notre Dieu, c'est lui qui nous commande !... Tu peux soumettre l'Égypte, violer les tombeaux de nos rois, brûler leurs momies... Tu peux renverser les colonnes de nos temples et les obélisques où sont gravées nos victoires... Tu peux réduire en cendres les rouleaux de nos papyrus sur lesquels est consignée notre science secrète... Tu peux tuer tous les prêtres d'Égypte et mettre en pièces les statues de nos Dieux — mais... tu ne verras pas notre Dieu, tu ne violeras pas le secret d'Osiris, qui parle aux initiés du fond de l'Invisible et de l'Éternel... On ne s'en approche que dans la robe blanche du néophyte, après des années de pénitence et de pureté, mais non dans un manteau de roi rougi de sang, avec une épée trempée dans le crime !

Cambyse resta interdit devant ce discours. La solennité de ces paroles, la majesté du pontife, l'impassibilité des prêtres d'Ammon-Râ, tous vêtus de lin blanc avec la peau de panthère sur l'épaule gauche, l'avaient frappé d'un respect involontaire. Il quitta le sacré collège avec des regards obliques et farouches comme un sanglier qui fuit le cercle des chasseurs.

Mais à peine revenu dans le palais des Pharaons qu'i
occupait sur les bords du Nil, il envoya ses gardes
massacrer le pontife et tous les prêtres d'Ammon-Râ
Lui-même ensuite parcourut le temple, fit briser les
statues, renverser les obélisques, fouiller les cryptes.
piller le trésor, brûler tous les papyrus couverts d'écri-
tures sacrées. Puis il essaya de détruire le temple
d'Ammon-Râ en y mettant le feu. Mais la salle hypo
style, aux colonnes énormes résistait au brasier et les
Osiris, colosses en granit gris et en basalte noir
restaient debout, au milieu des flammes, avec leur
double tiare et, sur leur front, le serpent dressé de
l'uréus.

Cela fait, Cambyse partit pour la conquête de la
Nubie. Là, il subit le terrible échec de Béroua et fail
lit mourir de soif avec son armée, dans le désert. I
revint à Thèbes battu, inquiet, déconcerté.

Comme il se promenait dans le temple d'Ammon
Râ, noirci par le feu et désolé, il aperçut un scribe
accroupi dans une cellule. C'était un Nubien à la peau
cuivrée. D'un roseau trempé dans de l'encre rouge
il copiait, d'après une stèle, des hiéroglyphes sur u
long papyrus déroulé en volutes à ses pieds.

— Que fais-tu là ? demanda le roi.

— Je copie *le Livre des Morts* pour un noble ci
toyen de Thèbes, dont la momie sera portée en so
sarcophage dans la vallée des tombeaux des rois.

— Tu sais, dit Cambyse, que j'ai ordonné l
destruction de tous les papyrus du temple et qu
tu as encouru la peine de mort en écrivant su
celui-ci.

Le scribe accroupi dans un coin de sa cellule n
parut pas s'émouvoir de cette menace. Sa face avai

une expression naïve de scarabée, un sourire énigmatique errait sur ses lèvres narquoises et une étincelle de malice pétillait dans ses yeux.

— Prends ce papyrus, dit-il, et brûle-le, ô grand roi, je te le donne. Mais comment feras-tu pour brûler tous les papyrus déposés en des milliers et des milliers de tombes dans toute l'Égypte ? Car chaque mort, bien né, possède un bréviaire pareil dans son sarcophage. Dans des milliers d'années ceux qui sauront lire ces hiéroglyphes y retrouveront la science de nos prêtres et l'arcane de leur sagesse.

— Qu'y a-t-il donc dans ce *Livre des Morts* ? dit Cambyse devenu attentif.

— Des instructions pour l'âme qui s'en va dans l'Au-delà, des paroles magiques pour se guider dans le royaume de *l'Amenti*, sur le grand fleuve de l'Oubli, des avertissements pour écarter le mauvais pilote, le Double noir et reconnaître le bon, le Double blanc, des règles pour trouver grâce devant le juge implacable qui attend les morts... là-bas. Enfin ce livre renferme la formule magique pour retrouver le souvenir divin, monter sur la barque d'Isis et gagner *le Soleil d'Osiris*.

— *Le Soleil d'Osiris !* Qu'est-ce que cela ? s'écria Cambyse en tressaillant.

Le roi avait saisi le maigre bras du scribe et le secouait fortement. Mais le même sourire énigmatique s'étalait sur les grosses lèvres du Nubien et la même étincelle malicieuse brilla dans ses yeux.

— Je n'en sais rien, dit-il, car je ne l'ai pas vu. Mais on dit que les morts le voient, quand ils sont bons, oh, très bons... quand ils sont purs, oh très purs...

— N'y a-t-il donc personne qui puisse le faire voir aux vivants ?

— Le grand pontife de Thèbes seul le pouvait... et tu l'as tué.

— N'y a-t-il personne après lui qui sache ce secret ?

Le scribe gratta sa tête rasée derrière l'oreille et puis posa l'index sur son front :

— Il y en a bien un, dit-il, c'est le pontife Ouzaharrisinti, le grand prêtre de Saïs, en Basse-Egypte. Il possède une boisson faite avec la fleur du népenthès. Quelques gorgées de ce liquide plongent l'initié dans un sommeil léthargique et le font voyager dans l'autre monde. Peut-être qu'Ouzaharrisinti pourra te faire voir l'astre nocturne d'Osiris... le soleil des morts qui se lève sur un peuple d'ombres... *le soleil de minuit*... mais il risquerait sa vie... et toi aussi !

— Qu'importe ? Je saurai l'y forcer. Toi, scribe, parce que tu m'as dit le moyen de savoir le grand secret, je t'accorde la vie. Et, si je vois le soleil d'Osiris, je te ferai grand pontife d'Egypte.

— Moi pontife... et toi Dieu... n'est-ce pas ? dit le Nubien avec la même expression narquoise. Puis il ajouta :

— Vois-tu ce petit scarabée en marbre vert de Syène ?

Cambyse prit le scarabée et le regarda. Il portait douze signes gravés sur son dos et son ventre.

— Ce sont les douze grands Dieux de l'Univers, dit le scribe. Ils forment ensemble l'Ame du Monde. Chaque homme les porte en lui dans ses viscères et dans ses membres, et tous les êtres en sont un reflet, comme ce scarabée. On peut brûler les papyrus mais on ne peut détruire la science sacrée qui vient de l'Ame du Monde. Elle ressusciterait d'un scarabée. Emporte, ô grand roi, ce souvenir d'un scribe d'Egypte !

Cambyse fasciné considéra un instant l'insecte de marbre, puis le reposa sur la stèle avec une sorte d'effroi et s'enfuit. Il avait eu peur d'un enchantement. Plusieurs fois il se retourna épouvanté ; il lui semblait que l'Ame du Monde, torturée par lui, le suivait sous la figure d'un scarabée au sourire narquois.

*
* *

Le jour où Cambyse revint à Memphis, on y célébrait la fête du printemps par des chants et des danses. Le roi des Perses crut qu'on se réjouissait de sa défaite et ordonna un nouveau massacre de prêtres, puis il poignarda sa propre sœur qu'il avait forcée de l'épouser, malgré la loi persane et qui lui avait reproché tous ses crimes dans un transport d'horreur et d'indignation. Inaccessible au remords, mais repris de peur, Cambyse se présenta devant le pontife de Saïs, au temple consacré à la déesse Neith, l'Isis nocturne, identifiée à l'Ame universelle, en réclamant de lui l'initiation immédiate et la vision d'Osiris.

— Tu viens ici chargé du sang des premiers prêtres de l'Egypte, lui dit Ouzaharrisinti, vieillard humble et craintif. O grand roi, comment obtiendrais-je pour toi ce que je n'ai pu obtenir pour moi-même, après une vie de pureté et de macérations ?

— Tu le peux. Tu possèdes une liqueur qui plonge dans un sommeil léthargique et grâce à laquelle on peut descendre au royaume des morts pour remonter au soleil d'Osiris.

— Mais sais-tu bien, ô Cambyse, que si tu parvenais à voir le soleil d'Osiris il te foudroierait ?... Crains que ce ne soit ta fin.

— Je ne crains rien et personne, reprit le roi, chez qui la résistance provoquait la pléthore d'orgueil. J'ai bravé Ahoura-Mazda et je suis vivant. Je défie Osiris de m'atteindre, pourvu que je garde mon épée, ma cuirasse et ma couronne royale.

— Qu'il soit fait selon ta volonté, dit Ouzaharrisinti. J'invoquerai d'abord pour toi Zoroastre, le prophète de ta race. S'il vient, il te dira si tu es prêt à voir le soleil d'Osiris.

Par une longue allée de sphinx, le grand prêtre conduisit le roi dans l'intérieur du temple. Ils traversèrent une série de salles pour atteindre une partie reculée du sanctuaire, où l'on voyait un sarcophage ouvert et vide. La haute colonnade, frôlée par une vague lumière se perdait dans d'épaisses ténèbres. Après avoir bu le breuvage somnifère, le roi se coucha dans le sarcophage, ceint d'une cuirasse, l'épée au flanc et la couronne sur la tête, pendant que le grand prêtre jetait des parfums sur un brasier supporté par un trépied et proférait, à haute voix, ses invocations.

Cambyse eut d'abord une sensation bizarre. Il lui semblait que son corps devenait de plus en plus lourd et tombait dans un abîme sans fond, tandis que son esprit s'élevait dans l'espace comme une chose tremblotante et légère. Puis il crut se dissoudre dans le vide et perdit connaissance. Quand il reprit conscience, il se vit dans la même salle, mais prodigieusement agrandie. Une épaisse fumée sortait du trépied. Le pontife priait à genoux, les mains étendues sur un abîme. Dans un nimbe jaune, un vieillard majestueux, dont la barbe semblait un fleuve d'argent et qui portait une peau d'agneau, étincelante de lumière, en travers de sa robe de lin, apparut appuyé sur son bâton de voyage. Cambyse trembla, car il comprit que c'était Zoroastre. Le prophète des Aryas dit d'une voix profonde.

— Pourquoi m'évoques-tu, fils dégénéré des Aryas, roi d'iniquité, souillé de toutes les horreurs? Ta pourpre est teinte du sang des innocents, ton haleine exhale l'odeur du crime comme le chacal qui sent la chair pourrie. Traître à ton père, à ta race, à ton Dieu, rejeton pervers du vil Ahrimane, tu prétends contempler la gloire d'Ahoura-Mazda que les prêtres d'Égypte nomment Osiris? Ne tente pas ce sacrilège. Tes jours sont comptés. Les temps approchent où Ahoura-Mazda s'incarnera dans un homme, qui offrira son corps en holocauste pour manifester le Verbe. Quand le fils de Dieu marchera vivant sur la terre, toi et ceux qui te ressemblent vous serez balayés comme la poussière par le vent de la tempête. Cache-toi dans une caverne comme un serpent. Le soleil d'Osiris n'est pas fait pour toi...

En prononçant ces mots, le fantôme de Zoroastre s'évanouit et sa parole finit dans un roulement de tonnerre. Cambyse s'éveilla couvert d'une sueur froide. Il sortit en chancelant du sarcophage et s'approcha à tâtons du pontife Ouzaharrisinti qui était toujours en prière.

— As-tu vu ton prophète? dit celui-ci.
— Oui.

— Que t'a-t-il dit ?

— Il m'a menacé de mort si j'évoquais le soleil d'Osiris. Il m'a dit que bientôt Ahoura-Mazda, appelé Osiris par les Égyptiens, s'incarnerait dans un homme et qu'alors s'en serait fini de la toute-puissance des rois. Mais je n'en crois rien. Ce Zoroastre n'est peut-être qu'un fantôme animé par toi. Ma cuirasse est toujours sur ma poitrine, mon épée à mes côtés et ma couronne sur ma tête. Je n'ai peur ni de Zoroastre, ni de son Dieu. C'est l'heure des ténèbres noires... seul le feu du trépied nous éclaire... personne ne nous voit et ne nous entend... Donc, sous peine de mort, évoque pour moi le soleil d'Osiris, le soleil de minuit. Prêtre, à tes incantations !

— Subis donc ton destin, dit Ouzaharrisinti. Que la pensée éternelle des Dieux sorte pour toi des limbes de l'avenir comme un glaive du fourreau !...

Cambyse but une seconde gorgée de la liqueur qui terrasse le cerveau et se recoucha dans le sarcophage. Cette fois-ci, il lui sembla en perdant conscience que son âme était chassée de son corps comme la fumée d'une gerbe de paille sous le feu qui la dévore. Quand il sortit, larve frémissante, de son néant, il aperçut, comme à une distance infinie, une étoile brillante au fond de la galerie. L'étoile devint un soleil d'or dont les rayons semblaient vouloir embrasser l'univers. A mesure qu'il se rapprochait, une croix noire apparut sur les flammes jaunes du soleil, et, sur la croix, le corps d'un Dieu crucifié. Et le Crucifié grandissant envahissait le disque solaire. Ses membres saignaient et la douleur du monde reposait sur sa face morte. Mais tout à coup le Crucifié releva la tête et ouvrit les yeux. Un mince rayon en partit et frappa le front de Cambyse. C'était un regard d'amour et de pitié, mais telle était sa force lancinante qu'il pénétra le corps du roi d'une souffrance aiguë comme si la moelle de ses os se dissolvait. En même temps, une harmonie merveilleuse emplissait l'espace; trompettes d'airain et arpèges de harpes; voix tonnantes des sphères et chœurs archangéliques. Et toutes ces voix disaient:

— Tremble Ahrimane! Agenouillez-vous, ô rois? Mages, allumez votre encens. Il s'apprête à venir, il descend du ciel, le Seigneur des seigneurs, le Fils rayonnant du Dieu souverain, le maître des Dieux et des hommes... Il marchera sur la terre, il sera crucifié. Il mourra par amour pour ressusciter dans la gloire... Les tyrans sont vaincus; les cieux se rouvrent; les morts ressuscitent. Gloire au Christ! Au fond de la mort il a trouvé la vie éternelle!

Pendant ce chant, qui palpitait comme une symphonie sur le tonnerre cosmique, le Crucifié était devenu un corps glorieux, revêtu d'une robe éblouissante. Du fond de la colonnade, dont l'architrave s'était brisée, le Christ gigantesque marchait sur Cambyse. Derrière lui, toutes les victimes du tyran montaient transfigurées dans les rayons de sa gloire solaire. En même temps, la face du Dieu ressuscité brilla comme un éclair et son regard entra dans le cœur du roi comme un glaive.

Alors Cambyse se réveilla sous une douleur intolérable. La félicité de ses victimes renvoyait dans sa chair toutes les tortures qu'il leur avait infligées. Sous le regard du Dieu vainqueur, la pointe de l'épée qu'il serrait dans sa main, entrait dans son flanc; sa cuirasse l'étouffait ; sa couronne lui brûlait les tempes comme du plomb fondu. Il bondit hors du sarcophage avec un cri de détresse et se jeta sur l'hiérophante, qui était tombé la face contre terre, devant le trépied fumant.

— A moi ! Je brûle ! Au secours ! vociféra Cambyse.

Le pontife s'était remis sur pied et repoussa d'un geste le roi qui voulait se cramponner à lui.

— Je t'avais dit, ô roi, ne demande pas à voir le soleil d'Osiris !

— Ote-moi des yeux cette lumière qui m'aveugle !... J'étais bien dans la nuit... Rends-moi les ténèbres... balbutiait le roi.

Mais l'hiérophante, qui maintenant semblait transfiguré, lui aussi, par la vision surhumaine, répondit :

— Tu as évoqué la lumière qui tue quand elle ne ressuscite pas... Elle ne te lâchera plus !

Alors Cambyse, devenu fou, jeta loin de lui sa couronne, sa cuirasse et son épée... et s'enfuit. Il mourut peu de temps après sur la côte de Syrie. Hérodote prétend que son épée lui entra dans la cuisse pendant qu'il montait à cheval, mais il semble d'après l'inscription de Behistan qu'il se tua lui-même dans un accès de désespoir [1].

*
* *

Telle fut la fin tragique de Cambyse, une des

---

[1]. RAWLINSON, *Inscription of Darius on the rock of Behistan* dans les *Records of the past*, t. II, p. 112 (cité par MASPÉRO dans l'*Histoire ancienne des peuples d'Orient*).

plus sauvages incarnations de la tyrannie asiatique.

La vision du soleil d'Osiris, dont parle le *Livre des Morts* et toute la tradition sacrée de l'Éygpte, fut pour le sacerdoce du Nil un pressentiment de l'arcane solaire, du *Christ cosmique* (du Logos) et un présage du *Christ historique* (Jésus) qui devait mettre fin à l'apothéose du pouvoir absolu, changer la face du monde et le caractère de l'initiation.

LIVRE VII

LE MIRACLE HELLÉNIQUE

APOLLON ET DIONYSOS
LES MYSTÈRES D'ÉLEUSIS ET LA TRAGÉDIE

> Heureux ceux qui ont traversé les Mystères, ils connaissent l'origine et la fin de la vie.
> — PINDARE.
>
> Le Beau est la splendeur du Vrai.
> — PLATON.

CHAPITRE PREMIER

LE NŒUD GORDIEN

Le rôle de la Grèce dans l'évolution humaine se résume en l'idée maîtresse qu'elle a fait reluire sur le monde. Cette idée peut se formuler ainsi : *L'œuvre hellénique fut la plus parfaite réalisation du Divin dans l'Humain sous la forme du Beau.* A travers elle, nous contemplons l'incarnation puissante de cette beauté divine et son expression harmonique dans la civilisation comme dans l'art. Nous vivons encore des débris de cette œuvre et des reflets de cette idée, mais en connaissons-nous l'origine et toute la signification historique ? En d'autres termes, savons-nous rattacher d'un lien organique cette révélation à celles qui la précédèrent et à celle qui la suivit ?

A cet égard, la Grèce a une situation unique et un rôle capital. Elle marque la transition entre l'ancien cycle des religions polythéistes et le christianisme. C'est le nœud gordien où s'enroulent tous les fils secrets qui courent de l'Asie à l'Europe, de l'Orient à l'Occident.

Avons-nous débrouillé cette quenouille ? Avons-nous seulement pénétré jusqu'au fond du sanctuaire ? Malgré nos fouilles et nos découvertes, nous sommes trop loin de ce monde et de ses radieux mystères.

Hélas ! le charme est rompu, le **sourire** des dieux répandu sur le monde comme **une** aurore pourprée s'est évanoui. Jamais depuis, aucun peuple ne l'a revu, jamais les hommes n'ont retrouvé ce merveilleux équilibre entre l'âme et le corps, cette exquise pénétration de l'esprit **et de la matière,** qui donnait des ailes aux athlètes d'Olympie comme à la parole de Platon. Aujourd'hui, les ombres sévères de l'ascétisme chrétien, le formidable échafaudage d'une civilisation fondée sur le machinisme et les constructions laborieuses d'une science matérialiste s'entassent et se dressent, comme d'infranchissables chaînes de montagnes, entre nous et la lumineuse Arcadie vers qui se tend un si nostalgique désir.

Deux mille ans d'histoire nous cachent la Grèce sacrée, et nous avons perdu le secret de son ivresse divine, trempée de sagesse et de volupté subtile. D'autre part, nous sommes forcés de reconnaître qu'elle est toujours la moitié de nous-mêmes, puisque nous lui devons nos arts, nos philosophies et même nos sciences. Cela fait que le génie grec nous apparaît de plus en plus comme un prodige inexpliqué.

Nous pouvons donc parler d'un *miracle hellénique* au même titre que d'un *miracle chrétien*, et rien ne symbolise mieux sa merveille à nos yeux que le mythe de Prométhée, l'audacieux voleur de la foudre, qui, en dérobant le feu du ciel pour l'apporter aux hommes, leur donna les arts, la science et la liberté.

Jusqu'à ce jour, les historiens ont cherché l'explication du miracle hellénique dans le pays et dans la race des Hellènes. Ces deux facteurs en furent certes les conditions indispensables. Si l'Europe semble une ramification de l'Asie, la Grèce, terminée par le Péloponèse et entourée de ses îles, semble la branche la plus délicate et le bouquet fleuri de l'Europe. Golfes et caps, vallées ombreuses et sommets nus, toutes les figures de la montagne et de la mer s'y profilent et s'y emboîtent dans une harmonie savante, avec une sobriété pleine de richesse. On dirait les cimes abruptes et neigeuses de la Thessalie sculptées par les Titans. N'ont-elles pas été taillées pour être le trône des Olympiens, et les grottes tapissées de lierre du Cithéron pour recouvrir les amours des dieux épris des femmes de la terre, et les bois de myrte et les sources de l'Arcadie pour abriter les dryades et les nymphes ? Les plaines de l'Élide, d'Argos et de l'Attique n'attendaient-elles pas le galop des Centaures et les combats héroïques ? Les Cyclades, semées sur la mer violette comme des coquilles de nacre ou des fleurs rosées avec leurs franges d'écume, n'appelaient-elles pas les rondes des Néréides ? Le rocher de l'Acropole ne réclame-t-il pas tout seul le Parthénon avec la Vierge d'airain dont brille de si loin le casque et l'aigrette ? Enfin, le sombre entonnoir de Delphes, dominé par les cimes blanches du Parnasse, ce « nombril de la terre », ne semble-t-il pas le lieu prédestiné au trépied de la Pythonisse, qui frémit aux voix de l'abîme et aux souffles du ciel ? Voilà sans doute des cadres merveilleux, mais le berceau, si beau soit-il, ne fait pas encore l'enfant.

Les peuples divers, qui se sont rencontrés, croisés et fondus avec les vieux Pélasges dans l'Hellade, Thraces, Étoliens, Achéens, Lydiens, Éoliens, suffisent-ils pour résoudre, avec la beauté du sol, l'énigme de la religion et de la poésie grecques ? A leur tête, j'aperçois les deux types qui synthétisent les qualités de toute la race, les Ioniens et les Doriens. Les Ioniens, venus d'Asie, sont ceux que les Indous appelaient les Yavanas, c'est-à-dire ceux qui adorent Iona, la faculté féminine de la divinité et les puissances réceptives de la nature féconde. Ces peuples préféraient donc aux Dieux mâles les Déesses, Cybèle la Terre-mère, la voluptueuse Astarté et la changeante Hécate. Ils représentent le côté féminin de l'âme grecque, la grâce, l'esprit délié, la versatilité avec une certaine mollesse, mais aussi la passion, le génie orgiastique et l'enthousiasme. Ces Ioniens se trouvèrent face à face, dans l'Hellade, avec les Doriens, race guerrière et rude, venue du Nord, des froides plaines de la Scythie, à travers les monts chevelus de la Thrace. C'étaient des barbares ; leurs corps vigoureux avaient trempé dans les eaux glacées du Strymon, mais ils portaient dans leur cœur intrépide et dans leurs cheveux roux les rayons de cet Apollon hyperboréen, dont on conservait le souvenir à Délos comme à Delphes. Ils incarnent l'élément mâle du génie grec. Leurs Dieux sont ceux du ciel, Vulcain, Zeus, Apollon ; le feu, la foudre et la lumière. Leurs héros s'appellent Héraklès, le tueur de monstres, et les Dioscures, Castor et Pollux, dompteurs de chevaux.

La lutte entre les Ioniens et les Doriens, qui s'exacerbe dans la rivalité d'Athènes et de Sparte et dans la désastreuse guerre du Péloponèse, fait le fond même de l'histoire grecque et remplit toute sa durée de ses fastes sanglants. Mais suffit-elle pour expliquer la religion et la poésie de la Grèce ? D'où vient que celles-ci apparaissent dès l'abord comme un édifice harmonieux que la fantaisie et les licences des poètes n'ont point ébranlé ? D'où vient l'unité du panthéon grec et sa splendide hiérarchie, rythmée comme le pas des Muses et comme le vol d'Iris entre le ciel et la terre ? Notez que cette hiérarchie se montre identique, dès le début, chez l'Ionien Homère et chez le Dorien Hésiode. De quelle autorité émane le tribunal des Amphictyons, siégeant à Delphes, qui donne une sanction à l'unité nationale au-dessus des dissensions intestines ? Qui enfin a donné, dès les temps préhistoriques, la suprématie au mâle génie des Doriens sur la puissance passionnelle et orgiastique des Ioniens, sans la déflorer et l'écraser, mais en préparant au contraire son plus bel épanouissement par une culture savante ?

Les poètes grecs racontent que Jupiter, énamouré de la belle Europe, se changea en un superbe taureau et l'enleva sur son dos pour la transporter des molles rives de l'Asie dans l'île sauvage de la Crète à travers les flots azurés. Image suggestive des émigrations ioniennes et des innombrables enlèvements de femmes de ces temps rudes et joyeux. Mais, pour suivre le mythe en son délicieux symbolisme, par quel charme Jupiter, ayant revêtu, dans une caverne du mont Ida, sa forme humaine à travers laquelle fulgurait le Dieu, par quel éclair de ses prunelles, par quelles caresses de feu métamorphosa-t-il la vierge naïve en la femme puissante, qui devait déployer tour à tour la séduction d'Aphrodite, l'impétuosité de Pallas et la gravité de Melpomène? Cette Grèce-là ne nous retient pas seulement par son sourire, elle nous enchaîne et nous défie par la flamme profonde de son regard. D'où lui viennent cette force et cette magie ? Voilà l'énigme, voilà le problème.

Le sol et la race suffiraient à la rigueur pour nous expliquer la Grèce légère, spirituelle, rieuse et fine que Taine et Renan nous peignent si bien, mais où l'on ne sent ni la passion de l'Ionie, ni la grandeur dorienne[1]. Elle est charmante cette Grèce de marins et de bergers, de pirates aimables et de délicats artistes. Elle joue supérieurement avec la vie, les idées et les Dieux. Elle les savoure en s'en moquant un peu. Elle nous fait comprendre Théocrite, Aristophane, l'Anthologie et Lucien, les rhéteurs, les sophistes, la démagogie d'Athènes et la politique féroce de Sparte. Mais, à côté de cette Grèce profane et enjouée, il y en a une autre plus sérieuse et plus émue. C'est celle d'Homère et d'Hésiode, de Pindare et des grands lyriques, de Phidias et de Praxitèle, d'Eschyle et de Sophocle, d'Empédocle, d'Héraclite, de Pythagore et de Platon. Or l'âme grecque manifestée en ces grandes individualités ne s'explique ni par le sol, ni par la race, ni par le moment, mais par les inspirations surhumaines qui vinrent la soulever. La Grèce décadente, qu'on nous donne trop souvent pour la vraie, n'est que celle des derniers temps, surface et poussière de son génie en décomposition.

Comme tous les grands peuples, la Grèce eut dans sa période préhistorique une révélation religieuse

---

1. Voyez l'étude de Renan sur *les Religions de l'antiquité* dans ses *Essais d'Histoire religieuse* et la *Philosophie de l'art en Grèce*, par Taine.

adaptée à sa nature et à sa mission, révélation qui a laissé sa trace dans sa légende et dans ses institutions, source de lumière et de vie qui alimente ses chefs-d'œuvre et ne tarit qu'après les avoir enfantés. En un mot, *derrière la Grèce qu'on voit, il y a une Grèce qu'on ne voit pas.* Seule celle-ci explique la première, car ce fut elle qui la créa et l'organisa. Son secret se dérobe à nous dans ses Mystères, que défendaient le serment du silence et la peine de mort édictée par l'Aréopage contre ceux qui le violaient. Cependant les fragments orphiques, les allusions de Platon, les traités de Plutarque[1], les indiscrétions des philosophes d'Alexandrie, les polémiques des Pères de l'Église, la topographie des ruines d'Eleusis et leurs inscriptions caractéristiques nous permettent de nous faire une idée de l'essence et de la symbolique de cette religion secrète[2].

Entrons donc hardiment dans la pénombre des deux sanctuaires les plus vénérés de la Grèce, à Delphes

---

1. Spécialement les quatre traités sur *Isis et Osiris*, *Sur le EI du temple de Delphes*, *Sur ce que la Pythie ne rend plus maintenant ses oracles en vers*, sur *les Sanctuaires dont les oracles ont cessé*.
2. La meilleure description des Mystères d'Éleusis, j'entends non de l'initiation personnelle donnée aux élèves des Eumolpides mais des fêtes célébrées annuellement au sanctuaire, se trouve dans *la Symbolique de Kreuzer*, traduite et augmentée par Guigniaut sous ce titre *les Religions de l'antiquité.* — Voyez aussi le très remarquable travail de M. Foucart : *Recherches sur l'origine et la nature des Mystères d'Éleusis*, Mémoires de l'Académie des Inscriptions et Belles-Lettres, XXXV, 2ᵉ partie, publié à part chez Klincksieck, 1895, et l'excellente étude sur *les Fouilles d'Éleusis*, par M. Ch. Diehl dans ses *Excursions archéologiques*. — On trouve de vivantes descriptions de Delphes et d'Éleusis dans le récent et gracieux livre de M. André Beaunier, *le Sourire d'Athéna*.

et à Éleusis. Là nous apparaîtront deux divinités qui furent les deux pôles opposés de l'âme grecque et qui nous en donnent la clef, Apollon et Dionysos.

Apollon, le Dieu Dorien par excellence, inspirateur de la sagesse et de la divination, maître de l'individualité consciente et disciplinée, est le verbe solaire de Zeus conçu comme le Dieu éternel et infini, et par lui le révélateur des Archétypes des choses. Quand Apollon parle, par la lumière ou le son, par l'arc ou la lyre, par la poésie ou la musique, il est la manifestation directe de son père, le langage de l'Esprit pur aux esprits. Messager brillant de l'insondable azur et de la lumière incréée qui sommeille dans la nuit primordiale, salutaire à qui l'invoque, redoutable à qui le nie, impénétrable aux hommes, il plane au-dessus du temps et de l'espace dans une splendeur immaculée.

Dionysos est l'autre verbe de Zeus, mais combien différent du premier, ce fils de la foudre et de Sémélé ! Nous trouvons en lui la manifestation du même Dieu à travers le monde visible, sa descente dans la matière, sa circulation dans la nature terrestre, végétale, animale et humaine, où il se disperse et se morcelle à l'infini. Dieu de sacrifice et de volupté, de mort et de renaissance, d'incarnation et de désincarnation. Par sa dispersion et son immersion dans les âmes du Grand-Tout, il déborde à la fois de joie et de douleur, il verse à flots l'ivresse, la souffrance et l'enthousiasme. Il est terrible et doux, néfaste et sublime. Car s'il est fécond en créations, il l'est aussi en métamorphoses, en soubresauts et en volte-face, et ce même désir sans frein, qui l'a plongé dans l'épaisseur de l'abîme, peut le faire rebondir d'un prodigieux élan au pur éther de Zeus, où des soleils lointains luisent seuls à travers les archétypes des mondes.

Pour tout dire en un mot, Apollon est *le Dieu statique de la Révélation* et Dionysos *le Dieu dynamique de l'Évolution*. Leurs rencontres, leurs conflits et leurs alliances temporaires constituent l'histoire même de l'âme grecque, au point de vue ésotérique.

Cette histoire a trois étapes : l'orphisme primitif, les mystères d'Éleusis et la tragédie d'Athènes. Ces trois points lumineux nous montrent chaque fois une victoire du principe apollinien sur le principe dionysiaque, suivie d'une réconciliation entre les deux adversaires. Livré à lui seul, Dionysos déchaîne les passions ou se perd dans l'infini, mais sous la discipline d'Apollon il déploie des charmes et des puissances merveilleuses. La Grèce marque donc ce moment unique de l'histoire, où les forces cosmiques, en lutte inégale chez les autres peuples, parvinrent à un équilibre parfait et à une sorte de fusion harmonieuse. Le pacte d'Apollon et de Dionysos est le chef-d'œuvre de la religion hellénique et le secret de la Grèce sacrée [1].

---

[1]. C'est ici le lieu de rendre justice à celui qui a découvert la signification transcendante d'Apollon et de Dionysos pour l'esthétique grecque. La Grèce elle-même, qui l'a si puissamment illustrée dans ses mythes et réalisée dans ses Mystères, ne l'a pas exprimée par la bouche de ses philosophes. Peut-être ne l'a-t-elle pas formulée parce qu'elle l'a trop vécue. Quant aux modernes, personne ne s'en est douté. Seul Nietzsche l'a devinée dans son génial essai : *l'Enfantement de la tragédie par le génie de la musique* (*Die Geburt der Tragœdie aus dem Geiste der Musik*). Ayant remarqué dans toute la littérature grecque l'antagonisme radical entre *l'élément apollinien* et *l'élément dionysiaque*, il caractérise le premier comme le phénomène du

Ainsi nous apparaît, tordu et enchevêtré en un écheveau inextricable, par les puissances les plus mystérieuses de l'univers, le nœud gordien du génie grec. Que n'ai-je l'épée d'Alexandre pour le trancher! J'essayerai du moins d'en dénouer quelques fils. Par la Grèce qu'on voit, tâchons de pénétrer dans celle qu'on ne voit pas. Après un coup d'œil à la façade polychrome du temple, resplendissante de statues et de trophées, nous entrerons dans le sanctuaire. Là peut-être verrons-nous à l'œuvre des puissances ordonnatrices des merveilles que nous admirons du dehors.

rêve et le second comme celui de l'*ivresse*. Le rêve amène les belles visions; l'ivresse produit une sorte de fusion de l'âme avec l'âme des êtres et des éléments. Pour cette raison, Nietzsche nomme Apollon *le principe de l'individuation*, de la noble individualité humaine, et Dionysos *le principe de l'identification avec la nature*, du retour au Grand Tout. De cette vue profonde, il tire des déductions neuves et frappantes, d'abord sur le contraste entre la sérénité contemplative des rhapsodes épiques et la passion tumultueuse des lyriques grecs, ensuite sur la nature primitive du dithyrambe et sur l'origine de la tragédie, où les deux principes se fondent en se synthétisant. En somme Nietzsche a parfaitement caractérisé les effets *psycho-physiologiques* de la force apollinienne et de la force dionysiaque et montré leurs contre-coups dans l'art grec. Mais sa mentalité et sa philosophie ne lui permettaient pas de remonter aux *puissances cosmiques* dont le rêve apollinien et l'enthousiasme dionysiaques ne sont que des actions réflexes. N'admettant pas l'existence d'un monde spirituel au-dessus du monde physique, la vision apollinienne des Archétypes ne pouvait être pour lui qu'une hallucination poétique et l'extase dionysiaque qu'un retour au néant ou à l'inconscience des éléments. Sur sa rétine irritée par la philosophie de Schopenhauer, la lumière d'Apollon et la flamme de Dionysos se changèrent en la tache noire du pessimisme. Cela ne rend sa découverte que plus remarquable. Il fallait une intuition d'une acuité singulière pour parvenir jusqu'au seuil des Mystères et soulever un coin de leur voile, sans la tradition ésotérique et sans l'illumination complète.

CHAPITRE II

LA GRÈCE QU'ON VOIT. L'APOLLON DE DELPHES

Du temps des vieux Pélages, Zeus-Jupiter régnait seul sur quelques sommets de la Thrace et de la Thessalie, où il possédait un sanctuaire à Dodone. Il en avait d'autres en Arcadie et en Crète, aux flancs du mont Ida. C'était un Dieu sublime, mais inaccessible et redoutable. Il avait pour ministres des prêtres-rois, vivant sur des hauteurs fortifiées. Ces anaktes s'imposaient par la force et la terreur, au nom du vainqueur des Titans, fils d'Ouranos et de la Nuit saturnienne. On obéissait à ses oracles sans les comprendre. On l'invoquait la nuit dans les yeux innombrables du firmament, on se courbait sous sa foudre roulante, on l'écoutait gronder dans le frisson des chênes. Par les décrets de ses prêtres-rois, il réglait impérieusement les destinées des peuples, groupés pour la défense de leurs troupeaux autour de murs cyclopéens. Mais ce Dieu ouranien et cosmogonique s'intéressait à peine à la race misérable des mortels, il les tolérait plutôt qu'il ne les aimait. Sa puissance protège les foyers, les pactes, les serments. Mais lui qu'est-il, l'Inaccessible ? Qui le verra jamais ?

Ce fut une véritable révolution quand les Doriens, vêtus de peaux de bêtes, armés de grands arcs et de longues flèches, suivis de leurs femmes rousses, sortes de druidesses qui invoquaient Hélios à grands cris, dans un délire sacré, avant les combats, descendirent dans l'Hellade. Le Dieu solaire qu'ils apportaient dans leurs yeux d'azur flamboyant, dans leurs carquois et leurs hymnes, n'était pas un Dieu lointain, mais un Dieu partout présent. Le soleil n'était que son signe extérieur, son char céleste. Ce fils de Zeus parlait directement au cœur des hommes. Il parlait un nouveau langage, par les armes, par la lyre et le chant. Bientôt une immense vibration traversa l'âme hellénique, frisson de lumière et de mélodie. Que Jupiter tonne sur les sommets, Apollon se révèle dans les beaux corps nus et les hymnes de joie! On eût dit alors que le rythme des astres se communiquait aux membres humains, au nombre de la parole, aux cordes de la lyre, aux phalanges guerrières, aux théories des vierges, pour se cristalliser aux colonnes naissantes et aux architraves des temples. Le verbe solaire d'Apollon allait créer l'homme harmonique et la cité. Ce fut son premier miracle.

De tout cela on trouve l'écho dans l'hymne homérique à Apollon [1]. Le génie grec anthropomorphise et localise ses Dieux, mais on surprend dans sa poésie l'écho de lointains événements cosmiques.

---

[1]. Les prêtresses hyperboréennes de Délos, *les Vierges Déliades*, dont parle déjà l'hymne homérique et dont M. Homolle a trouvé les tombeaux à Délos, en furent une suite.

« C'est par toi, ô Phoïbos, dit le rhapsode, que les chants sont inspirés, soit sur la terre ferme qui nourrit les génisses, soit dans les îles. Les hauts rochers te chantent, et les sommets des montagnes, et les fleuves qui roulent à la mer, et les promontoires qui avancent sur la mer et les ports. » Ainsi la terre elle-même chante un hymne au Dieu, avec sa faune et sa flore, réponse vivante aux rayons qui l'embrassent. Le rhapsode célèbre ensuite la naissance d'Apollon. L'événement capital de notre système planétaire, l'éclosion du soleil dans la nuit saturnienne, que les richis de l'Inde apercevaient sous son aspect cosmogonique réel, en vastes cercles d'ombre et de lumière, prend dans l'imagination grecque la forme d'un conte gracieux, où perce un symbolisme profond. C'est la pensée dorienne traduite par un rhapsode ionien. Léto, à genoux devant le palmier de Délos qu'elle embrasse, a enfanté le Dieu. « Toutes les Déesses hurlèrent de joie... Et sa mère ne lui donna point la mamelle à Apollon à l'épée d'or, mais Thémis (la Justice) lui offrit de ses mains immortelles le nectar et l'ambroisie désirable, et Léto se réjouit parce qu'elle avait enfanté un fils, puissant archer. Phoïbos, après avoir bu le nectar, ne put se contenir, il rompit tous ses liens. Il dit aux Immortelles : — Qu'on me donne la kithare amie et l'arc recourbé et je révélerai aux hommes les véritables desseins de Zeus. Ayant ainsi parlé, l'Archer Phoïbos aux longs cheveux descendit sur la terre aux larges chemins et toutes les Immortelles étaient stupéfaites, et Délos se couvrit tout entière d'or et elle fleurit comme le faîte d'une montagne sous les fleurs de la forêt. »

L'auteur de l'hymne peint ensuite les effets prestigieux du culte d'Apollon à Délos. « Si quelqu'un survenait tandis que les Ioniens sont ainsi rassemblés par toi, il croirait que ce sont autant d'Immortels à l'abri de la vieillesse. Et il admirerait leur grâce à tous, et il serait charmé, en son âme, de contempler les hommes et les femmes aux belles ceintures et leurs nefs rapides et leurs nombreuses richesses, et par-dessus tout, un grand prodige dont la louange ne cessera jamais, les vierges Déliades, servantes de l'Archer Apollon. Elles louent d'abord Apollon, puis Léto et Artémis joyeuse de ses flèches. Puis elles se souviennent des hommes et des femmes antiques, et, chantant un hymne, elles chantent la race des hommes. Elles savent imiter les voix et les rythmes de tous les peuples et on dirait entendre une seule voix tant elles accordent parfaitement leur chant. »

Ne voit-on pas dans ce tableau l'éclosion de la religion nouvelle ? Aux sons de la musique apollinienne, les nefs arrivent de toutes parts vers l'île sacrée. Hommes et femmes montent par groupes au temple, au son des lyres. Et l'on sent ce que cette architecture humaine a de chaste et de grave. C'est l'empreinte d'Apollon sur la race ionienne. Sous ses pas, les cités grecques s'ordonnent en rythmes de beauté. Bien des siècles plus tard, lorsque, après la victoire de Platées, les Grecs élevèrent dans cette ville un autel à Jupiter Libérateur, ils voulurent que le premier feu y fût apporté du sanctuaire de Delphes, qui n'avait pas été souillé par la présence des barbares. Un jeune homme, Euchidas, s'offrit pour faire ce parcours de plus de vingt lieues sans laisser le feu s'éteindre. Lorsqu'il l'apporta, pareil au coureur de Marathon, il tomba mort. Ce fut l'hommage de la jeunesse virile à son Dieu.

Si Apollon préside à l'organisation de la cité, sa plus subtile et sa plus noble influence se manifeste dans l'inspiration poétique. De cette vague d'inspiration que le verbe solaire roule de l'Hellade à l'Ionie, et qui reflue de l'Ionie à l'Hellade en innombrables rhapsodies, sont sorties l'*Iliade* et l'*Odyssée*, l'épopée et la théogonie, Homère comme Hésiode, les cycles variés de la légende héroïque et de la mythologie, qui s'entrecroisent en grands cercles sans se confondre comme les rides d'une eau limpide. Quel est le caractère primitif et la nature de cette inspiration ? Lucrèce a dit quelque part que les hommes aperçurent d'abord les formes sublimes des dieux pendant leur sommeil. Le début de la théogonie d'Hésiode confirme cette hypothèse. C'est près de la fontaine violette de l'Hippokrène, à l'ombre épaisse des grands chênes qu'Hésiode a sa vision des Muses. Dans son rêve, il les voit descendre du neigeux Olympos avec leurs pieds légers. « Se précipitant enveloppées d'un air épais, elles vont dans la nuit, élevant leur belle voix et louant Zeus tempétueux et la vénérable Hérè, l'Argienne, qui marche avec des sandales dorées, et la fille de Zeus tempétueux, Athéna aux yeux clairs et Phoïbos Apollon et Artémis joyeuse de ses flèches. — Pasteurs qui dormez en plein air, crient-elles, race vile, qui n'êtes que des ventres, nous savons dire des mensonges nombreux semblables aux choses vraies, mais nous savons aussi, quand il nous plaît, dire la vérité. » Ainsi parlèrent les filles véridiques du grand Zeus, et elles me donnèrent un sceptre, un rameau vert, laurier admirable à cueillir ; et elles m'inspirèrent une voix divine, afin que je pusse dire les choses passées et futures. » S'éveillant de ce rêve, Hésiode a compris sa mission. Il s'écrie : « Pourquoi rester autour du chêne et du rocher ? » Le pâtre est devenu poète.

Voilà la vision apollinienne dans son ingénuité et son authenticité primitive. Libre à la critique moderne de n'y voir qu'une froide allégorie ou un jeu de l'imagination surexcitée. La science de l'Esprit, dégagée de toute superstition scolastique ou populaire, y voit un reste de l'antique voyance, une inspiration supérieure qui s'adapte à l'esprit du voyant. Comme Homère, Hésiode appelle les Muses les filles de Mnémosynè, mot qu'il faudrait traduire par Sagesse de la Mémoire. Mnémosynè représente en réalité cette mémoire universelle de la nature, cette lumière astrale, élément subtil, éthéré, où flottent les images du passé. Les neuf Muses d'Hésiode apparaissent comme les messagères intelligentes de cette lumière, douces éveilleuses des plus hautes facultés humaines, semeuses subtiles des sciences et des arts dans les cerveaux humains. Il va sans dire que l'imagination libre des poètes, à commencer par celle d'Homère, a fortement travaillé sur ces données primitives. Mais, dans l'ensemble et par ses motifs essentiels, la mythologie et l'épopée grecque représentent bien cette vision astrale que les Grecs appelaient la lumière d'Apollon.

Mais Apollon ne se montre pas seulement régulateur de la cité, modèle des beaux éphèbes, inspirateur de la poésie. Il est encore le dieu de la divination et de la sagesse. Ces deux derniers attributs font de lui le dieu pan-hellénique par excellence, le chef spirituel du tribunal des Amphictyons, l'arbitre suprême des peuples grecs. Par ces fonctions, il intervient dans la destinée des individus et des nations. C'était son rôle le plus visible, le plus important. Par là, il se montrait présent et actif dans tout le monde antique. Car beaucoup d'étrangers, les tyrans de Sicile et de Lydie, et jusqu'aux pharaons d'Egypte venaient le consulter. Mais il ne rendait ses oracles que par ses prêtres et ses prêtresses, dans son sanctuaire.

Athènes était le cerveau de la Grèce, mais on ne trouvait qu'à Delphes son cœur palpitant. Allons donc à Delphes.

*
* *

Que nous voilà loin de la ville de Pallas, dont la citadelle domine librement la plaine de l'Attique, entre le sourire lointain de la mer et les pentes parfumées de l'Hymette. Delphes est un site grandiose et tragique.

Dans la sombre gorge de la Phocide, au fond d'un gouffre de rochers à pic, la montagne d'Apollon se blottit contre la muraille verticale du Parnasse, comme un aigle effrayé par la foudre. De loin, elle paraît petite, à cause des colosses qui l'entourent ; de plus près, elle grandit peu à peu. A côté d'elle, entre le Parnasse et le mont Kirphis, le torrent du Pleistos sort d'une sinistre anfractuosité et gronde sous un chaos de rochers. Nul horizon ; un sol fiévreux, crevassé, et partout la menace de cimes surplombantes, d'où les tremblements de terre font rouler des blocs énormes. Par ces sommets lancés au ciel, comme par ces profonds abîmes, la terre témoigne ici de sa puissance volcanique de création et de destruction.

Pourquoi le Dieu de la lumière avait-il choisi pour séjour cet endroit terrible ? Comme les voyageurs modernes, les pèlerins antiques, venant en longues théories par la plaine de Krissa, souffraient de cette sensation oppressante. Mais elle s'adoucissait, elle s'éclairait de fières images et de sentiments nobles à mesure qu'ils approchaient du but. Le lointain étincellement des marbres et des bronzes leur donnait un premier éblouissement. Ils traversaient le faubourg de Marmaria, ombragé d'oliviers et de frênes, et montaient la Voie Sacrée. Là ils saluaient le monument de Marathon avec ses combattants d'airain et les héros éponymes d'Athènes, et, en face de lui, le monument des Spartiates, en souvenir de la victoire d'Aigos-Potamos, placé là par les Lacédémoniens comme pour défier leurs rivaux, avec Zeus couronnant le roi Lysandre. Les pèlerins montaient, montaient toujours la large voie qui serpente en lacets entre les bouquets de lauriers et de myrtes. Les trésors des villes ennemies, forcées de se réconcilier devant le Dieu commun, leur donnaient des émotions diverses. Ils saluaient la colonne des Thyiades, le trésor des Rhodiens, le trépied de Platées, la Victoire messénienne et les gracieuses Cariatides des Cnidiens.

Lorsqu'ils avaient vu la fntoaine argentée ed Castalie jaillir d'une échancrure du rocher de Phlemboukos, ils se trouvaient enfin devant le temple d'Apollon, couvert de boucliers et de trophées, temple unique, audacieusement posé entre les roches escarpées des Phaedriades (les Resplendissantes) que le soleil couchant colore de teintes violettes et pourpres. Alors les pèlerins, secoués d'une commotion profonde, entonnaient le péan. Ils songeaient au mythe, selon lequel l'aigle de Jupiter, chargé de trouver le centre du monde, vint planer sur les cimes du Parnasse et, plongeant dans le gouffre, se posa sur la montagne sacrée.

Cet aigle, n'était-ce pas maintenant le temple lui-même, flanqué de ses deux roches, pareilles à des ailes dressées et flamboyantes et portant dans son cœur le verbe d'Apollon, évocateur de toutes ces merveilles ?

CHAPITRE III

LA PYTHONISSE

Apollon prophétisait à Delphes par la Pythie. Cette institution remontait dans la nuit des temps. Certains auteurs attribuent son origine à l'effet troublant des vapeurs, qui sortaient jadis de la fente d'une grotte où se trouvait le trépied de la Pythonisse et où elle prononçait ses oracles au milieu de violentes convulsions. Un berger réfugié par hasard en ce lieu se serait mis à vaticiner et l'expérience, renouvelée avec succès, aurait conféré la popularité au sanctuaire primitif. La chose est fort possible.

Il est sûr que dès un temps immémorial on prophétisait à Delphes. Eschyle fait dire à la Pythie, au début des *Euménides*, qu'avant Apollon on rendait des oracles à Delphes au nom de trois autres divinités : la Terre, Thémis et Phoebé. Cela suppose des siècles pour chacun de ces cultes Les Grecs donnaient le nom de Sibylla à la plus ancienne Pythonisse, prêtresse de Phoebé, et lui attribuaient ces paroles étranges : « Quand je serai morte, j'irai dans la lune et je prendrai pour visage le sien. Je serai dans l'air, comme un souffle. Avec les voix et les rumeurs universelles j'irai partout. »

L'établissement du culte d'Apollon à Delphes marque une organisation plus savante de la prophétie. Les Pythonisses sont choisies dès l'enfance par un collège de prêtres, élevées au sanctuaire comme des nonnes dans un cloître et tenues à une chasteté rigoureuse. Pour ces fonctions, on préfère les natures rustiques et simples, mais on cultive la réceptivité de leurs facultés psychiques, et c'est le pontife d'Apollon portant le titre de prophète qui interprète généralement leurs oracles. Mais la source de cette sagesse et la pratique de cet art demeurent un mystère impénétrable au public.

Plutarque, prêtre d'Apollon à Chéronée et philosophe platonicien au second siècle de notre ère, laisse entrevoir le secret et pour ainsi dire le mécanisme invisible de la divination lorsqu'il dit : « Si le corps dispose d'un grand nombre d'instruments, l'âme à son tour se sert du corps et des parties dont le corps est composé ; enfin *l'âme est pour Dieu un instrument*. Mais cet instrument est forcément imparfait. La pensée de Dieu doit se révéler sous une forme qui n'est pas la sienne et, en se produisant par un intermédiaire, elle se remplit et se pénètre de la nature de cet intermédiaire. Comme le Dieu agite cette âme, elle ne peut demeurer immobile et dans son assiette naturelle. Les mouvements qu'elle éprouve en elle-même et les passions qui la troublent sont une sorte de mer agitée, où elle se débat bruyamment et où elle s'embarrasse. » Quand Plutarque ajoute : « Le Dieu qui réside dans cette enceinte se sert de la Pythie pour se faire entendre comme le soleil se sert de la lune pour se faire voir [1] », cela veut dire que l'oracle de la Pythie est un reflet très affaibli des visions qui passent devant son âme lucide avec la rapidité d'éclairs successifs aussitôt suivis de ténèbres épaisses.

Si l'on veut se faire une idée de cette sorte de divination, il faut lire la puissante description que nous donne Lucain dans sa *Pharsale* du délire prophétique de Phémonoée, prêtresse de Delphes consultée par Appius, au moment où le commandement de la République fut décerné à Pompée.

« Le plus grand malheur de notre siècle, dit Lucain, c'est d'avoir perdu cet admirable présent du ciel. L'oracle de Delphes est muet depuis que les rois craignent l'avenir et ne veulent plus laisser parler les Dieux…

« Ainsi dormaient les trépieds depuis longtemps immobiles, quand Appius vint troubler ce repos et demander le dernier mot de la guerre civile… Sur les bords des sources de Castalie, au fond des bois solitaires, se promenait joyeuse et sans crainte la jeune Phémonoée; le pontife la saisit et l'entraîne avec force vers le sanctuaire. Tremblante et n'osant toucher le seuil terrible, elle veut, par une ruse inutile, détourner Appius de son désir ardent de connaître l'avenir… On reconnaît cette ruse, et la terreur même de la prêtresse fait croire à la présence du Dieu qu'elle avait nié. Alors elle noue ses cheveux sur son front, et enferme ceux qui flottent sur ses épaules d'une bandelette blanche et d'une couronne de laurier

---

1. Plutarque, *Œuvres morales; Sur ce que la Pythie ne rend plus ses oracles en vers*, 21.

de Phocide. Mais elle hésite encore et n'ose avancer; alors le prêtre la pousse violemment dans l'intérieur du temple. La vierge court vers le trépied redoutable; elle s'enfonce dans la grotte et s'y arrête pour recevoir à regret dans son sein le Dieu qui lui envoie le souffle souterrain, dont les siècles n'ont point épuisé la force. Maître enfin du cœur de sa prêtresse, Apollon s'en empare... Furieuse et hors d'elle-même la prêtresse court en désordre à travers le temple, agitant violemment sa tête qui ne lui appartient plus; ses cheveux se dressent; les bandelettes sacrées et le laurier bondissent sur son front; elle renverse le trépied qui lui fait obstacle dans sa course vagabonde; elle écume dans l'ardeur qui la dévore : ton souffle brûlant est sur elle, ô Dieu des oracles !

« Le tableau qui se déroule devant elle est immense ; tout l'avenir se presse pour sortir à la fois, et les événements se disputent la parole prophétique... « Tu échapperas, dit-elle, aux dangers de cette guerre funeste et seul tu trouveras le repos dans un large vallon, sur la côte d'Eubée. » Le sein de la Pythonisse vient heurter la porte du temple qui cède à son effort ; elle s'échappe ; mais sa fureur prophétique n'est pas encore apaisée : elle n'a pas tout dit, et le Dieu resté dans son sein la domine toujours. C'est lui qui fait rouler ses yeux dans leurs orbites et lui donne ce regard farouche, égaré ; son visage n'a point d'expression fixe : la menace et la peur s'y peignent tour à tour : une rougeur enflammée le colore et succède à la pâleur livide de ses joues, pâleur qui inspire l'effroi plutôt qu'elle ne l'exprime.

« Son cœur battu de tant d'orages ne se calme pas encore, mais il se soulage par de nombreux soupirs semblables aux gémissements sourds que la mer fait entendre quand le vent du nord a cessé de battre les flots. Dans son passage de cette lumière divine qui lui découvre l'avenir à la lumière du jour, il se fit pour elle un intervalle de ténèbres. Apollon versa l'oubli dans son cœur pour lui ôter les secrets du ciel; la science de l'avenir s'en échappe et la prophétesse retourne aux trépieds fatidiques. Revenue à elle-même, la malheureuse vierge tombe expirante. »

Mais la scène illustrée par Lucain ne représente que la décadence de l'art prophétique. A l'époque où il fallait traîner de force la Pythie au trépied et provoquer artificiellement la voyance, la haute source de l'inspiration était tarie depuis longtemps[1]. Dans le récit d'Hérodote, qui a trait à la bataille de Salamine, la Pythonisse apparaît encore dans toute sa majesté. C'est l'heure émouvante, le moment décisif des guerres médiques. Xerxès a franchi les Thermopyles et va envahir l'Attique avec son immense armée. Il

---

[1]. Plus que tous les autres arts occultes, la divination se prête au charlatanisme et à la superstition. Malgré la discipline sévère et la piété reconnue des prêtres d'Apollon, ces vices ne manquèrent pas à Delphes. L'histoire de Cléomène, roi de Sparte, qui parvint à corrompre la Pythonisse pour obtenir la destitution de son collègue Démarate, est célèbre. L'intrigue ayant été découverte, la prêtresse fut destituée. On cite d'autres faits analogues dans les annales delphiques. Mais ce n'est pas une raison pour nier de prime abord la clairvoyance des Pythonisses et ne voir qu'une exploitation savante de la crédulité dans une institution qui jouit pendant plus de mille ans de la vénération du monde antique. Il est à noter surtout que des penseurs de premier ordre comme Pythagore et Platon l'honorèrent de leur foi et qu'ils considéraient le délire divin ($\mu\alpha\nu\iota\alpha$, $\dot{o}\rho\gamma\dot{\eta}$), en latin *furor divinus*, comme le mode de connaissance le plus direct et le plus élevé. Le scrupuleux, le positif Aristote lui-même reconnaît qu'il y a une *philosophie époptique*, c'est-à-dire une science de la vision spirituelle.

s'agit de savoir pour les Athéniens s'il faut rester dans leurs murs ou abandonner la ville à l'ennemi. Après les cérémonies d'usage, les députés d'Athènes prennent place sur leurs sièges dans l'intérieur du temple de Delphes. La prêtresse Aristonica sort de sa grotte, vêtue de blanc, les yeux hagards, pâle comme la mort sous sa couronne de laurier. Ses cheveux à moitié dénoués s'échappent de sa bandelette et tombent en désordre sur ses épaules. Un frisson d'épouvante secoue tout son corps. Elle clame, en scandant ses paroles solennelles comme des vers :

« O infortunés, pourquoi vous asseyez-vous ? Fuyez aux extrémités de la terre. — Abandonnez vos demeures et les hauts sommets de votre ville ronde — car ni la tête ne demeure solide, ni le corps, ni l'extrémité des pieds ou des mains ni rien des membres — ne subsistent ; mais la destruction les efface ; car sur le toit tombent — la flamme et l'impétueux Mars accompagnant le char syrien. Les Immortels suent dans leurs temples — et du faîte de leur toiture s'écoule un sang noir... — Sortez du sanctuaire... à vos afflictions opposez le courage... »

Après cet oracle fatidique, la Pythonisse, effrayée de ses propres paroles, éclate en sanglots et se retire. Désespérés, les Athéniens se jettent à terre et demandent grâce. Un Delphien les décide à revenir avec des rameaux de suppliants pour obtenir une réponse plus favorable. Cela dure un moment. Plus calme cette fois-ci, mais plus impérieuse, la Pythonisse sort de son antre et prononce :

« Pallas ne peut apaiser Jupiter Olympien. — Je te dis à toi pour la seconde fois sa parole inflexible. De tout ce que renferment les limites de Cécrops —

y compris les cavernes du divin Cithéron — rien ne résistera... — Une forteresse de bois sera seule imprenable. — N'attends pas l'armée ennemie, tu lui feras face un jour... O divine Salamine, tu seras funeste au fils de la Femme[1] ! » On sait quel parti l'habile et intrépide Thémistocle sut tirer de cet oracle et comment les vaisseaux athéniens, en détruisant la flotte perse à Salamine, sauvèrent la Grèce. Ici l'histoire atteint la grandeur d'une tragédie d'Eschyle et son sens divin perce dans la voix de la Pythonisse.

Tels les grands jours de Delphes et le rôle d'Apollon dans les destinées helléniques. Sa puissance était alors souveraine, mais sa science se cachait derrière un voile impénétrable, sa nature demeurait une énigme. Supposons qu'un peu plus tard, un jeune disciple de Platon, fils d'eupatride, un Charmide ou un Théagès, dans sa première ardeur de savoir, soit venu chercher une explication des mystères et une réponse à ses doutes auprès du prophète de Delphes. Que lui eût répondu le pontife d'Apollon ? J'imagine qu'à l'Athénien subtil et gracieux il eût assigné, pour cet entretien, une heure nocturne, où le temple reprenait son calme après le bruit des fêtes et des processions. Alors, aux flèches brûlantes de Hélios succédaient les rayons caressants de Phœbé, qui, en plongeant dans la gorge assombrie, argentait le feuillage des oliviers et donnait à tous les édifices un air fantômal en les enveloppant de sa lumière élyséenne.

---

1. HÉRODOTE, livre III, chap. 40 et 41. — Remarquons ici que pour la prêtresse dorienne du culte mâle d'Apollon, Xerxès était le représentant de tous les cultes féminins de l'Asie. C'est pour cela qu'elle l'appelle « Fils de la Femme ».

Sous le péristyle du temple, le prophète montrait au visiteur, au-dessus de la porte d'entrée, l'inscription : « Connais-toi toi-même » et lui disait : « Fixe ces paroles dans ta mémoire et penses-y souvent, car c'est la clef de toute sagesse. » Puis il le conduisait dans l'intérieur du temple à peine éclairé par la flamme mourante d'un trépied. On s'avançait jusqu'à la statue archaïque du Dieu, placée dans la cella, mais invisible dans les ténèbres du sanctuaire. Sur son socle, le prêtre montrait au visiteur, à la lueur d'un flambeau, l'inscription mystérieuse en deux lettres : EI, et il ajoutait : « Lorsque chacun de nous s'approche du sanctuaire, le Dieu, comme pour nous saluer nous adresse le « Connais-toi toi-même, » ce qui est une formule non moins expressive que le salut des amis entre eux : « Réjouis-toi ! » (Χαῖρε.) Alors nous, à notre tour, nous disons au Dieu : TU ES, comme pour affirmer que la vraie, l'infaillible, la seule appellation qui lui convienne, et qui convienne à lui seul, c'est de déclarer « qu'il est [1] ». Le pontife expliquait ensuite au postulant que tous les êtres, la terre, la mer, les astres et l'homme lui-même, en tant qu'êtres visibles et corporels, n'avaient qu'une existence mobile, éphémère et qu'ils *n'étaient pas en réalité*, mais changeaient constamment pour naître et mourir sans cesse. Un seul être existe toujours et remplit l'éternité, c'est Dieu qui fait vivre toute chose de son souffle, mais qui réside aussi en lui-même. Voilà pourquoi Apollon dit à ses adorateurs : « Connais-toi toi-même ». Car le sage peut éveiller ce Dieu en lui-même, et si, ayant

---

1. Ce passage est emprunté à Plutarque, dans son traité : *Sur le EI du temple de Delphes*, 17.

trouvé sa trace, il élève sa pensée vers ce Dieu inconnu et s'écrie en toute ferveur, en toute vénération et en toute foi : « Tu es ! » un éclair sillonne son âme et signale la présence du Dieu. Et c'est là le commencement de la sagesse.

— O très saint pontife, s'écriait l'Athénien ému, mais non convaincu, tu parles presque comme mon maître Platon, mais je voudrais en savoir plus qu'il ne m'en dit et plus que tu ne m'en dis toi-même. Dis-moi l'origine et la fin de l'âme, le secret de la vie et ce qui vient après la mort, dis-moi l'origine et la fin des Dieux eux-mêmes que l'on dit immortels !

— Songes-tu bien à ce que tu me demandes, imprudent ? répondait aussitôt le prophète. As-tu réfléchi aux dangers que tu courrais, si je pouvais te l'accorder ? As-tu oublié le sort de Sémélé, l'amante de Jupiter qui voulut posséder Zeus dans sa splendeur divine et qui mourut consumée par le feu céleste ? Souviens-toi d'Icare qui voulut suivre le char enflammé d'Apollon dans sa course et qui fut précipité dans la mer. Souviens-toi du chasseur Actéon qui voulut voir Artémis nue dans son bain et qui, changé en cerf par la déesse, devint la proie de ses chiens. Tel serait ton destin si tu pénétrais sans préparation dans les mystères défendus. Ne peux-tu vivre heureux par la vertu dans ta cité, sous la lumière d'Apollon et l'égide de Pallas ? Va combattre pour tes ancêtres et sache revivre dans tes enfants, en attendant avec courage que la mort t'appelle et fasse de toi une ombre élyséenne.

— Une ombre ? murmurait le jeune homme, nous ne sommes donc que des ombres !... Cette pâle espérance ne peut me suffire. Tu veux donc que je vive pareil aux cigales des bords du Céphise, aux cigales qui meurent après l'été sans espoir de renaître, ou aux rossignols de Colone qui émigrent en Egypte sans savoir s'ils reviendront jamais? Toi qui sais, prête-moi ta lumière, je t'en conjure par les Dieux infernaux !

— Prends garde d'outrager le Dieu de Delphes ! répondait le pontife. Apollon n'aime pas les libations funèbres et n'a rien à faire avec les morts. Il hait le Styx comme Zeus lui-même et ne quitte jamais sa lumière !

Une poignée d'encens jetée par le pontife sur la cendre du trépied en faisait jaillir une gerbe d'étincelles, et, pour un instant, on voyait sortir de l'ombre la statue sévère de l'archer divin, le pied posé sur le serpent Python.

— Puisque tu as tant d'audace, continuait le prophète à voix basse, va chez les prêtres d'Eleusis, chez les Eumolpides. Là, les Grandes Déesses, Déméter et Perséphone, te feront descendre dans le Hadès... et tu connaîtras les mystères de Dionysos... si tu es capable de supporter le voyage...

— Pour ce voyage, disait le jeune homme ravi, accorde-moi l'oracle d'Apollon !

— Impossible. Apollon et Dionysos sont frères, mais leurs domaines sont séparés. Apollon *sait tout* et quand il parle, c'est au nom de son père. Dionysos, lui, ne sait rien, mais *il est tout*, et ses actions parlent pour lui. Par sa vie comme par sa mort il révèle les secrets de l'Abîme. Quand tu les auras appris, puisses-tu ne pas regretter ton ignorance!

Une dernière lueur du feu couvant sous la cendre... un son métallique du trépied gémissant comme une voix humaine... un geste impérieux du pontife... et l'éphèbe, saisi de crainte, sortait du temple pour redescendre la Voie Sacrée.

Les blanches statues des héros et des Dieux veillaient toujours debout sur leurs piédestaux, dans la clarté lunaire, mais ils semblaient devenus des fantômes et la voie déserte s'étendait silencieuse sous la froide lumière de Sélènè.

CHAPITRE IV

LA GRÈCE QU'ON NE VOIT PAS. DÉMÉTER ET PERSÉPHONE

Le génie grec a eu de tous temps et jusqu'à l'apogée de sa civilisation le sens spontané du rapport intime et direct qui existe entre la vie extérieure du monde et la vie intérieure de l'âme. Il ne sépare pas l'âme humaine du Kosmos et les conçoit comme un tout organique. Si le spectacle de l'univers réveille son monde intérieur, celui-ci lui sert à comprendre et à expliquer l'univers. De là le charme incomparable et la profondeur de sa mythologie, dont les fables grandioses enveloppent en se jouant les plus transcendantes vérités.

Malgré ce sentiment d'identité entre la nature et l'âme, il y a eu, dans les temps les plus reculés, deux religions distinctes en Grèce : celle des *Olympiens* ou des dieux célestes (Zeus, Junon, Apollon, Pallas, etc.) et celle des divinités infernales dites *chtoniennes* (Déméter, Perséphone, Pluton, Hécate, Dionysos). La première est la religion officielle et correspond au monde extérieur et visible ; la seconde est la religion des Mystères et correspond au monde intérieur de l'âme. C'est en quelque sorte la religion du dessous des choses, des réalités souterraines, c'est-à-dire intérieures, par laquelle s'ouvre la porte du monde invisible et de l'Au-delà. La première enseignait à révérer les Dieux selon les rites et les lois consacrées, la seconde introduisait dans leurs secrets redoutables et retrempait l'âme du myste aux sources primordiales. De là le nom de « Grandes Déesses » qu'on accordait seulement à Déméter et à Perséphone. Les savants d'aujourd'hui refusent d'admettre que cette religion des Mystères était en Grèce non seulement la plus sacrée, mais encore la plus ancienne. Ils la considèrent comme une fabrication tardive et artificielle, entée sur une mythologie purement naturaliste. Cette doctrine a contre elle les plus solennels témoignages de l'antiquité elle-même, non seulement ceux des poètes, d'Homère à Sophocle, mais encore ceux des plus graves historiens, d'Hérodote à Strabon et les deux plus grands philosophes grecs, Platon et Aristote. Tous ils parlent des Mystères comme de la religion la plus haute et la plus sainte, tous ils les font remonter aux temps préhistoriques et parlent d'une antique religion sacerdotale qui régnait en Thrace, bien avant Homère, et dont témoignent les noms légendaires mais éloquents et significatifs de Thamyris, d'Amphion et d'Orphée. Les théories arbitraires des historiens et des mythologues modernes, qui raisonnent sous le joug d'idées matérialistes préconçues, ne sauraient prévaloir contre de telles autorités. Elles résistent moins encore à la poésie merveilleuse et suggestive qui se dégage de ces vieux mythes, quand on ose les regarder en face et s'inspirer de leur indestructible magie.

Déméter, dont le nom veut dire la Mère divine, la Mère universelle, était la plus ancienne des divinités grecques, puisque les Pélasges d'Arcadie l'honoraient déjà sous la figure d'une déesse à tête de cheval, tenant une colombe dans une main et un dauphin dans l'autre, signifiant par là qu'elle avait enfanté à la fois la faune terrestre, les oiseaux du ciel et les poissons de la mer. Elle correspondait donc à ce que nous nommons la Nature. Quand un homme d'aujourd'hui prononce le mot de Nature, si c'est un lettré, il se figure un paysage de mer, d'arbres ou de montagnes ; si c'est un savant, il voit des instruments de physique et de chimie, des télescopes et des alambics, il se représente des mouvements d'astres et des groupements d'atomes, il dissèque le cadavre du Kosmos dont il n'a qu'une conception mécanique, une idée morte, et remue sa poussière. Tout autre était le sentiment du Grec, en face du monde vivant. Ni la grossière idole pélasgique, ni le mot abstrait de nature ne peuvent nous donner une idée des sensations submergeantes qui envahissaient l'âme de l'Hellène au seul nom de Déméter. Ce n'est pas seulement la nature avec ses figures visibles, c'est tout le mystère de sa puissance créatrice et de ses perpétuels enfantements que le nom sacré éveillait en lui. Il retentissait dans son cœur comme l'écho d'une voix sonore dans une caverne profonde et l'enveloppait comme l'onde d'un fleuve. Déméter, c'était cette puissance qui revêt l'écorce terrestre de son luxe de verdure ; Déméter animait de sa vie les légions nageuses de la mer ; Déméter céleste, fécondée par Ouranos, luisait même dans le ciel étoilé aux millions d'yeux. N'était-elle pas la Mère universelle et bienfaisante ? Et l'homme avait le sentiment d'être le fils légitime de cette mère. Ne lui avait-elle pas donné les fruits de la terre et le grain de blé ? Ne lui avait-elle pas enseigné, avec la chaîne des saisons, les rites de l'agriculture et les saintes lois du foyer ? Le culte de Déméter remonte aux temps primitifs de la race aryenne, où les trois courants aujourd'hui séparés, la Religion, la Science et l'Art n'en formaient qu'un seul et agissaient sur l'homme comme une même puissance. Cette puissance unique traversait alors l'âme humaine comme le torrent de la vie universelle et lui donnait le sentiment de sa propre vie totale. Civilisation unitaire, où tous les pouvoirs se joignaient dans la religion. Cette religion répandait ses rayons sur toutes les manifestations de la vie. Cette religion était forte, car elle donnait des forces et créait des formes. La Religion et l'Art ne constituaient qu'un seul tout, car l'Art était le culte et vivait avec sa mère, la Religion. Et cette Religion agissait puissamment sur les hommes ; elle était faite de telle sorte qu'à la vue de ses rites, à la voix de ses prêtres, la science des Dieux s'éveillait dans le cœur des hommes. Voilà pourquoi, lorsque le Grec primitif déposait une gerbe de blé ou une couronne de fleurs sauvages sur l'autel de Déméter, sous un ciel lumineux, il éprouvait la joie d'un enfant que sa mère prend sur ses genoux, qui s'abreuve d'amour dans ses yeux et boit la vie dans sa caresse frémissante et douce.

Mais le Grec primitif savait aussi que de cette grande Déméter était née une fille mystérieuse, une Vierge immortelle. Et cette fille n'était autre que l'Ame humaine, descendue de la lumière céleste par d'innombrables générations et d'étranges métamorphoses. Il savait que, séparée de sa mère par l'inéluctable fatalité et la volonté des Dieux, elle était destinée à la rejoindre périodiquement à travers le labyrinthe de ses morts et de ses renaissances, de ses voyages multiples, du ciel à la terre et de la terre au ciel. Il le savait par un sentiment profond et irréfragable, il le percevait quelquefois par la vision de sa propre âme objectivée, reflétée comme dans un miroir. De là le mythe émouvant de Perséphone, qu'on a pu nommer le drame primordial, la tragédie de l'Ame qui se partage entre la terre, l'enfer et le ciel, et qui résume toutes les tragédies humaines en trois actes saisissants : la naissance, la mort et la résurrection. Les flammes dévorantes du désir, les ténèbres et les terreurs de l'oubli, la splendeur poignante du divin ressouvenir y épuisaient toutes les souffrances, toutes les joies de la vie terrestre et supramondaine.

Rappelons-nous l'hymne homérique à Déméter. Cérès a laissé sa fille Perséphone sur une prairie, au bord de l'Océan, en compagnie des nymphes, âmes élémentaires, primitives et pures comme elle-même. Elle lui a recommandé de ne pas cueillir le narcisse, la fleur tentatrice, création dangereuse d'Eros, qui cache un désir subtil sous sa blancheur étoilée et dont le parfum violent efface le souvenir céleste. Malgré les supplications des nymphes, Perséphone se laisse tenter par la fleur magique, jaillie du sol, qui tend vers elle ses pétales de neige et lui ouvre son cœur d'or. Elle la cueille et respire longuement le baume enivrant qui alourdit les sens et obscurcit la vue. A ce moment, la terre se fend ; Pluton en sort, saisit la vierge et l'emporte sur son char attelé de dragons. Le char rapide vole sur la surface de l'Océan. Perséphone éperdue voit fuir la terre, la mer et le ciel, puis s'engloutit avec son ravisseur dans une crevasse du Tartare. Image incisive de l'âme qui perd le souvenir divin par l'incarnation [1].

Cette scène, que l'hymne homérique dépeint à grands traits, était représentée dès les temps anciens, dans la saison d'automne par une figuration sommaire. Les femmes se rendaient ensuite sur un promontoire, au bord de la mer, et se livraient à des lamentations funèbres sur la perte de Perséphone et sa descente aux enfers. La famille des Eumolpides, dont le fondateur Eumolpos fut probablement initié en Égypte, qui fonda les mystères d'Éleusis et en garda héréditairement le privilège pendant plus de mille ans, s'empara de ce mystère rural et en développa l'organisation dans une série de cérémonies et de représentations dramatiques. Le rôle de Déméter était régulièrement tenu par la grande prêtresse, femme de l'hiérophante, et celui de Perséphone par une jeune prophantide élue pour la fête tragique. Déméter était le personnage principal et prononçait seule avec l'hiérophante, qui représentait Zeus, les paroles sacramentelles. Le rôle de Perséphone n'était joué que par une pantomime muette, mais expressive. Comme dans la tragédie postérieure, les chœurs prenaient une place importante dans le drame sacré, chœurs de nymphes, de démons, d'ombres et d'âmes bienheureuses.

Dans les actes suivants, on assistait au désespoir de Déméter, à ses vaines recherches, jusqu'au moment où Hécate, la déesse des métamorphoses, lui révèle le destin de sa fille, consenti par Zeus. On voyait en-

---

[1]. Voir la reconstitution de cette scène, qui servait de prologue au drame d'Éleusis, dans le chapitre sur Platon de mes *Grands Initiés*.

suite Perséphone, captive au Tartare, trônant auprès de Pluton, au milieu des démons et des ombres, et finalement son retour auprès de sa mère, aux demeures olympiennes, accompagné de l'hymne des héros glorifiés.

Devant ces scènes diverses, le spectateur d'Éleusis éprouvait un mélange de sensations humaines et divines qui le bouleversaient et le ravissaient tour à tour. Par la magie de la parole et de la musique, évoquant l'Invisible en formes plastiques, par la beauté des décors et des gestes impressifs, il passait du tapis fleuri de la terre aux rouges ténèbres de l'Achéron et au limpide éther des régions ouraniennes. En contemplant la pâle reine des morts, couronnée de narcisses, blanche sous son voile violet, ouvrant ses grands yeux pleins de larmes et, de ses bras étendus, cherchant inconsciemment sa mère absente, puis retombant sur son trône, sous le sceptre de son terrible époux, et fascinée, vaincue, buvant dans une coupe noire le suc de la grenade qui lie invinciblement ses sens au monde inférieur, — le Grec croyait voir sa propre âme et sentait la nostalgie de la voyance perdue, de la communion directe avec les Dieux [1].

Par un sentiment d'une admirable profondeur et d'une délicatesse infinie, la Grèce avait conçu Perséphone, l'Ame immortelle, comme restant éternellement vierge dans ses migrations intermondiales, malgré les étreintes de Pluton et les flammes des passions infernales, qui l'enveloppent sans la corrompre. Pluton a beau lui faire goûter la pulpe rouge de la

---

1. Voir la reconstitution complète du drame d'Éleusis et son adaption au théâtre moderne dans mes *Sanctuaires d'Orient*.

grenade, qui symbolise le désir charnel et qui, une fois savouré, engendre les renaissances multiples de ses graines innombrables ; il a beau la presser dans ses bras noirs et la brûler de son manteau de feu, elle demeure l'Impénétrable et l'Intangible, tant qu'elle conserve en son tréfonds l'empreinte divine, germe de sa libération finale, l'image sacrée, le souvenir de sa mère. Voilà pourquoi *Perséphonè*, celle qui traverse les abîmes, est aussi appelée *Sotéira*, celle qui sauve.

On reçoit un vague reflet de ces émotions sublimes devant le bas-relief d'Éleusis conservé au musée d'Athènes et dont une reproduction se trouve à l'École des Beaux-Arts de Paris. La grave Déméter remet à Triptolème adolescent, le fondateur éponyme du temple d'Eleusis, le grain de blé symbolique de l'immortalité, pendant que la chaste Perséphone, placée derrière lui et armée du flambeau des Mystères, le couronne en posant l'index sur le sommet de sa tête pour lui instiller la volonté divine. Tout est religieux dans ces figures si nobles sous leurs plis archaïques, la majesté calme de la mère des Dieux, le profil attendri de sa fille, le redressement ému et digne du jeune myste. Le simple bon sens indique que nous sommes là en présence d'une scène d'initiation de la plus haute signification. Dire pourtant qu'il s'est trouvé des mythologues qui ne voient en Déméter que la déesse de l'agriculture et en sa fille qu'un rébus du printemps[1] ! Dieu merci, on se doute

---

1. La signification transcendante de Perséphone ressort lumineusement de sa légende pour ceux dont le fanatisme matérialiste n'a pas bouché les yeux et les oreilles. Le culte qu'on lui rendait le prouve avec non moins d'éloquence. C'est

aujourd'hui que les mystères d'Éleusis sont autre chose qu'un concours agricole, agrémenté d'un discours de préfet et d'une manifestation électorale, — ce qui représente sans doute la civilisation idéale pour ceux qui voudraient en extirper le sens du divin.

ainsi qu'à sa fête, au printemps, on couronnait de fleurs les tombeaux des morts. Quoi de plus clair ? Avec la floraison terrestre, les Mystères célébraient le revoir de Perséphone et de sa mère et le retour des âmes au ciel.

CHAPITRE V

LE DIONYSOS DES MYSTÈRES

Avec Déméter et Perséphone, nous avons touché le fond psychique primitif des mystères d'Éleusis. Pour atteindre leur fond intellectuel et cosmogonique, il nous faut regarder jusqu'au cœur le Dieu voilé qu'on introduisit à une certaine époque et dont les Eumolpides firent à la fois l'arcane de leur doctrine et le couronnement du drame sacré. En fixant Dionysos d'une contemplation intense, nous trouverons en lui non seulement la cheville ouvrière de toute la mythologie, mais encore la force impulsive de toute l'évolution grecque.

Le génie hellénique a résumé sa conception de l'univers en quatre grands Dieux, qui sont des forces cosmiques éternelles. Ils se nomment Zeus, Posséidôn, Pluton et Dionysos. Ces quatre grands Dieux se retrouvent dans la constitution de l'homme, qui les recrée en les reflétant et qui ne pourrait pas les comprendre s'il ne les portait pas en lui-même tous les quatre.

Quand l'Hellène, pour qui tous les mouvements de

la Nature étaient des gestes de l'Esprit, contemplait les phénomènes de l'atmosphère, les nuances du jour à travers le prisme de l'azur et des nuages, l'aurore et le couchant, l'éclair suivi de la foudre et le miracle étincelant de l'arc-en-ciel, il se sentait transporté dans l'aura supérieure de son être, et il prenait tous ces signes pour les messages et les pensées d'un Dieu. Car, comme la pensée jaillit du fond de l'âme, ces signes jaillissaient du fond de l'univers pour lui parler. — Or, ce Dieu du ciel et de l'atmosphère, il l'appelait Zeus. Pareils à l'espérance, à la colère et à la joie, qui sillonnaient son être, l'aurore, la foudre et l'arc-en-ciel manifestaient les pensées de Zeus.

Tout autre était l'impression que produisait sur lui l'Océan. Surface changeante, mobile, caméléonesque, aux mille couleurs, profondeur lourde et trompeuse, cet élément incertain, capricieux et fantasque, enveloppant la terre et s'insinuant dans tous les golfes, semblait un réservoir de rêve et d'apathie. Mais, au moindre souffle du ciel, ce dormeur devenait terrible. Aussitôt le vent déchaîné, et c'était la tempête furieuse. Et pourtant, de l'Océan, père des fleuves, venait toute la vie de la terre. — Ce Dieu, le Grec l'appelait Poséidon. Il le sentait pareil au sang qui coulait dans ses propres veines, à cette vie cachée où sommeillait sa mémoire profonde, mais que fouettaient et que soulevaient jusqu'au ciel toutes les passions d'en haut et d'en bas.

Non moins forte était l'impression que donnait au Grec l'aspect du sol terrestre, hérissé de roches et de montagnes, ou celle qu'il éprouvait en descendant dans les cavernes, ou en voyant la bouche des volcans vomir un feu liquide. Il recevait alors une sensation de solidité, de concentration et de puissance. Il se figurait l'intérieur de la terre, la couche du Styx, plus froide que la mort, la couche brûlante du feu et le centre magique d'attraction qui retient le globe en une masse compacte. Or ce pouvoir, le Grec l'appelait Pluton. Il faisait de Pluton le centre de gravité du Kosmos, comme il sentait dans son propre corps le centre de gravité de son être, qui absorbe et condense les forces centrifuges.

Zeus, l'aura astrale du monde ; Poséidôn, son corps vital ; Pluton, son corps physique, voilà constituées, par la seule vertu de l'intuition contemplative, la trinité cosmique et la trinité humaine. Mais il y manquait encore l'essentiel : le principe organique, l'esprit créateur, qui joint les parties en un tout homogène, qui les pénètre de son souffle et y fait circuler la vie. — Il y manquait la conscience, *le Moi*. Or, pour les Grecs, *le moi cosmique* d'où sort *le moi humain*, le Dieu en action dans l'univers, — c'était Dionysos.

Selon la tradition des sanctuaires, ce fut Orphée, un Dorien de Thrace, initié en Égypte, mais inspiré par le génie de son peuple et par son Daïmôn, qui fonda les Mystères de Dionysos et répandit son culte en Grèce.

Orphée était le fils d'une prêtresse d'Apollon. Né dans l'enceinte d'un temple cyclopéen, dominant un océan sauvage de forêts et de montagnes, ayant traversé victorieusement les épreuves redoutables de l'initiation thébaine, il avait bu aux sources les plus hautes le mâle sentiment de l'unité divine, de la spiritualité transcendante du Dieu souverain. Mais si parfois son cerveau se glaçait sous les effluves de l'Éther divin, son cœur brûlait, comme un volcan, d'un immense amour pour l'Éternel-Féminin qui se manifeste dans les formes multiples de Déméter-Adama, de la Grande-Mère, de l'éternelle Nature. Fleurs, arbres, animaux, autant de fils et de filles de cette Déméter, conçus, formés par Elle, sous l'influx et la pensée des Dieux. Et dans la Femme — qu'il regardait du fond de son sanctuaire intérieur — Orphée contemplait la divine Perséphone, la grande souffrante, aux regards tendres ou farouches. La double intuition simultanée qu'il avait de l'Éternel-Masculin et de l'Éternel-Féminin, dont l'œuvre est l'univers, s'exprime dans ce vers que lui attribue Onomacrite :

Jupiter est l'Époux et l'Épouse éternels.

Pénétré de cette double révélation, Orphée se jura à lui-même qu'il ferait descendre les splendeurs d'Ouranos, avec tous ses Dieux, dans les chaudes profondeurs et dans les abîmes de cette nature, dont il contemplait, à ses pieds, les vallées sinueuses et le dédale verdoyant. Il lui sembla qu'ainsi les Dieux deviendraient plus humains et la terre plus belle. Orphée tenta cette œuvre. Il fut la lyre vivante et la bouche d'or, par laquelle le torrent des Dieux se déversa sur la Grèce en vagues dionysiaques, pour en faire le temple de la Beauté. Mais, pour accomplir son dessein, il eut à vaincre la férocité des rois Thraces et la horde dangereuse des Bacchantes-prêtresses.

Les Bacchantes furent les druidesses de la Thrace préhistorique. Elles adoraient un Dieu à tête de taureau, qu'elles appelaient Bacchus. La grossière idole de bois symbolisait les forces génératrices de la nature et l'instinct brutal. Elles lui offraient des sacrifices sanglants et le célébraient en rites luxurieux Par la magie du sang et de la volupté, elles séduisirent les rois barbares et les soumirent à leur culte lubrique et cruel. Orphée les dompta à force de charme de mélodie et de grâce. Aux Bacchantes fascinées aux chefs barbares adoucis, il imposa le culte des Olympiens. Il leur enseigna les Dieux du ciel : Zeus Apollon, Artémis et Pallas. Il leur parla de Poséidôn le roi de la mer et des tempêtes, et de Pluton, le juge sévère des morts, qui règne dans le Tartare. Instruit des hiérarchies divines, il mit dans le chaos des divinités helléniques l'ordre, la clarté, l'harmonie. Ce fut la religion populaire.

Mais à ses disciples, à ses initiés, Orphée enseigna des choses plus profondes et plus émouvantes, — les merveilles cachées de Dionysos ! Dionysos, leur disait il, est le Bacchus céleste, le générateur puissant qui traverse tous les règnes de la nature pour s'incarner et s'accomplir dans l'homme. Et, pour mieux leur faire comprendre sa pensée, il leur racontait une histoire, un songe qu'il avait eu : « Zeus, sous la forme du serpent astral, s'était uni à l'Ame du monde, conçue comme la Vierge incréée et appelée du même nom que Perséphone (Korè). Leur enfant divin, destiné à la domination universelle, portait le nom de *Dionysos Zagreus*, ou Dionysos déchiré et morcelé. Un jour l'enfant divin se regardait dans un miroir et resta perdu dans la contemplation de son image charmante. Alors les Titans (les éléments déchaînés ou forces inférieures de la nature) se jetèrent sur lui et le lacérèrent en sept morceaux, qu'ils firent bouillir dans un immense chaudron. Minerve-Pallas (la sagesse divine, née de la pure pensée de Zeus) sauva le cœur de Dionysos et le rapporta à son père. Zeus le reçut dans son sein, pour générer un nouveau fils, et foudroya les Titans. De leurs corps brûlants, mêlés aux vapeurs sorties du corps lacéré de Dionysos, est née l'humanité. Mais de la partie la plus pure de Dionysos, de son cœur, replongé et refondu dans le sein éthéré de Jupiter, naissent les génies et les héros. De lui naîtra aussi le nouveau Dionysos, dans lequel les âmes éparses dans l'univers reconnaîtront leur divin modèle. Ainsi le Dieu, morcelé dans l'humanité souffrante, retrouvera son unité radieuse en Dionysos ressuscité ! »

Par ces images parlantes, par ce rêve plastique, Orphée essayait de faire comprendre à ses disciples la double origine à la fois terrestre et céleste de l'homme, sous l'action des puissances cosmiques, la multiplicité de ses incarnations successives et la possibilité de son retour à Dieu dans une splendeur et une beauté sans tache. Telle la conception centrale de la doctrine des Mystères grecs. Comme une torche éclatante, allumée au fond d'une caverne tortueuse, en éclaire les parois obscures et les anfractuosités profondes, le mystère de Dionysos éclaire tous les autres mystères. Il effrayait les faibles, mais les forts y trouvaient le courage, la joie de la lutte, l'indestructible espérance. Des cultes somptueux, des philosophies lumineuses devaient naître plus tard de cette révélation. Nous verrons tout à l'heure la tragédie en sortir, armée de pied en cap, comme Minerve de la tête de Jupiter.

Ainsi se constitua, d'un côté, la religion publique des Olympiens ; de l'autre, la religion secrète des Mystères ; la première pour la foule, la seconde pour les initiés. Elles ne se contredisaient pas mais s'expliquaient réciproquement. La religion cachée était le dessous, l'organisme interne de la religion extérieure et celle-ci la surface colorée, l'expression plastique de l'autre sur le plan physique.

La légende, peut-être symbolique, peut-être réelle, raconte qu'Orphée eut le sort de son Dieu et mourut déchiré par les Bacchantes, comme son Dionysos morcelé par les Titans. Elles se seraient vengées ainsi de son amour persistant pour l'épouse unique, pour Eurydice, la morte aimée, et du même coup elles auraient réalisé ironiquement son mystère dans leur culte sanglant. Tradition suggestive. Ivres du sang des mâles, les Bacchantes n'aiment pas les amants de l'Ame et les tuent quand elles peuvent. Peut-être aussi en voulurent-elles au fils d'Apollon d'avoir réveillé, pour un moment, en elles-mêmes, la dormante Perséphone, et d'avoir dédaigné leurs beaux corps tachetés de leurs nébrides, quand elles passaient sous les bois touffus de la Thrace avec leurs bras enroulés de serpents. Quoi qu'il en soit, Orphée mourant eut la certitude que la Grèce sacrée vivrait de son souffle, — et sa tête coupée, emportée par le fleuve avec sa lyre encore frémissante, est vraiment l'image de son œuvre.

Les Eumolpides devaient enrichir leur initiation et leur culte de la doctrine et de la tradition orphique. Elles venaient compléter leurs mystères par une large conception cosmique et une spiritualité plus haute. Cela advint sans doute vers le sixième siècle avant notre ère, au même moment où le culte populaire et orgiastique de Bacchus, refluant de Phrygie comme une onde de folie, bouleversait l'Hellade, semant à Thèbes, jusque sur les hauteurs du Cithéron et du

Parnasse, des cortèges délirants d'hommes et de femmes, brandissant des thyrses et couronnés de pampres, suscitant du même coup un lyrisme passionné, inconnu au temps d'Homère, et une musique troublante, au bourdonnement du tambour et aux appels aigus de la double flûte, tandis que retentissait partout ce cri : Evios ! Evohé ! qui semblait vouloir évoquer du fond des bois et des antres de la montagne le Dieu de la vigne et de la joie. Ce fut pour endiguer ce mouvement et lui opposer une initiation plus haute, que les prêtres d'Éleusis adoptèrent le Dionysos orphique et le firent entrer dans le culte des Grandes Déesses. En même temps, la discipline devint plus sévère, et l'enseignement des initiés s'approfondit.

La religion d'Éleusis ne comprenait pas seulement les cérémonies, les représentations et les fêtes périodiques. A l'époque de sa floraison, avant les guerres médiques, l'essentiel des Mystères consistait dans les enseignements de la sagesse secrète. On la communiquait aux mystes qui venaient pour un temps habiter dans l'enceinte du temple. On poursuivait l'entraînement psychique par des jeûnes, des méditations sur la nature de l'âme et des Dieux, par la claire concentration de la pensée avant le sommeil et au réveil, afin de garder l'impression nette des rêves dont l'homme ordinaire ne se souvient que rarement. Le but de cette initiation était de faire du *myste* (de celui qui porte un voile) un *épopte* (c'est-à-dire un voyant) et de lui faire voir Dionysos. Mais Dionysos était un Dieu multiple, un Dieu fractionné dans l'humanité entière et qui se manifestait d'une façon diverse à chaque disciple. A Éleusis, on en connaissait trois, qui représentaient trois degrés de l'initiation. Le premier, accessible seu lement à l'intelligence abstraite, était celui d'Orphée, le Dionysos-Zagreus, morcelé dans tous les êtres. On disait au myste débutant : « Sache que l'Esprit suprême, le Moi divin s'est sacrifié pour se manifester et s'est fragmenté dans les âmes innombrables. Il vit et il souffre, il respire et il aspire en toi comme dans les autres. Le vulgaire ne le connaît pas, mais il s'agit pour l'initié de reconstituer sa totalité en lui-même. Cela ne se fait pas en un jour. Regarde en toi-même jusqu'au fond, cherche-le et tu le trouveras. » Le myste se recueillait, méditait, regardait en lui-même, et ne trouvait rien. D'habitude il ne pouvait comprendre ce Dieu partout répandu, à la fois un et multiple, sublime et vil, puissant et misérable. C'était la première épreuve, la plus légère, mais déjà torturante, celle du doute de l'âme devant les contradictions insolubles de la raison non illuminée. L'hiérophante disait au myste déconcerté : « Apprends à comprendre la nécessité de la contradiction qui est au fond de toute chose. Sans souffrance il n'y aurait pas de vie, sans lutte pas de progrès, sans contradiction pas de conscience. Dionysos resterait à jamais caché dans le sein de Zeus, et toi-même tu ne serais qu'une goutte d'eau dissoute dans une nébuleuse. Il fut un temps, il est vrai, le temps lointain de l'Atlantide, où l'homme primitif était encore si mêlé à la nature qu'il *voyait* les forces cachées dans les éléments, et conversait avec elles. Les Egyptiens ont appelé ce temps celui des Schésou-Hor, où les Dieux régnaient sur la terre. Alors Dionysos, quoique morcelé par les hommes, était encore uni dans leur conscience. Car les hommes de cette époque étaient voyants et les Dieux vivaient avec eux en formes éthériques, changeantes et de toute espèce. — Il y eut une autre époque beaucoup plus près de la nôtre, où l'esprit divin s'incarna dans ceux que nous appelons les Héros. Ils se nommaient Hercule, Jason, Cécrops, Cadmus, Thésée et beaucoup d'autres. Parmi ces hommes divins, qui fondèrent nos cités et nos temples, il y en eut un qui partit de la Grèce pour conquérir l'Inde et revenir par l'Arabie et l'Asie Mineure en Thrace, avec son étrange cortège, en répandant partout le culte de la vigne et de la joie. Nous l'appelons *le second Dionysos*. Celui-là n'est pas né de la Déméter céleste, de la lumière incréée, comme le premier, mais d'une femme mortelle que les Grecs nomment Sémélé. Celle-ci, d'un désir téméraire, demanda à voir son Dieu dans toute sa splendeur et mourut foudroyée de son contact. Mais, de l'étreinte du Dieu inconnu, elle avait conçu un enfant divin. Apprends maintenant ce que nous enseigne cette aventure. Si l'homme aujourd'hui demandait à voir brusquement, avec ses yeux physiques, les Dieux, c'est-à-dire le dessous du monde et les puissances cosmiques parmi lesquelles l'Atlante se mouvait naturellement parce qu'il était autrement organisé, l'homme d'aujourd'hui ne pourrait supporter ce spectacle effrayant, ce tourbillon de lumière et de feu. Il mourrait foudroyé, comme l'amante du Dieu, la trop brûlante Sémélé. Mais le fils de l'audacieuse mortelle, ce Dionysos, qui marcha jadis sur la terre comme un homme en chair et en os, vit toujours dans le monde de l'esprit. C'est lui le guide des initiés, c'est lui qui leur montre le chemin des Dieux ! Persévère... et tu le verras ! »

Or il arrivait qu'une nuit, dormant dans sa cellule du temple d'Éleusis, le myste faisait un rêve et voyait passer devant lui le Dieu couronné de pampres avec sa suite de Faunes, de Satyres et de Bacchantes. Chose étrange, ce Dionysos n'avait nullement les traits réguliers d'un Olympien, mais plutôt la face d'un Silène. Pourtant de son front sublime et de ses yeux jaillissaient des éclairs de voyance et des rayons d'extase, qui trahissaient sa nature divine. Et le myste se disait : « Si un demi-dieu a eu cette forme, qu'ai-je été moi-même et que suis-je encore avec toutes mes passions ? » Alors il voyait se tordre devant lui une sorte de monstre, mélange de taureau, de serpent et de dragon furieux, qui le remplissait d'épouvante. Et cependant une voix intérieure lui criait implacablement : « Regarde bien, ceci c'est toi-même ! »

S'il racontait sa vision à l'hiérophante, celui-ci répondait : « Tu as trouvé Dionysos et il t'a fait voir *le Gardien du Seuil*, c'est-à-dire ton être inférieur, celui que tu as été dans tes nombreuses incarnations précédentes et que tu es encore en partie. Il faut apprendre à supporter la vue du monstre, à le connaître, à le museler et à l'asservir. Si tu n'enchaînes pas ton Cerbère, tu n'entreras pas au pays des ombres, tu ne descendras pas dans le Hadès ! » Beaucoup de mystes se révoltaient contre cette idée et la repoussaient avec indignation, s'en moquaient même. Ils ne consentaient pas à se reconnaître dans le monstre et s'en détournaient avec horreur. Ils prouvaient ainsi leur inaptitude aux méthodes d'Éleusis et devaient renoncer à poursuivre leur initiation. Ceux au contraire qui se familiarisaient avec cette sorte de phénomènes en saisissaient de mieux en mieux le sens et le but. Le second Dionysos devenait leur instructeur et leur découvrait, en soulevant voile après voile, des secrets de plus en plus merveilleux. Au cœur du monde des Dieux, qui s'ouvrait pour eux par le dedans, comme une limpide aurore, quelques rares élus parvenaient à voir *le troisième Dionysos* [1]. C'était en réalité le premier Dionysos (celui déchiré par les Titans, c'est-à-dire morcelé dans les êtres et fractionné dans les hommes) maintenant reconstitué et ressuscité dans une harmonie supérieure et une sorte de transfiguration. L'épopte avancé percevait ainsi l'archétype humain sous sa forme grecque, parvenu à la plénitude de la conscience et de la vie, modèle divin d'une humanité future. Ce Dionysos-là était d'une beauté parfaite et translucide, dont le marbre de Praxitèle peut nous donner un pressentiment. Une sueur ambrosienne perlait sur son corps moulé dans l'éther. On eût dit qu'une Déméter céleste avait bouclé ses cheveux d'or, et la flamme triste et douce de ses yeux semblait répondre à la langueur de quelque Perséphone lointaine. Ah ! ce regard de Dionysos mesurant l'immensité du chemin parcouru, l'épopte pouvait-il l'oublier ?... Ce regard contenait tout le reste !... Absorbé en lui, l'initié voyait en même temps les panthères et les lions dociles léchant les mains du Dieu et des serpents lumineux roulés à ses pieds dans une végétation luxuriante.

Son souffle magique animait la nature, et la nature assouvie respirait en lui... N'était-ce pas celui dont Orphée avait dit : « Les Dieux sont nés de son sourire et les hommes de ses larmes ? »

---

[1]. On le célébrait officiellement sous le nom de *Iakkos* dont on portait la statue en grande pompe d'Athènes à Éleusis, le neuvième jour des fêtes avant *la nuit sainte*. Le Dieu Iakkos était représenté par une statue d'enfant parce qu'on le considérait comme un Dieu renaissant et en voie de croissance.

— Alors, la voix intérieure disait au myste devenu voyant : « Un jour... peut-être... tu lui ressembleras !... »

Nous venons de pénétrer au cœur du phénomène dionysiaque. De ce centre incandescent rayonnaient les autres phénomènes mystiques de vision et d'extase qu'on traversait par la discipline éleusinienne. De toutes ces expériences émanait la doctrine religieuse, qui, sous forme d'images parlantes et de puissants raccourcis, reliait la destinée humaine à la vie cosmique. Il s'agissait donc, non de théories abstraites, mais comme le dit parfaitement Aristote d'une philosophie expérimentale, émotionnelle, fondée sur une série d'événements psychiques. Les fêtes périodiques d'Éleusis, qui se terminaient par des phénomènes d'un autre genre, que Porphyre a décrits n'étaient que la mise en scène somptueuse, une transposition dramatique de ce que les mystes et les époptes avaient traversé individuellement dans leur initiation.

Nous savons que le drame, représenté dans le temple se terminait par le mariage symbolique de Perséphone avec le Dionysos ressuscité, union qui portait le nom de ἱερὸς γάμος (mariage sacré). Il extériorisait en quelque sorte le phénomène intérieur déjà vécu par les époptes. L'initié avait voyagé dans l'autre monde en plongeant aux abîmes de sa subconscience. Dans ce Hadès, il avait trouvé les monstres du Tartare avec tous les Dieux : Déméter (la mère primordiale), Perséphone (l'Ame immortelle) et Dionysos (le Moi cosmique, l'Esprit transcendant) évoluant vers la vérité à travers toutes ses métamorphoses. Maintenant il revivait ces choses agrandies par l'art, dans une assemblée d'âmes accordées au même diapason que la sienne. Quel éblouissement, quelle renaissance de découvrir en soi-même les puissances que l'univers visible nous dérobe sous son voile et d'en saisir le ressort ! Quel bonheur de prendre conscience de ses rapports intimes avec le Kosmos et de sentir comme un fil invisible monter de son propre cœur, à travers les autres âmes, jusqu'au Dieu insondable !

Comme toutes les institutions religieuses, les mystères d'Éleusis eurent leur floraison, leur maturité et leur déclin. Après les guerres médiques et les excès de la démocratie, ils se banalisèrent en ouvrant leur porte à la foule. On cessa d'exiger les épreuves sérieuses, la discipline s'affaiblit, les pompes extérieures finirent par remplacer l'initiation proprement dite, mais le spectacle réglé par les Eumolpides ne perdit jamais son charme unique. Aussi n'y a-t-il qu'une voix dans l'antiquité pour célébrer la grandeur, la sainteté et les bienfaits d'Éleusis. Il est bon de rappeler ces témoignages que néglige la critique moderne parce qu'ils la dérangent dans son ornière. Écoutons d'abord le vieux rhapsode dans l'hymne homérique à Déméter. Il parle de ces « orgies sacrées qu'il n'est permis ni de négliger, ni de sonder, ni de révéler, car le grand respect des Dieux réprime la voix, » et il ajoute : « Heureux qui est instruit de ces choses parmi les hommes terrestres ! Celui qui n'est point initié aux choses sacrées et qui n'y participe point, ne jouit jamais d'une semblable destinée, même mort sous les ténèbres épaisses. » Le plus grand des lyriques grecs, Pindare s'écrie : « Heureux ceux qui ont été initiés aux Mystères, ils connaissent l'origine et la fin de la vie. » Le voyageur Pausanias, qui a parcouru et décrit tous les sanctuaires, s'arrête respectueusement devant celui d'Éleusis. Il avait eu l'intention de le décrire. Malheureusement pour nous il en fut empêché par un songe, mais sa conclusion est significative et vaut peut-être une description « Autant, dit-il, les Dieux sont au-dessus des hommes autant les Mystères d'Éleusis sont au-dessus de tous les autres cultes. »

Est-ce à dire que l'institution des Eumolpides fut sans danger pour les cités grecques et pour la civilisation hellénique ? Pareil à l'électricité positive qui développe l'électricité négative à son pôle opposé, tout centre mystique met en mouvement dans une certaine périphérie des forces hostiles qui refluent sur lui comme une marée montante. Les cultes orgiastiques populaires, qui périodiquement envahirent la Grèce, les associations de Corybantes et de Ménades en sont un exemple. Les Eumolpides le savaient bien et prévinrent le danger en redoublant la sévérité de leur discipline et en édictant, d'accord avec l'Aréopage d'Athènes, la peine de mort contre quiconque violerait le secret des Mystères. Le danger n'en existait pas moins, car des bribes mal comprises des doctrines et des représentations éleusiniennes transpiraient, en dépit de toutes les précautions, et circulaient dans le public sous d'étranges travestissements. On comprend d'autant mieux la crainte des prêtres d'Apollon et des archontes d'Athènes devant ces profanations, qu'elles atteignaient la religion hellénique tout entière. Une grossière et fausse interprétation des doctrines secrètes menaçait la croyance aux Dieux et, avec elle, l'existence même de la cité antique. — *Eskato Bebeloï !* Arrière les profanes ! criait le héraut d'Éleusis venu à Athènes pour l'ouverture des grandes fêtes d'automne. N'empêche que les profanes se redisaient entre eux des choses singulières. On racontait entre autres que, dans l'intérieur du temple d'Éleusis aux colonnes de basalte, dans la chapelle d'Hécate, lieu ténébreux aussi redoutable que le Tartare, l'hiérophante, à la lueur des flambeaux, prononçait des sentences sacrilèges comme celles-ci : 1° L'homme est le collaborateur des Dieux. 2° L'essence des Dieux est immuable, mais leur manifestation dépend des temps et des lieux, et leur forme est en partie l'œuvre des hommes. 3° Enfin les Dieux eux-mêmes évoluent et changent avec tout l'univers.

« Eh quoi ? disaient en style aristophanesque les sophistes et les élégants des stades et des gymnases, l'homme, créature des Immortels, serait leur égal ? Et les Dieux, pareils aux histrions, ont un vestiaire et changent à tout instant de costume pour nous tromper ? Enfin les Dieux évoluent selon le caprice humain? Alors c'est lui qui les fabrique ; autant dire qu'ils ne sont pas ! »

Ces discours subversifs, ces bavardages frivoles dont les esprits superficiels ont criblé de tous temps les mystères de la religion et les concepts de la haute sagesse, étaient faits cependant pour effrayer les gouvernants de toutes les villes grecques. Dans cette incrédulité railleuse il y avait de quoi ébranler le Dieu d'Olympie, le Zeus d'ivoire et d'or, ciselé et fondu par Phidias, aussi bien que la Pallas géante, la Vierge divine, aux yeux de pierres précieuses, debout dans la cella du Parthénon, appuyée sur sa lance et tenant dans sa main la Victoire ailée. Aussi les Eumolpides redoublaient-ils de vigilance et l'Aréopage de sévérité. La peine de mort contre les divulgateurs et les profanateurs fut rigoureusement appliquée.

Malgré tout, les idées d'Éleusis allaient leur chemin de par le monde. Nous allons en voir sortir, comme par contrebande et d'une manière tout à fait imprévue, le plus merveilleux et le plus vivant des arts, le théâtre grec, ancêtre du théâtre moderne. La tragédie, en effet, ne fut pas autre chose, à l'origine qu'une évadée des Mystères et une intruse dans la cité. Ce phénomène si curieux et tellement significatif, que toute l'énigme de la vie et de l'évolution s'y joue en quelque sorte dans les coulisses, a été trop mal compris jusqu'à ce jour pour qu'il ne soit pas nécessaire d'y insister.

CHAPITRE VI

LES DESSOUS DE LA TRAGÉDIE

Parallèlement aux mystères de Déméter, de Perséphone et de Dionysos, qui remontent dans la nuit des temps, le culte populaire de Bacchus ne cessa d'enchanter et de troubler la Grèce. Corybantes dédélirants en Phrygie, Ménades échevelées à Thèbes, Satyres joyeux en Attique, autant de manifestations diverses et irrésistibles de l'enthousiasme pour les forces cachées de la nature, à travers lesquelles transparaissaient souvent certains secrets des sanctuaires. Ceux-ci firent leur possible pour les enrayer. Mais les forces dionysiaques une fois déchaînées ne se maîtrisent pas aisément. Des paysans de Mégare entendirent raconter que le Dieu Bacchus avait été jadis mis en pièces par les Titans et qu'il s'était tiré de cette mésaventure en ressuscitant, comme le raisin ressort chaque année du cep de vigne et le vin clair de la cuve mousseuse. Le tragique, le mystérieux et le piquant de l'histoire les charmèrent. Un obscur pressentiment leur disait-il que cette fable renferme le secret des mondes ? On leur avait dit aussi que, dans les Mystères, Bacchus avait pour compagnons des Satyres. A la fois dévots et malins, ils imaginèrent de se déguiser en ces êtres hybrides, chèvre-pieds et Faunes cornus et de célébrer dans cet accoutrement le Dieu par des chants enthousiastes, au son des flûtes, des bombyces et des tambours. Ce fut le *dithyrambe*, qui se répandit bientôt dans toute la Grèce. Mais voici qu'un poète rural, imprésario hardi, Thespis, imagina de monter sur des planches, de représenter lui-même le Dieu en personne au milieu d'un chœur de Satyres, qui répondait en strophes rythmées à ses récits tristes ou gais. La tentative eut un succès prodigieux. Aussitôt un autre poète, Susarion, railleur égrillard, l'imita, mais au lieu de représenter le côté sérieux de la fable, il en fit ressortir tous les détails risibles qu'on peut lui trouver en la transposant dans la réalité quotidienne. De ce jeu venaient de naître du même coup — la tragédie et la comédie.

L'essence psychique de ce phénomène, le plus surprenant de l'histoire de l'art et le plus fécond en conséquences, mérite d'être pénétré. Le Satyre représente dans la mythologie grecque l'homme primitif, à la fois plus voisin de la bête et plus près des Dieux, parce qu'il est encore en communion instinctive et directe avec les forces divines de la nature. En lui se déchaîne l'énergie sexuelle, pour laquelle les Grecs avaient une sorte de respect religieux comme pour une puissance créatrice; mais en lui se manifeste aussi une divination spontanée, avec des fusées de sagesse et des lueurs de prophétisme. En un mot, le Satyre est un ressouvenir et une reviviscence de l'Atlante, chez qui la clairvoyance existait à l'état naturel.

Telle est la raison profonde qui a fait sortir la tragédie d'un chœur de Satyres. Dans son exaltation dionysiaque, la troupe des bacchants déguisés en Faunes, pleurant et célébrant le Dieu mort et ressuscité, l'appelant de ses chants et de ses cris, finit par en avoir l'hallucination. C'est l'apogée du dithyrambe. Quand l'habile metteur en scène se présente sous la figure de Bacchus, parle en son nom, raconte ses aventures et s'entretient avec le chœur, qui accueille le récit de son martyre par des chants funèbres et de sa résurrection par un délire de joie, il ne fait que réaliser le désir de la foule surexcitée. De ce dédoublement subit du moi, de cette projection de la vision intérieure en action vivante est née la tragédie. Dionysos a jailli vivant de l'enthousiasme du dithyrambe. Il n'a plus qu'à se fractionner dans la multitude des Dieux et des hommes, — et ce sera le drame divin et humain. Le théâtre est debout pour toujours. On aurait pu croire *a priori* que le drame fut primitivement une imitation de la vie réelle ; il n'en est rien. Le plus puissant des arts est sorti de la soif d'un Dieu et du désir de l'homme de remonter à sa source. Ce n'est qu'après avoir vu son Dieu, que l'homme a ri de son déchet, c'est-à-dire de lui-même.

On imagine le succès d'un tel spectacle, avec ses émotions violentes, multiples et contradictoires, sur un auditoire primesautier. Dans les campagnes, les fêtes dionysiaques devinrent des représentations dramatiques, accompagnées de danses et arrosées d'innombrables outres de vin. Quand Thespis vint donner ses représentations à Athènes, un véritable délire s'empara de la ville. Hommes et femmes, gens du peuple et lettrés, tout le monde fut entraîné. Les magistrats en prirent du souci, et il y avait de quoi. Plutarque raconte dans la *Vie de Cimon* que Solon fit appeler Thespis et lui demanda « s'il n'avait pas honte de présenter au peuple *de si énormes mensonges* ». Le sage d'alors qui gouvernait la cité devait craindre moins l'illusion innocente de la scène que la profanation des Mystères par les travestissements grossiers qu'en donnèrent les premiers auteurs tragiques. Le torrent ayant rompu l'écluse, on ne pouvait l'arrêter ; on réussit à l'endiguer. Ici se montra toute la sagesse de l'Aréopage éclairée par la science des Eumolpides. On permit aux auteurs dramatiques de puiser le sujet de leurs pièces dans les traditions mythologiques qui avaient toutes leur source dans les Mystères, mais on leur défendit, sous peine de mort, d'en divulguer le sens caché ou de les souiller par de basses plaisanteries. Les premiers citoyens d'Athènes, nommés par l'Archonte et par l'Aréopage, furent chargés du choix des pièces. Les représentations devinrent des fêtes annuelles en l'honneur de Dionysos. La tragédie cessait d'être un divertissement champêtre de paysans avinés, pour devenir un culte public de la cité d'Athènes. Par ce coup de maître, le jeu périlleux se métamorphosait en révélation bienfaisante. Pallas prenait sous sa protection l'évadée des Mystères, pour en faire la plus puissante des Muses, la prêtresse de l'art initiateur et sauveur. Ainsi grandit, sous l'égide de Minerve et sous l'aide des génies d'Éleusis, cette Melpomène qui devait donner à l'humanité un nouveau frisson et tirer du cœur humain des torrents de larmes divines.

Nous avons vu que toutes les créations du génie grec, celles qui constituent jusqu'à ce jour des éléments essentiels de notre culture, sont sorties des

Mystères. Reconnaissons en la tragédie le dernier et non le moins étonnant de leurs miracles.

Avec Eschyle, son organisateur et son véritable créateur, elle s'avance vers nous encore armée du flambeau de l'initiation. Fils d'un prêtre d'Éleusis, on pourrait l'appeler le grand pontife de la tragédie. Ses successeurs eurent d'autres mérites, mais furent bien loin d'atteindre sa profondeur et sa majesté. Eschyle puise à pleines mains aux sources de l'antique sagesse, et c'est avec leur lumière qu'il descend dans l'abîme obscur de la vie humaine. Poète, musicien, architecte, machiniste, costumier, chef des chœurs, acteur lui-même, chaussé du cothurne et portant le masque tragique, Eschyle, reste un Eumolpide. La matière humaine, qu'il remue à grandes pelletées, est la même que celle d'Homère et plus vaste encore. Ses soixante-dix tragédies, dont sept seulement nous ont été conservées, embrassaient tout l'horizon des poètes cycliques, toute la légende grecque.

Mais quel abîme entre Eschyle et Homère! Là-bas, les aventures olympiennes, les catastrophes terrestres se déroulaient comme en un rêve aérien. Ici, spectacle, personnages, gestes et paroles, nous transportent au centre des consciences et des volontés. Nous sommes dans l'antre où se forgent les destinées. Que le chœur d'Eschyle représente des vieillards ou des vierges, les Erynnies ou les Océanides, il est toujours en présence des Dieux, comme imprégné et vibrant de leur souffle. Dans les *Choéphores*, les esclaves du palais des Atrides se pressent comme un essaim de colombes autour du tombeau d'Agamemnon. Electre et Oreste, qui dominent ce groupe, invoquent l'ombre de leur père pour l'œuvre de vengeance, et la choryphée, soulevant ses voiles comme des ailes, pousse cette imprécation, que répète le chœur : « Oh ! puissé-je un jour chanter l'hymne fatal sur un homme frappé par le glaive, sur une femme expirante ! Car pourquoi cacher en moi le souffle divin qui remplit mon âme ? Malgré moi, il s'échappe et sur mon visage respire la colère de mon cœur, la haine qui fermente en moi. Quand Jupiter étendra-t-il sa main vengeresse ? Grand Dieu ! frappe ces têtes superbes ! » A ce degré d'exaltation et de véhémence, le chœur n'est pas un accessoire, c'est l'âme même de l'action.

Au-dessus de cette humanité semi-voyante et plongée dans une sorte de demi-rêve, se dressent les héros de la trilogie typique : Agamemnon, Clytemnestre, Oreste. Par la grandeur des caractères, par l'énergie des volontés, ils dépassent la moyenne stature humaine, mais ils débordent de passions vraies. En eux on peut étudier la psychologie du crime, passant de génération en génération dans l'âme collective d'une famille. On a l'habitude de dire que le drame antique repose sur la fatalité aveugle qui enveloppe les hommes par le fait des Dieux comme le filet dont Clytemnestre étreint son époux pour l'égorger. La critique moderne a cru trouver le vrai fond de ce concept en substituant à l'arbitraire divin la loi de l'atavisme par laquelle elle croit tout expliquer.

Rien de plus étroit et de plus faux que cette idée. La pensée d'Eschyle est tout autre.

La structure et le dénouement de ses drames prouvent qu'il a parfaitement conscience des trois puissances qui dominent la vie et s'équilibrent : le Destin, la Providence et la Liberté humaine. Le Destin ou la Fatalité n'est pas autre chose que la chaîne des passions et des calamités qui s'enfantent de génération en génération par l'accumulation des crimes. La liberté humaine les a rendus possibles, mais l'homme, aidé de la sagesse divine, réagit. On reconnaît dans Oreste le sentiment de la responsabilité se dégageant de la fatalité qui l'enlace, sous le travail de la douleur et l'effort de la volonté. Les Érynnies qui l'assiègent ne représentent pas seulement le remords objectivé. Ce sont des puissances occultes créées par les fautes de l'humanité à travers les âges. Par ses écarts sanguinaires, l'homme a lancé lui-même dans l'atmosphère ces Furies vengeresses. Elles trouvent une emprise sur toutes les âmes qui, pour une raison quelconque, ont commis un crime. Oreste, que la fatalité de sa famille a poussé au meurtre de sa mère, se purifie à l'aide d'Apollon et de Minerve. Celle-ci institue pour lui le tribunal des Aréopages, qui remplace la loi du talion par une législation plus clémente, où le coupable qui reconnaît sa faute peut se libérer. Les Érynnies continueront à être des puissances redoutables, épouvantails des criminels, avertissements pour tous, mais elles ne seront plus la vengeance sans pitié. A la fin de sa trilogie, Eschyle fait paraître un cortège de jeunes Athéniennes qui conduisent les Furies, transformées en Euménides (en Bienveillantes), dans leur temple souterrain à Colone.

Paroles, situation et mise en scène donnaient à ce dénouement une sérénité grandiose. D'un côté, les terreurs de la nature vaincues, réconciliées, changées en puissances favorables ; de l'autre, la cité heureuse sous l'égide des Dieux. La Nuit elle-même, l'antique Nuit du chaos, devenue sacrée, s'ouvre aux flambeaux d'Éleusis, et les hymnes de joie remplissent l'âme d'une félicité surhumaine. — Véritable scène d'initiation, transposée en drame religieux et en fête civique.

Dans son *Prométhée*, Eschyle alla bien plus loin. Son tempérament titanesque ne respectait pas toujours les limites imposées par la loi. Poussé par son génie, il eut l'audace de dévoiler à demi l'un des plus grands secrets des Mystères, ce qui, paraît-il, faillit lui coûter cher. On enseignait à Éleusis que l'homme, issu des Dieux, devient leur associé, prend en quelque sorte leur tâche en main, à mesure qu'il se développe, et que, de leur côté, les Dieux, les puissances cosmiques se développent par l'homme et avec lui. Ce n'était nullement nier leur existence, mais les soumettre, eux aussi, à la grande loi de l'évolution uniselle et reconnaître en l'homme leur héritier, ayant conquis par son propre effort le pouvoir créateur. Telle l'idée fondamentale du *Prométhée enchaîné*, véritable drame cosmogonique, où le héros parle à tout instant des milliers d'années qui lui restent à vivre. Prométhée a eu pitié des hommes que Jupiter voulait détruire. Il les a sauvés en ravissant le feu du ciel, père de tous les arts. De là sa lutte avec le maître des Dieux. La colossale image du Titan rivé, à grands coups de marteau, au sommet d'une montagne par Vulcain, assisté de la Puissance et de la Force, subissant son supplice dans un silence méprisant, puis, resté seul, invoquant toutes les divinités de l'univers comme témoins de son martyre volontaire ; le forçat des Dieux consolé par les Océanides avant que Jupiter ne le précipite avec sa foudre jusqu'au fond du Tartare, — ce symbole s'est gravé dans la mémoire des hommes comme le type du génie souffrant et de tous les nobles révoltés.

Jamais figure poétique fortement individualisée n'a embrassé autant de choses que celle-ci. En Prométhée nous apparaît en quelque sorte la subconscience des Dieux et du Kosmos, parlant à travers l'homme parvenu à l'apogée de sa force. En lui vit la grande idée de la Justice universelle, primordiale et finale, qui domine l'univers et les Dieux, victorieuse du Destin, fille de l'Éternité. Comme interprète de cette subconscience, Prométhée est vraiment la plus haute incarnation théâtrale de Dionysos, ce Dieu morcelé en des centaines de héros. Ici tous ces héros se ramassent en un seul, qui semble vouloir dire le dernier mot des choses et dont la voix fait trembler l'Olympe.

On comprend d'ailleurs que le public d'Athènes ait tremblé lui aussi. On comprend que les milliers de spectateurs non initiés aient frémi à des paroles comme celles-ci, prononcées au théâtre de Bacchus par le poète lui-même jouant le personnage de Prométhée, paroles adressées au Dieu national de tous les Grecs : « Et pourtant ce Jupiter, malgré l'orgueil qui remplit son âme, il sera humble un jour. L'hymen qu'il prépare le renversera du haut de sa puissance ; il tombera du trône ; sera effacé de l'Empire ! »

Selon le scoliaste, cette hardiesse provoqua l'indignation de la foule, qui se jeta sur la scène en menaçant de mort l'auteur d'un tel sacrilège. Le poète n'échappa aux poignards des assaillants qu'en se réfugiant dans l'orchestre et en embrassant l'autel de Dionysos.

Ainsi, par la logique raffinée du Destin, la tragédie idéale fut sur le point d'engendrer un drame sanglant sur la scène, et le sort du poète faillit être celui de son héros, au moment même où il l'incarnait.

Destinée presque enviable, puisque ce fut celle d'Orphée et de Dionysos lui-même ! Quant à l'Aréopage, selon cette version, il eût condamné Eschyle à boire la ciguë sans l'intervention des Eumolpides, qui déclarèrent qu'Eschyle n'était pas initié et avait péché par ignorance. Quoi qu'il en soit de cette tradition, aucun dramaturge n'a jamais égalé l'audace du Titan-poète, né à Éleusis et mort en exil, au pied de l'Etna. Son âme volcanique lança son dernier éclair au pied du volcan.

Qu'il ait été ou non initié formellement, l'œuvre d'Eschyle prouve qu'il porte l'empreinte d'Éleusis dans toutes les fibres de son être. Non moins étroitement que lui, Sophocle se rattache aux Mystères, quoique chez lui les idées éleusiniennes se voilent et se transposent beaucoup plus. Ses chœurs moins dithyrambiques conservent cependant le caractère religieux. Ses héros, toujours dignes, se rapprochent davantage de l'humanité commune. L'action plus intérieure est plus savamment menée. Les caractères, plus creusés et plus nuancés, suivent la loi de progression. Sophocle est l'inventeur de l'évolution psychologique. Si l'on étudie à ce point de vue sa trilogie d'*Œdipe* et d'*Antigone*, on y trouve un véritable drame d'initiation. La discipline d'Eleusis consistait précisément à opérer une métamorphose dans l'homme, à faire naître en lui une autre âme, épurée et voyante, qui devenait son génie conscient, son Daïmôn, sous l'égide d'un Dieu.

Dans l'Œdipe de Sophocle, ce mystère s'enveloppe d'une légende qui le laisse transparaître. Œdipe est devenu roi de Thèbes en délivrant le pays d'un monstre femelle qui l'infestait, la Sphinge. La tradition courante et la littérature classique ne voient dans la Sphinge qu'un monstre fabuleux comme les autres, comme l'hydre de Lerne, la Chimère et les innombrables dragons de tous les pays. Mais, dans les Mystères antiques, le Sphinx était un symbole bien plus vaste et plus puissant. Avec son corps de taureau, ses griffes de lion et sa tête humaine, il représentait toute l'évolution animale d'où l'homme s'est dégagé. Ses ailes d'aigle signifiaient même la nature divine qu'il porte en germe. Sophocle a pris la Sphinge que lui fournissait la légende populaire de Thèbes, en laissant simplement deviner son sens ésotérique. Œdipe n'est pas un initié, ni même un aspirant aux Mystères; c'est l'homme fort et orgueilleux qui se jette dans la vie avec toute l'énergie de son désir sans borne, et fonce sur tous les obstacles comme un taureau sur ses adversaires. Volonté de jouissance et de puissance, voilà ce qui domine en lui. D'un sûr instinct, il devine l'énigme que le Sphinx-Nature propose à tout homme au seuil de l'existence. Il devine que le mot de l'énigme, c'est l'Homme en personne. Mais, être de désir et de passion pure, il entend par là un homme semblable à lui-même sans avoir la moindre idée de l'homme divin, transfiguré. Par son coup d'œil d'homme d'action il a prise sur le monstre, le terrasse, s'impose au peuple, devient roi. Mais les Dieux lui préparent le châtiment encouru par sa présomption et sa violence. Sans le savoir, il a tué son père, épousé sa mère. Cette découverte le précipite du sommet de la prospérité dans le plus effroyable abîme. La beauté spirituelle du drame consiste dans le contraste entre le devin Tirésias, qui, privé de la vue extérieure, mais doué de la voyance de l'esprit, pénètre toute la trame de la destinée, et Œdipe, qui, avec ses yeux ouverts, ne voit que l'apparence des choses et se jette comme un fauve dans les pièges tendus.

Si *Œdipe-Roi* nous montre le châtiment de la présomption, *Œdipe à Colone* nous présente dans le vieillard errant, fugitif, accablé de tous les maux et conduit par sa noble fille, la purification de l'homme par la douleur héroïquement supportée. A force de souffrir avec courage et conscience, le roi proscrit et aveugle est devenu lui aussi un voyant de l'âme et porte autour de sa tête chauve une auréole de consolation et d'espérance, où rayonne la grâce divine. Œdipe ainsi transfiguré est devenu presque un saint. Après cela nous ne nous étonnons plus de contempler dans la sublime Antigone la fleur exquise du pur amour humain, une chrétienne avant la lettre.

Le chef-d'œuvre de Sophocle justifie donc parfaitement les judicieuses réflexions de Fabre d'Olivet. « Sortie tout entière du fond des Mystères, la tragédie possédait un sens moral que les initiés comprenaient. Voilà ce qui la mettait au-dessus de tout ce que nous pourrions imaginer aujourd'hui, ce qui lui donnait un prix inestimable. Tandis que le vulgaire, ébloui seulement par la pompe du spectacle, entraîné par la beauté des vers et de la musique, se livrait à une jouissance fugitive, le sage goûtait un plaisir plus pur et plus durable en recevant la vérité au sein même des illusions mensongères des sens. Ce plaisir était d'autant plus grand que l'inspiration du poète avait été plus parfaite et qu'il avait mieux réussi à bien faire sentir l'esprit allégorique, sans trahir le voile qui le couvrait. »

Si toute la puissance des Mystères rayonne à travers l'œuvre d'Eschyle et de Sophocle, nous n'en trouvons plus trace dans celle de leur illustre rival et successeur Euripide. D'un moment à l'autre, les flambeaux sacrés, qui conduisent à la lumière heureuse, se sont éteints, et nous tâtonnons dans les ténèbres du destin aveugle qu'éclairent seulement les torches des passions et les feux rouges du Tartare. D'où vient ce brusque changement? La raison en est facile à trouver. Contemporain du Titan Eschyle et du divin Sophocle, aussi poète qu'eux à sa manière, leur égal, leur supérieur peut-être par certaines qualités, par sa sensibilité frémissante, par la limpidité merveilleuse de son style et par la richesse ingénieuse de son imagination, Euripide appartient à un autre monde, au nôtre beaucoup plus qu'à celui de l'antiquité par le tour de son esprit et la nature de son âme. Non seulement il ne se rattache par aucun lien à Eleusis, mais il est disciple fervent de Socrate, qui refusa de se faire initier, parce que, disait-il, il ne voulait pas savoir des choses communiquées sous le serment du silence et qu'il n'aurait pas le droit de discuter en public. Socrate croyait fermement et enseignait que le raisonnement seul peut atteindre la vérité et que la logique rigoureuse, sans l'aide d'aucune autre faculté, mène infailliblement à la vertu comme au bonheur. Il tourne le dos à l'antique voyance, mère de la sagesse primordiale et de toutes les religions antiques; il ignore l'intuition, créatrice des philosophies synthétiques; il sourit finement de l'inspiration, source de la poésie et des arts. Il ne voit de salut que dans l'observation, dans l'analyse et dans la dialectique. Par là il est véritablement et authentiquement, comme l'a dit Nietzsche, le père du rationalisme intransigeant et du positivisme moderne.

Or Euripide, quoique poète et poète de génie, est le disciple le plus fanatique de ce maître du doute. On dirait qu'il n'écrit que pour ce spectateur unique. Car Socrate, qui ne va jamais au théâtre, y va pour écouter les tragédies d'Euripide. Quel plaisir raffiné pour lui d'entendre les chœurs et les personnages de son disciple reproduire ses syllogismes, où l'esprit se prend comme dans une souricière, et paraphraser son scepticisme démolisseur; sa face de Silène s'épanouit et son œil de Cyclope s'allume devant ce spectacle. Les Dieux ont beau descendre du ciel sur leurs chars dorés et déclamer des vers pompeux sous leurs masques peints. Dans leurs discours contradictoires, l'infatigable raisonneur voit l'Olympe tomber en poussière et s'évanouir toute la fantasmagorie mythologique. Aussi applaudit-il à tout rompre à ce passage d'un chœur d'*Hippolyte* : « Certes, la prévoyance des Dieux, quand elle s'impose à ma pensée, m'ôte mes inquiétudes, mais à peine pensé-je l'avoir comprise que j'y renonce en voyant les misères et les actions des mortels. »

Ce mot fait voir l'abîme qui sépare l'œuvre d'Euripide de celle de ses prédécesseurs. Mêmes sujets, mêmes personnages, mêmes décors ; toute la légende homérique ; mais le sentiment religieux et la compréhension profonde de la vie ont disparu. Malgré la connaissance des passions, malgré le charme incomparable de la langue et d'innombrables beautés de détail, on n'y sent plus ce vaste coup d'œil qui embrasse l'ensemble de la destinée humaine et en perce le fond en pénétrant dans son au-delà. Le génie des Mystères n'est plus là, et, sans lui, tout se rapetisse, se ride, se flétrit et tombe en loques. — Le chœur a cessé d'être l'œil et la voix des Dieux, il ne représente plus que le peuple, la masse flottante, le vil troupeau, le vieillard trembleur et crédule, le citoyen *Dèmos* d'Aristophane. — Quant à ses héros, on a dit justement qu'Euripide « a mis le spectateur sur la scène ». Tous les grands personnages, dans lesquels le mythe glorifia les fondateurs de la civilisation grecque ont baissé d'un ou de plusieurs degrés dans l'échelle sociale. Hercule, ce type de l'initié dans ses douze travaux, est devenu un bon vivant généreux, mais vulgaire et grossier; Jason, le conquérant de la Toison d'Or, un lâche pleurnicheur. A peine les Achille, les Oreste, les Pylade conservent-ils leur dignité. Euripide a créé des vierges exquises, mais ses caractères d'hommes sont en général faiblement tracés. Là où il est passé maître c'est dans la peinture des passions elles-mêmes quand elles sont devenues maîtresses de l'âme et qu'elles se substituent à l'individualité. De là les amantes féroces, Phèdre et Médée et la rugissante Hécube, tigresse des vengeances maternelles. — Reste le pathétique dont Euripide est l'inventeur. Personne ne sait comme lui exciter la pitié, faire couler les larmes, mais c'est une pitié inféconde et débilitante, qui ne laisse au cœur ni force, ni consolation. On peut dire que l'esthétique d'Euripide, résultat de sa philosophie, se réduit au pathétique sans lumière, au tragique inexpliqué de la vie. Il ne nous en a pas moins légué deux chefs-d'œuvre, dont le théâtre moderne s'est fréquemment inspiré, *Hippolyte* et *Iphigénie en Aulide*, et où il atteint le comble de l'émotion. Mais si l'on va au fond de ces drames, on voit qu'ils sont la condamnation involontaire de la philosophie dont Euripide s'est fait le porte-voix. Hippolyte, le chaste et fier adolescent, adorateur de Diane, injustement accusé d'inceste par son père et tué à sa prière par Neptune ; Iphigénie, la tendre vierge, sacrifiée par un père barbare et une armée superstitieuse ; ces deux victimes ne prouvent-elles pas qu'une civilisation purement intellectuelle, et qui ne connaît pas les vrais Dieux, est forcée pour subsister d'immoler ses plus nobles enfants ?

Rien de plus tragique et de plus singulier que la destinée d'Euripide lui-même. Après une vie de gloire et de succès continus, il fut appelé à la cour du roi de Macédoine, Archélaüs. Là il composa sa tragédie des *Bacchantes*, qui est la négation absolue de son esthétique et de sa philosophie anti-mystique. Car on y voit le roi Penthée déchiré par les Bacchantes après avoir nié la divinité de Dionysos et la nécessité de ses Mystères incompréhensibles. Le Dieu magicien des métamorphoses fut-il satisfait de cette palinodie tardive ? Il semblerait que non, s'il faut en croire le bruit qui courut dans Athènes. On prétendit que, dans une promenade solitaire, l'hôte illustre du roi de Macédoine fut déchiré par une bande de molosses. Là-dessus le symbolisme hardi des partisans attardés d'Eschyle eut beau jeu. Ils affirmèrent que les passions sauvages, déchaînées par Euripide sur le théâtre de Bacchus et avec lesquelles il avait si habilement joué pendant sa longue vie, étaient entrées dans les chiens de la Thrace pour se jeter sur leur maître, comme les bêtes fauves qui finissent presque toujours par dévorer leur dompteur. Profonde et dernière ironie, disaient-ils, des Dieux qu'il avait offensés !

Fabre d'Olivet, ce grand penseur oublié, a porté sur Euripide un jugement remarquable. Je le cite, malgré sa sévérité excessive, parce qu'il donne en quelques traits un tableau magistral de l'effondrement de la tragédie, après qu'elle eut perdu les règles et la tradition d'Eleusis : « Si les lois qu'on avait d'abord promulguées contre ceux qui, en traitant des sujets tragiques, en avilissaient le sens mystérieux, avaient été exécutées, on n'aurait point souffert qu'Euripide eût peint tant de héros dégradés par l'adversité, tant de princesses égarées par l'amour, tant de scènes de honte, de scandale et de forfaits ; mais le peuple, déjà dégradé et voisin de la corruption, se laissait entraîner par ces tableaux dangereux, et lui-même courait au-devant de la coupe empoisonnée qui lui était offerte. C'est au charme même de ces tableaux, au talent avec lequel Euripide savait les colorer qu'on doit attribuer la décadence des mœurs athéniennes, et la première atteinte qui fut portée à la pureté de la religion. Le théâtre devenu l'école des passions et n'offrant plus à l'âme aucune nourriture spirituelle, ouvrit une porte par laquelle se glissèrent, jusque dans les sanctuaires, le mépris et la dérision des Mystères, le doute, l'audace la plus sacrilège et l'entier oubli de la Divinité. »

.·.

Merveille de l'art vivant, la tragédie nous est apparue comme la fleur du miracle hellénique et le dernier mot du génie grec. J'ai montré comment le mythe de Dionysos lui donna naissance, que les Mystères d'Éleusis inspirèrent ses chefs-d'œuvre, et qu'elle tomba dans une décadence rapide aussitôt qu'elle cessa de les comprendre. Une conclusion s'impose sur le rapport de ces deux institutions, conclusion qui nous ouvrira une perspective sur la vraie mission du théâtre et sur son possible avenir dans l'humanité.

La tragédie est, selon le mot d'Aristote, *une purification* (κάθαρσις) *par la terreur et la pitié*. Cette formule est parfaite dans sa concision. Seulement, elle demande à être expliquée. Pourquoi la terreur et la pitié, qui dans la vie réelle sont des impressions déprimantes, deviennent-elles dans la grande tragédie grecque des forces réconfortantes et purificatrices ? Parce qu'elles présentent au spectateur *les épreuves de l'âme* qui la rendent propre à l'assimilation des vérités consolantes et sublimes, en lui arrachant voile après voile. Sans la claire compréhension de ces épreuves, les affres de la terreur et l'élan de la sympathie demeurent impuissants. Mais la lustration de l'âme qui succède au frisson tragique, y produit une embellie où pénètrent les rayons d'une vérité et d'une félicité inconnues. Le but des Mystères d'Eleusis était de communiquer cette vérité elle-même à l'initié par l'expérience personnelle, par de clairs concepts et des images parlantes. L'initiation et les fêtes d'Éleusis donnaient à ceux qui savaient les comprendre la clef des contradictions et des terreurs de la vie. Ainsi les deux institutions se complétaient et s'entr'aidaient. Dans Eschyle et dans Sophocle on entrevoyait la paix et la lumière au delà de la terreur et de la pitié. Dans Euripide, le dialecticien et le sophiste, qui appartient déjà à la civilisation purement intellectuelle et rationaliste dont Socrate est la cheville ouvrière, nous trouvons la terreur et la pitié sans leur efficacité transcendante, c'est-à-dire sans l'illumination et sans l'apaisement psychique qu'elles possédaient dans le drame primordial d'Éleusis et qu'avait conservés dans une large mesure le drame d'Eschyle et de Sophocle. L'homme dans Euripide apparaît la victime du hasard ou de l'arbitraire divin. On peut dire que la terreur et la pitié deviennent plus poignantes dans ce concept de la vie, mais elles y perdent leur vertu ennoblissante, leur pouvoir éducateur. On sort élargi et rajeuni d'une tragédie d'Eschyle ou de Sophocle ; on sort ému, mais accablé, d'un mélodrame d'Euripide. Malgré la grandeur du poète et de l'artiste, il y manque le souffle divin.

*
* *

L'idéal de l'art serait de joindre, dans la plénitude de la vie, à la terreur et à la pitié salutaire de la tragédie, les révélations consolantes que la Grèce a trouvées dans ses Mystères et particulièrement dans le drame éleusinien. L'histoire sans doute ne se recommence pas et on ne nage pas deux fois dans le même fleuve, comme disait Héraclite ; mais, au cours des âges, les idées et les choses reviennent en métamorphoses incessantes et en formes imprévues. Malgré le voile opaque dont nous enveloppe notre civilisation matérialiste, il n'est pas impossible que le miracle hellénique ait des avatars et des renaissances surprenantes.

Les créations nouvelles sortent quelquefois du profond et douloureux désir d'un passé à jamais perdu. Elle brûle encore en nous tous l'inextinguible nostalgie de la tragédie grecque, sur laquelle flotte — espérance immortelle — la lumière sublime d'Eleusis !

LIVRE VIII

LE CHRIST COSMIQUE
ET
LE JÉSUS HISTORIQUE

> On peut toujours approfondir le mystère de Palestine. Il y a derrière lui... l'Infini.
> RUDOLF STEINER.

CHAPITRE PREMIER

LE CHRIST COSMIQUE

Nous sommes arrivés au point de l'évolution humaine et divine, où il faut se souvenir de tout ce qui précède pour comprendre tout ce qui va se suivre. Car ici l'influx d'en haut et l'effort d'en bas se rencontrent en un point lumineux, qui projette ses rayons, en arrière, sur le passé immémorial, en avant, sur l'avenir infini.

L'avènement du Christ est le point central, le foyer incandescent de l'histoire. Il marque une volte-face, un changement d'orientation, une impulsion nouvelle et prodigieuse. Quoi d'étonnant s'il apparait aux matérialistes endurcis comme une déviation funeste, et aux simples croyants comme un coup de théâtre, qui supprime le passé pour reconstruire le monde à nouveaux frais. A vrai dire, les premiers sont victimes de leur cécité spirituelle et les seconds de l'étroitesse de leur horizon. Si, d'une part, la manifestation du Christ par le maître Jésus est un fait d'une portée incalculable, de l'autre, elle a été préparée par toute l'évolution précédente. Un réseau de fils invisibles la rattache à tout le passé de notre planète. Ce rayon vient du cœur de Dieu pour descendre jusqu'au cœur de l'homme et rappeler à la terre, fille du Soleil, et à l'Homme, fils des Dieux, leur céleste origine.

Essayons d'élucider ce mystère en peu de mots.

La terre avec ses règnes, l'humanité avec ses races, les puissances spirituelles avec leurs hiérarchies qui plongent dans l'Insondable, évoluent sous une même impulsion, d'un mouvement simultané et continu. Le ciel, la terre et l'homme marchent ensemble. Le seul moyen de suivre le sens de leur évolution est de pénétrer, d'un même regard, ces trois sphères, dans leur travail commun et de les considérer comme un tout organique et indissoluble.

De ce point de vue, jetons un coup d'œil sur l'état du monde à la naissance du Christ et concentrons notre attention sur les deux races qui représentent, à ce moment, l'avant-garde humaine : sur le monde gréco-latin et sur le peuple juif.

Au point de vue spirituel, le mouvement de l'humanité depuis l'Atlantide jusqu'à l'ère chrétienne nous offre le double spectacle d'un recul et d'un progrès. D'un côté, la diminution graduelle de la voyance et de la communion directe avec les forces de la nature et les puissances cosmiques ; de l'autre, le développement actif de l'intelligence et de la raison, par suite l'emprise matérielle de l'homme sur le monde. La voyance continue à être cultivée par une élite dans les centres d'initiation, dans les lieux où se donnent les oracles, et c'est de là que partent tous les mouvements religieux et toutes les grandes impulsions civilisatrices. Mais la voyance et les facultés divinatrices diminuent dans la masse humaine. Cette transformation spirituelle et intellectuelle de l'homme, de plus en plus attiré sur le plan physique, correspond à une transformation parallèle de son organisme. Plus nous remontons dans son passé préhistorique, plus son corps était léger et fluide. Maintenant il se solidifie. En même temps son corps éthérique, qui jadis dépassait son corps physique, est de plus en plus absorbé par lui et prend sa forme exacte. Son corps astral, son aura rayonnante, qui jadis s'étendait au loin comme une atmosphère et servait à ses perceptions hyperphysiques, à son commerce avec les Dieux, se ramasse elle aussi autour de son corps et n'est plus qu'un nimbe étroit saturé de sa vie propre et coloré de ses passions. Ce développement comprend des milliers et des milliers d'années. Il s'étend sur la seconde moitié de la période atlante et sur toutes les civilisations de l'Asie, du nord de l'Afrique et de l'Europe qui en sortirent (Indous, Persans, Kaldéens, Egyptiens, Grecs et peuples du nord de l'Europe). Cette involution des forces du Kosmos dans l'homme physique était indispensable à son achèvement comme à sa perfection intellectuelle. La Grèce représente le dernier stade de cette *descente de l'Esprit dans la matière*. Chez elle, la fusion est parfaite. Il en résulte un merveilleux épanouissement de la beauté physique dans l'équilibre intellectuel. Mais ce temple diaphane, habité par des hommes semi-divins, se dresse au bord d'un gouffre où grouillent les monstres du Tartare. Heure critique s'il en fût. Comme rien ne s'arrête et qu'il faut toujours reculer ou marcher en avant, l'humanité ne pouvait plus, à partir de ce point, que s'enfoncer dans la bestialité et la dépravation, ou remonter vers les cimes de l'Esprit avec une conscience renforcée.

La décadence grecque et surtout l'orgie impériale de Rome présente le spectacle, à la fois grandiose et repoussant, de cette ruée de l'homme antique dans la débauche et la cruauté, déchet fatal de tous les grands mouvements de l'histoire [1].

« La Grèce, dit Rudolf Steiner, n'a pu réaliser son œuvre qu'en laissant s'épaissir graduellement le voile qui recouvrait l'antique voyance. Le monde gréco-latin, avec sa rapide décadence, marque la plus profonde descente de l'esprit dans la matière, au cours de l'évolution humaine. La conquête du monde matériel et le développement des sciences positives étaient à ce prix. Comme la vie posthume de l'âme est conditionnée par sa vie terrestre, les hommes moyens n'allaient pas loin dans le monde spirituel après leur mort. Ils emportaient avec eux une partie de leurs voiles et leur existence astrale était pareille à celle des ombres. De là cette plainte de l'âme d'Achille dans Homère : « Plutôt être un mendiant sur la terre qu'un roi au pays des ombres ! » La mission assignée à l'humanité postatlantique devait forcément l'éloigner du monde spirituel. C'est une loi du Kosmos que la grandeur d'un côté s'achète, pour un temps, par une faiblesse de l'autre [2]. »

Une formidable volte-face, une remontée vers les sommets de l'Ame était nécessaire à l'humanité pour l'accomplissement de ses destinées. Mais pour cela il fallait une religion nouvelle, plus puissante que toutes celles qui avaient précédé, capable de soulever les

---

[1]. Voir le tableau que j'en ai donné, au début de la *Vie de Jésus* dans mes *Grands Initiés*.

[2]. Esquisse de la science occulte *Die Geheimwissenschaft im Umriss*, par Rudolf Steiner (Altmann, Leipzig).

masses alourdies et de remuer l'être humain jusqu'aux ultimes profondeurs. Les révélations antérieures de la race blanche avaient eu lieu toutes sur le plan astral et sur le plan éthérique, d'où elles agissaient puissamment sur l'homme et sur la civilisation. Le christianisme, venant de plus loin et de plus haut, à travers toutes les sphères, devait se manifester jusque sur le plan physique pour le transfigurer en le spiritualisant et rendre à l'homme individuel comme à l'humanité collective, la conscience immédiate de leur céleste origine et de leur but divin. Il n'y avait donc pas seulement des raisons morales et sociales, il y avait des raisons cosmologiques à l'apparition du Christ dans notre monde.

Quelquefois, en plein Atlantique, lorsqu'un vent blafard troue le ciel orageux, on voit, en un point, les nuées s'épaissir et se pencher vers l'Océan en forme de trompe. Aussitôt la mer se soulève en pointe et vient à la rencontre de la nuée. Il semble que toute la masse des eaux afflue à ce tourbillon liquide pour se tordre et se dresser avec lui. Tout à coup, les deux pointes, qui s'attirent, se confondent comme deux bouches... La trombe est formée !... Le vent pompe la mer et la mer boit le vent. Vortex d'air et d'eau, une colonne vivante, s'avance vertigineusement sur les flots convulsés et joint, pour un moment, la terre avec le ciel.

Le phénomène du Christ, qui descend du monde spirituel au monde physique, à travers le plan astral et le plan éthérique, ressemble au météore marin. Dans l'un et dans l'autre cas, les puissances du ciel et de la terre sont à l'œuvre et collaborent pour une jonction suprême. Mais, si la trombe se forme en quelques minutes, sous la violence de l'ouragan et des courants électriques, la descente du Christ sur la terre exige des milliers d'années et remonte, par sa cause première, aux arcanes de notre système planétaire.

Dans cette métaphore, qui essaye de traduire par une image le rôle du Christ cosmique dans notre humanité, le peuple juif représente le côté terrestre, exotérique et visible. C'est le bas de la trombe qui se soulève, attirée par le tourbillon d'en haut. Ce peuple se rebrousse contre tous les autres. Avec son intolérance, son idée fixe, obstinée, il scandalise les nations comme la trombe scandalise les vagues. L'idée monothéiste perce avec les patriarches. Moïse s'en empare et s'en sert pour pétrir une nation. Comme le Simoum trousse une colonne de poussière, Moïse rassemble les Ibrim, les Bédouins errants, pour en former le peuple d'Israël. Initié d'Égypte, protégé d'un Elohim, qu'il appelle Javèh, il s'impose par la parole, le fer et le feu. Un Dieu, une Loi, une Arche, un peuple pour la porter; et en avant pour quarante ans par le désert, à travers la famine et les séditions, vers la terre promise ! De cette pensée puissante, comme la colonne de feu qui marche devant le tabernacle, est sorti le peuple d'Israël avec ses douze tribus qui répondent aux douze signes du zodiaque. Israël gardera intacte l'idée monothéiste, malgré les crimes de ses rois et l'assaut des peuples idolâtres. Et sur cette idée se greffe, dès l'origine, l'idée messiannique. Car déjà Moïse mourant avait annoncé le sauveur final, le roi de justice, prophète et purificateur universel. De siècle en siècle, la voix inlassable des prophètes le proclame, depuis l'exil babylonien jusque sous le joug de fer des Romains. Sous le règne d'Hérode, le peuple juif ressemble à un navire en détresse, dont l'équipage affolé allumerait son mât de misaine comme un fanal pour se guider à travers les écueils. Car à ce moment Israël présente le spectacle étrange et déconcertant d'un peuple foulé par le Destin, à demi écrasé, qui attend son salut de l'incarnation d'un Dieu !

Israël devait faire naufrage ; mais le Dieu s'incarna.

Quel est ici le jeu complexe de la Providence, de la liberté humaine et du Destin ? — Le peuple juif personnifie et corporise en quelque sorte l'appel de la terre au Christ. En lui, la liberté humaine, entravée par le Destin, c'est-à-dire par les fautes du passé, crie vers la Providence pour obtenir son salut. Car les grandes religions ont réflété cette préparation comme dans un miroir. Nul ne se faisait une idée claire du Messie, mais les initiés le pressentaient et l'annonçaient depuis longtemps.

Jésus répond aux Pharisiens qui l'interrogent sur sa mission : « Avant Abraham, j'étais. » Aux apôtres, qui redoutent sa mort, il dit ces paroles étonnantes qu'aucun prophète ne prononça jamais et qui paraîtraient ridicules dans toute autre bouche que la sienne : « Le ciel et la terre passeront, mais mes paroles ne passeront pas. » Ou de telles paroles sont les divagations d'un fou, ou elles ont un sens cosmologique transcendant. Pour la tradition officielle de l'Eglise, le Christ, troisième personne de la Trinité, n'a quitté le sein du Père que pour s'incarner dans la Vierge Marie. Pour la tradition ésotérique aussi, le Christ est un être surhumain, un Dieu dans toute la force du terme, la plus haute manifestation spirituelle que l'humanité ait connue. Mais, comme tous les Dieux, Verbes de l'Eternel, depuis les Archanges jusqu'aux Trônes, il traverse une évolution, qui dure pendant toute la vie planétaire, et, comme il est la seule, parmi les Puissances qui se soit manifestée complètement dans une incarnation humaine, cette évolution est d'une nature spéciale. Pour en saisir l'origine, il faut se reporter par delà l'histoire des races humaines jusqu'à la formation de la terre et jusqu'au premier tressaillement de la lumière dans notre nébuleuse. Car, selon la tradition rosicrucienne, l'Esprit qui a parlé au monde sous le nom du Christ et par la bouche du maître Jésus, est spirituellement lié à l'astre-roi de notre système, au soleil.

Nous avons vu, dans *l'Evolution planétaire*, les Puissances cosmiques élaborer notre monde sous une direction unique et d'après une hiérarchie savante. Ébauchés sur le plan spirituel, les types et les éléments, les âmes et les corps se réflètent sur le plan astral, se vitalisent sur le plan éthérique, pour se concrétiser dans la matière. Chaque planète est l'œuvre d'un autre ordre de puissances et enfante d'autres formes de vie. Chaque grande puissance cosmique, disons chaque grand Dieu, entraîne à sa suite des légions d'esprits qui sont ses ouvriers intelligents. — La tradition ésotérique de l'Occident considère le Christ comme le roi des génies solaires. Au moment de la séparation de la terre et du soleil, les esprits sublimes appelés ἐξουσίαι par Denys l'Aréopagite, *Virtutes* par la tradition latine, *Esprits de la Forme* par Rudolf Steiner, se retirèrent sur l'astre lumineux qui venait de rejeter son noyau opaque. Ils étaient d'une nature trop éthérée pour se plaire dans la lourde atmosphère terrestre, où devaient se débattre les Archanges. Mais, concentrés autour de l'aura du soleil, ils agirent de là avec d'autant plus de force sur la terre, la fécondant de leurs rayons et la revêtant de son manteau de verdure. Le Christ, devenu le régent de ces puissances spirituelles, pourrait s'appeler l'Archange solaire. Couvé par elles, il demeura longtemps inconnu des hommes, sous son voile de lumière.

La terre naissante subissait l'influence d'un autre Dieu, dont les légions étaient alors centralisées dans la planète Vénus. Cette puissance cosmique a été nommée Lucifer, ou l'Archange rebelle, par la tradition judéo-chrétienne. J'ai indiqué son rôle au premier chapitre de ce livre. Il poussa l'âme humaine plus avant dans la matière, il enfonça le moi jusqu'au fond du corps. Par là, il fut l'auteur indirect du mal, mais aussi de la passion et de l'enthousiasme, cette effulguration du dieu dans l'homme, à travers les tumultes du sang. Sans lui, nous n'aurions ni la raison, ni la liberté, et l'esprit manquerait d'un tremplin pour rebondir vers les astres.

L'influence des esprits lucifériens prédomina pendant la période lémurienne et atlante, mais dès le commencement de la période aryenne, l'influence spirituelle qui émane de l'aura solaire se fait sentir. Elle augmente de période à période, de peuple à peuple, de religion en religion. Le Christ se rapprocha ainsi peu à peu du monde terrestre par un rayonnement progressif. Cette lente et profonde incubation ressemble sur le plan spirituel, à ce que serait sur le plan physique, l'apparition d'un astre venant du fond du ciel et dont on verrait grandir le disque à mesure qu'il se rapprocherait de nous. Indra, Osiris, Apollon se lèvent sur l'Inde, sur l'Egypte et sur la Grèce comme des précurseurs du Christ. Il luit à travers ces Dieux solaires comme la lumière blanche à travers les vitraux rouges, jaunes et bleus des cathédrales. Il apparaît aussi aux rares initiés, comme parfois sur le Nil on voit poindre une étoile lointaine à travers les rayons roses du soleil couchant qui montent jusqu'au zénith. Déjà il resplendit en personne pour Zoroastre sous la figure d'Ahoura-Mazda qui se montre à lui, dans sa grande vision, comme un Dieu vêtu du soleil. Il flamboie pour Moïse dans le buisson ardent et fulgure, pareil à l'éclair, à travers tous les Elohim, au milieu des foudres du Sinaï. Le voilà devenu Adonaï, le Seigneur, annonçant ainsi sa venue prochaine.

Mais ce n'était pas assez. Pour arracher l'humanité à l'étreinte de la matière, où elle s'était enlisée dans sa descente. Il fallait que cet Esprit sublime s'incarnât dans un homme, il fallait que le Verbe solaire descendît dans un corps humain, qu'on le vît marcher et respirer sur la terre. Pour remettre les hommes sur le chemin des hauteurs spirituelles et leur montrer leur but céleste, il ne fallait rien moins que *la manifestation de l'Archétype divin sur le plan physique*. Il fallait qu'il triomphât du mal par l'Amour sans bornes et de la mort par une Résurrection éclatante, ressortant intact, transfiguré et plus splendide encore, de l'abîme où il avait plongé. — Le rédacteur de l'Évangile selon saint Jean a donc pu dire dans un sens à la fois littéral et transcendant : « La Parole a été faite chair et la lumière a marché parmi nous pleine de grâce et de vérité. »

Telle la raison cosmique de l'incarnation du Verbe solaire. Nous venons d'apercevoir la nécessité de sa manifestation terrestre, au point de vue de l'évolution divine. Voyons maintenant comment l'évolution humaine lui prépara un organe digne de le recevoir.

CHAPITRE II

LE MAITRE JÉSUS, SES ORIGINES ET SON DÉVELOPPEMENT

Une question préalable se pose à celui qui veut évoquer aujourd'hui le vrai Jésus, celle de la valeur relative des quatre Evangiles. Celui qui s'est pénétré par la méditation et l'intuition, de la vérité intrinsèque de ces témoignages d'un genre unique, serait tenté de répondre à toutes les objections faites par la critique à l'authenticité des Évangiles par un mot de Gœthe. Sur la fin de sa vie, un ami vint lui dire :

— Vous savez, on vient de découvrir que l'Évangile de saint Jean n'est pas authentique.

— Qu'est-ce qui est authentique ? répondit l'auteur de *Faust*, sinon ce qui est éternellement beau et vrai?

Par ce mot superbe, le vieux poète, plus sage que tous les penseurs de son temps, remettait à leur place les lourdes constructions de l'école critique et purement documentaire, dont la laideur prétentieuse a fini par nous masquer la Vérité et la Vie.

Mais soyons plus précis. Il demeure acquis que les Évangiles grecs furent rédigés longtemps après la mort de Jésus sur des traditions juives qui remontaient directement aux disciples et aux témoins oculaires de la vie du maître. Qu'ils contiennent ou non certaines contradictions de détail et qu'ils nous présentent le prophète de Galilée sous des angles différents, en quoi consiste pour nous l'authenticité et la vérité de ces écrits ? Est-ce dans la date de leur rédaction ? Est-ce dans les montagnes de commentaires entassés sur eux ? Non. Leur force et leur vérité réside dans l'unité vivante de la personne et de la doctrine de Jésus qui s'en dégage. Elle a pour contre-épreuve le fait que cette parole a changé la face du monde et la vie nouvelle qu'elle peut encore évoquer en chacun de nous. Voilà la preuve souveraine de la réalité historique de Jésus de Nazareth et de l'authenticité des Évangiles. Tout le reste est accessoire. Quant à ceux qui, comme David Strauss imité par certains théosophes, veulent nous persuader que le Christ est un simple mythe « un grandiose *humbug* historique » leur pédantisme grotesque réclame de nous une foi plus aveugle que celle des croyants, les plus fanatiques. Jean-Jacques Rousseau l'a fort bien dit, si des pêcheurs de Galilée, des scribes de Jérusalem et des philosophes néoplatoniciens d'Ephèse avaient fabriqué de toutes pièces le type de Jésus-Christ, qui a vaincu le monde antique et conquis le monde moderne, cela serait un miracle plus illogique et plus difficile à comprendre que tous les miracles du Christ, lesquels, aux yeux de l'occultisme contemporain comme de l'initiation de tous les temps, sont des faits connus, avérés, mais poussés par lui à leur plus haute puissance. Ces miracles matériels furent nécessaires pour persuader les contemporains de Jésus. Ce qui s'impose à nous aujourd'hui avec une force non moins invincible, c'est la personnalité saisissante, c'est l'incomparable grandeur spirituelle de ce même Jésus, qui ressort de plus en plus vivante des Evangiles et de la conscience humaine.

Disons donc avec Rudolf Steiner : « La critique moderne sur les Évangiles ne nous éclaire que sur le côté extérieur et matériel de ces documents. Elle ne nous apprend rien sur leur essence. Une personnalité aussi vaste que celle du Christ ne pouvait être embrassée par un seul de ses disciples. Elle devait se révéler à chacun d'eux, selon ses facultés, par un côté différent de sa nature. Supposons qu'on ne prenne la photographie d'un arbre que d'un seul côté, on n'en aurait qu'une image partielle ; mais supposons qu'on la prenne de quatre côtés différents, on en aurait une image complète.

« Il en est ainsi des Évangiles. Chacun d'eux correspond à un autre degré d'initiation et nous présente une autre partie de la nature de Jésus-Christ.

« Mathieu et Luc nous peignent de préférence le maître Jésus, c'est-à-dire la nature humaine du fondateur du christianisme. — Marc et Jean expriment surtout sa nature spirituelle et divine.

« Mathieu regarde le maître Jésus *du point de vue physique*. Il nous donne sur sa descendance et ses rapports ataviques avec le peuple d'Israël, les documents, les plus précieux. — Luc, le plus poétique et le plus visionnaire des Evangélistes, raconte *la vie intime du maître*. Il *voit* le reflet de son moi dans son corps astral. Il peint en images émouvantes la puissance d'amour et de sacrifice qui s'épanche de son cœur. — Marc correspond à *l'aura magnétique qui environne le Christ* et dont les rayons s'étendent dans le monde spirituel. Ce qu'il nous montre avant tout, c'est la puissance miraculeuse du thérapeute, sa force et sa majesté. — Jean est par excellence *l'Evangile métaphysique*. Il a pour objet l'esprit divin du Christ. Moins précis que Mathieu et que Marc, plus abstrait que Luc, il n'a pas comme ce dernier les visions impressives qui reflètent les événements du monde astral. Mais *il entend le verbe intérieur et primordial, la parole créatrice* qui vibre dans chaque mot et dans toute la vie du Christ. Il proclame l'Évangile de l'Esprit.

« Les quatre Évangélistes sont donc tous des inspirés et des clairvoyants du Christ, mais ils le sont chacun dans ses limites et sa sphère [1]. »

La diversité et l'unité d'inspiration des Évangiles, qui se complètent et s'emboîtent comme les quatre étages de l'être humain, nous montre ainsi leur valeur relative. C'est en rapportant chacun à sa sphère qu'on pénètre peu à peu dans la haute personnalité de Jésus-Christ, qui touche par son côté humain à l'évolution particulière du peuple juif et par son côté divin à toute l'évolution planétaire [2].

---

[1]. Ce classement des Évangiles au point de vue de leur sphère de compréhension est un résumé de diverses conférences du docteur Rudolf Steiner. On en trouve une esquisse sommaire à la page 445 de mes *Grands Initiés*, en note. Ces intuitions spontanées reçoivent ici une confirmation éclatante par la science d'un penseur et d'un voyant de premier ordre.

Je suis heureux d'adresser ici mes remercîments chaleureux à trois théosophes suisses distingués, à M. Oscar Grosheinz, de Berne, à Mme Grosheinz-Laval et à M. Hahn, de Bâle, qui ont bien voulu me communiquer leurs notes précieuses sur diverses conférences du docteur Steiner qui n'étaient pas destinées au grand public.

[2]. Pour ce qui est du premier développement de Jésus et de

En faisant remonter l'ascendance de Jésus jusqu'à David et à Abraham, l'Évangile de Mathieu veut nous montrer qu'il descend de l'élite de la race de Juda et que son corps physique est la fleur suprême de ce peuple. Voilà ce qu'il faut retenir de cet arbre généalogique. Il veut dire que physiquement le maître Jésus devait être le produit d'une longue sélection, le filtrage de toute une race. Mais outre l'atavisme du corps, il y a celui de l'âme. Tout ego humain a eu de nombreuses incarnations antérieures. Celles des initiés sont d'un genre spécial, exceptionnel et proportionné à leur degré d'évolution. Les prophètes juifs, les *nabi* étaient généralement consacrés à Dieu par leur mère et portaient le nom *d'Emmanuel*, ou de *Dieu en lui*. Cela signifiait qu'ils seraient inspirés par l'Esprit. Ces enfants élevés dans un collège de prophètes, voués ensuite à la vie ascétique dans le désert, étaient appelés Nazariens parce qu'ils laissaient pousser leurs cheveux. Ceux qu'on appelle en Inde des *Bodhisatvas* ressemblaient (en tenant compte de de toutes les différences de race et de religion) aux prophètes hébreux qui portent le nom d'Emmanuel. C'étaient des êtres dont l'âme spirituelle (*la Bodhi*) était assez développée pour être en rapport avec le monde divin pendant leur incarnation. Un *Bouddha* était pour les Indous un Bodhisatva parvenu à la perfection morale dans sa dernière incarnation, perfection qui suppose une pénétration complète du corps par l'âme spirituelle. Après une telle manifestation, qui exerce sur l'humanité une influence purifiante et

l'éclosion de sa conscience, je renvoie le lecteur au livre VIII de mes *Grands Initiés*.

régénératrice, un Bouddha n'a plus besoin de se réincarner. Il entre dans la gloire du *Nivarna* ou de la *Non-Illusion* et demeure dans le monde divin d'où il continue d'agir sur l'humanité.

Le Christ est plus qu'un Bodhisatva et plus qu'un Bouddha. C'est une puissance cosmique, l'élu des Dévas, le verbe solaire lui-même, qui ne devait se corporiser qu'une fois pour donner à l'humanité sa plus puissante impulsion. Un esprit d'une telle envergure ne pouvait pas s'incarner dans le sein d'une femme et dans le corps d'un enfant. Ce dieu ne pouvait suivre, comme les autres hommes y sont obligés, fussent-ils les plus grands, l'étroite filière de l'évolution animale que reproduit la gestation de l'enfant par la mère. Il ne pouvait pas subir l'éclipse temporaire de la conscience divine qui est la loi inéluctable de toute incarnation. Un Christ directement incarné dans le sein d'une femme aurait fait mourir la mère, comme Jupiter fit mourir Sémélé, mère du second Dionysos, selon la légende grecque. Il lui fallait, pour s'incarner, un corps d'adulte, un corps évolué par une forte race jusqu'à ce degré de perfection et de pureté, où il serait digne de l'Archétype humain, de l'Adam primitif, moulé par les Elohim dans la lumière incréée, à l'origine de notre monde.

Ce corps, choisi entre tous, le peuple juif le fournit en la personne du maître Jésus, fils de Marie. Mais il fallait en outre que, depuis sa naissance jusqu'à l'âge de trente ans, époque où le Christ devait prendre possession de son habitacle humain, le corps du maître Jésus fût affiné et accordé par un initié de premier ordre et qu'ainsi un homme presque divin offrît son organisme en holocauste, comme un vase sacré, pour recevoir le Dieu fait homme. Quel est le grand prophète, illustre dans les fastes religieux de l'humanité, auquel incomba cette tâche redoutable ? Les Evangélistes ne le disent pas, mais l'Évangile de Mathieu le fait pressentir et l'indique clairement dans la plus suggestive de ses légendes.

L'Enfant divin est né dans la nuit embaumée et paisible de Béthléem. Le silence pèse sur les monts noirs de Juda. Seuls les bergers entendent des voix angéliques glisser sous le ciel étoilé. L'enfant dort dans sa crèche. Sa mère extasiée le couve des yeux. Quand il ouvre les siens, Marie se sent percée jusqu'aux moelles, comme d'un glaive, par ce rayon solaire qui l'interroge avec épouvante. La pauvre âme étonnée, qui vient d'ailleurs, plonge sur son entourage un regard effaré ; mais ayant retrouvé son ciel perdu dans les prunelles vibrantes de sa mère, l'enfant se rendort d'un profond sommeil. L'Évangéliste, qui décrit cette scène, voit autre chose encore. Il voit les forces spirituelles concentrées sur ce groupe du fond de l'espace et du temps. Elles se condensent pour lui en un tableau plein de douceur et de majesté. Venus du fond de l'Orient, trois mages traversent le désert et vont vers Béthléem. L'étoile s'arrête sur l'étable où sommeille l'enfant Jésus. Alors les rois mages, pleins de joie, se prosternent devant le nouveau-né pour l'adorer et lui offrent en hommage l'or, l'encens et la myrrhe, qui symbolisent la sagesse, la piété et la force du vouloir.

Quel est le sens de cette vision ? Les mages étaient les disciples de Zoroastre et le considéraient comme leur roi. Ils se disaient rois eux-mêmes, parce qu'ils savaient lire dans le ciel et agir sur les hommes.

Une ancienne tradition courait parmi eux : leur maître devait reparaître dans le monde sous le nom de Sauveur (*Sosiosch*) et rétablir le règne d'Ormuz. Pendant des siècles, cette prédiction d'un Messie hanta les initiés d'Orient [1]. Enfin elle se réalisa. L'Évangéliste, qui nous raconte cette scène, nous apprend donc dans la langue des adeptes, que les mages d'Orient vinrent saluer dans l'enfant de Béthléem *une réincarnation de leur maître Zoroastre*. Telles sont les lois de l'évolution divine et de la psychologie transcendante. Telle est la filiation des plus hautes individualités. Telle est la force qui tisse, avec les grandes âmes, les grandes lignes sur la trame de l'histoire. Le prophète même, qui avait annoncé au monde le Verbe solaire, sous le nom d'Ahoura-Mazda, du haut du mont Albordj et dans les plaines de l'Iran, devait renaître en Palestine, pour l'incarner dans tout son éclat !

Quelque grand que soit un initié, lorsqu'il se réincarne, sa conscience s'obscurcit, il subit le voile de la chair. Il est en quelque sorte forcé de reconquérir son moi supérieur dans sa vie terrestre et de l'agrandir par un nouvel effort. L'enfance et l'adolescence de Jésus furent protégées par sa famille simple et pieuse. Son âme repliée sur elle-même put s'épanouir sans entrave, comme les lis sauvages dans les hautes herbes de la Galilée. Il ouvrait sur le monde un clair regard, mais sa vie intérieure demeurait profondément cachée. Il ne savait pas encore qui il était, ni ce qui l'attendait. Mais, comme un

---

1. Voir, dans ce livre, le chapitre sur *Un mage de Kaldée aux temps du prophète Daniel.*

paysage montagneux, par un ciel sombre, s'éclaire parfois de brusques embellies, son âme s'éclairait de visions intermittentes. « Un jour, pendant une extase, dans les montagnes bleues de la Galilée, parmi les lis blancs au cœur violet qui poussent dans les herbes plus hautes que l'homme, il avait vu venir à lui, du fond des espaces, une merveilleuse étoile. En s'approchant l'étoile était devenue un soleil immense. À son centre trônait une figure humaine, fulgurante et colossale. Elle avait la majesté du Roi des rois avec la douceur de la Femme éternelle, si bien qu'elle était Homme au dehors et Femme au dedans [1]. » Et l'adolescent couché dans les hautes herbes se sentait comme soulevé dans les espaces par cet astre qui l'attirait. En s'éveillant de son rêve, il lui parut qu'il était devenu léger comme une plume.

Quelle était donc cette prodigieuse vision qui le hantait parfois ? Elle était semblable à celles que décrivent les prophètes et cependant tout autre. Il n'en parlait à personne, mais il sentait qu'elle contenait sa destinée antérieure et future. Jésus de Nazareth était de ces adolescents qui se développent seulement par le dedans, sans que nul ne s'en doute. Le travail intérieur de leur pensée éclate un beau jour par une circonstance extérieure et frappe tout le monde d'étonnement. Cette phase du développement psychique nous est peinte par Luc. Joseph et Marie ont perdu l'enfant Jésus qu'ils ont amené avec eux pour les jours de fête à Jérusalem, et, revenant sur leurs pas, le trouvent assis au milieu des docteurs du temple « les écoutant et leur faisant des questions ». A la plainte

---

1. *Sanctuaires d'Orient*, p. 362.

des parents affligés il répond : « Pourquoi me cherchez-vous ? Ne savez-vous pas qu'il me faut être occupé aux affaires de mon Père ? » Mais ils ne comprenaient pas ce que disait leur fils, ajoute l'Évangéliste. Pourtant cet adolescent, qui vivait d'une double vie, était « soumis à ses parents et croissait en sagesse, en stature et en grâce ». (Luc II, 41-52.)

CHAPITRE III

SÉJOUR DE JÉSUS CHEZ LES ESSÉNIENS
LE BAPTÊME DU JOURDAIN ET L'INCARNATION DU CHRIST

Que fit Jésus de treize à trente ans ? Les Évangiles n'en soufflent mot. Il y a là une lacune voulue et un profond mystère. Car tout prophète, quelque grand qu'il soit, a besoin d'être initié. Il faut que son âme antérieure soit réveillée et qu'elle prenne conscience de ses forces pour accomplir sa mission nouvelle. La tradition ésotérique des théosophes de l'antiquité et des temps modernes est d'accord pour affirmer que le maître Jésus n'a pu être initié que chez les Esséniens, dernière confrérie où vivaient encore les traditions du prophétisme et qui habitait alors au bord de la Mer Morte. Les Esséniens, dont Philon d'Alexandrie a révélé les mœurs et les doctrines secrètes, étaient surtout connus comme thérapeutes ou guérisseurs par les pouvoirs de l'Esprit. *Asaya* veut dire médecin. Les Esséniens étaient des médecins de l'âme [1].

---

[1]. On trouve une étude sommaire sur les Esséniens à la page 469 de mes *Grands Initiés*.

Comme il convenait pour l'humanité profane, les Évangélistes ont laissé planer un silence absolu, aussi profond que celui de la Mer Morte, sur l'initiation du maître Jésus. Ils ne nous en ont montré que le dernier terme dans le baptême du Jourdain. Mais, ayant reconnu, d'une part, l'individualité transcendante du maître Jésus, identique à celle du prophète d'Ahoura-Mazda, sachant de l'autre que le baptême du Jourdain recouvre le mystère formidable de l'incarnation du Christ, affirmée en écriture occulte par les symboles transparents qui planent sur le récit évangélique, nous pouvons revivre, en ses phases essentielles, cette préparation d'un genre unique au plus extraordinaire événement de l'histoire.

*
* *

A son embouchure dans la Mer Morte, la vallée du Jourdain étale le cadre le plus impressionnant de la Palestine. Cela ne ressemble à rien. Quand on l'aperçoit en descendant des hauteurs stériles de Jérusalem, on a la sensation d'une désolation grandiose, sur laquelle court un souffle sacré qui saisit le cœur. On comprend, au premier coup d'œil, que les plus grands événements religieux de la terre ont pu se passer ici. Une haute barre d'un bleu vaporeux occupe l'horizon; ce sont les montagnes de Moab. Leurs sommets dénudés s'étagent en dômes et en coupoles, mais leur océan tumultueux, qui se perd en un poudroiement de brume et de lumière, est dominé par la grande ligne horizontale, comme le temps par l'éternité. Plus chauve que les autres, on y distingue le mont Nébo, où Moïse vint rendre son âme à Iavèh. Entre les monts abrupts de Juda et l'immense chaîne de Moab s'étend la vaste vallée du Jourdain, désert fauve, bordé de bouquets d'arbres et de prairies.

Devant nous, l'oasis de Jéricho, avec ses palmes et ses vignes grosses comme des platanes, et ses tapis d'herbe qui ondulent au printemps, émaillés de rouges anémones. A plus d'une lieue, le Jourdain coule entre des sables blancs et des dunes pour se perdre dans la Mer Morte. Celle-ci apparaît comme un triangle d'azur entre les hauts promontoires de Juda et de Moab qui se resserrent sur elle comme pour la mieux garder. Autour du lac maudit, qui recouvre, selon la tradition biblique, Sodome et Gomorrhe englouties par un gouffre de feu, règne un silence de mort. Ses eaux huileuses et salées sont chargées d'asphalte et tuent tout ce qu'elles atteignent. Aucune voile n'y cingle, aucun oiseau n'y vole. Sur les galets de ses plages arides, on ne ramasse que des poissons morts ou des squelettes blanchis d'aloès et de sycomores. Pourtant la surface de cette masse liquide, couleur de lapis-lazuli, est un miroir magique. Il change incessamment d'aspect comme un caméléon. Sinistre et plombé sous la tempête, il ouvre au soleil le bleu limpide de ses profondeurs et reflète en images fantastiques les architectures colossales des montagnes et le jeu des nuages. Le lac de la mort est aussi un lac de visions apocalyptiques.

Cette vallée du Jourdain, jadis si fertile, dévastée aujourd'hui, aboutissant au corridor de la Mer Morte comme à un enfer sans issue, nous apparaît ainsi comme un lieu séparé du monde et rempli de contrastes effrayants. Nature volcanique, travaillée avec frénésie par les puissances productives et destructives.

La voluptueuse oasis de Jéricho, arrosée de sources sulfureuses, semble narguer, de son souffle tiède, les montagnes convulsées aux formes démoniaques. Ici le roi Hérode entretenait son harem en des palais somptueux, tandis que là-bas, dans les cavernes de Moab, tonnait la voix des prophètes. Les pas de Jésus, imprimés sur ce sol, ont fait taire les derniers râles des cités infâmes. C'est un pays marqué par le sceau despotique de l'Esprit. Tout y est sublime : sa tristesse, son silence et son immensité. La parole humaine y expire ; il n'est fait que pour la parole de Dieu.

On comprend que les Esséniens aient choisi pour leur retraite le coin le plus retiré du lac, appelé par la Bible « la Mer de la Solitude ». En-Gaddi est une étroite terrasse en demi-lune, située au pied d'une falaise de trois cents mètres, sur la côte occidentale de l'Asphaltite, du côté des monts de Juda. Au premier siècle de notre ère, on y voyait les maisons bâties en terre sèche des derniers thérapeutes. Dans un étroit ravin, ils cultivaient le sésame, la vigne et le blé, passant la majeure partie de leur existence en lectures et en méditations. C'est là que le maître Jésus fut initié à la tradition prophétique d'Israël, comme aux traditions concordantes des mages de Babylone et d'Hermès sur le Verbe solaire. Nuit et jour, l'Essénien prédestiné lisait l'histoire de Moïse et des prophètes, mais ce n'est que par la méditation et la lumière intérieure, qui augmentait en lui, qu'il prit conscience de sa mission. Maintenant, quand il lisait les paroles de la Genèse, elles retentissaient en lui comme le tonnerre harmonieux des astres roulant dans leurs sphères. Et cette parole créait les choses en tableaux immenses : « — Elohim dit : Que la

Lumière soit ! et la Lumière fut. — Elohim sépara la lumière des Ténèbres. » Et Jésus voya t naître les mondes, le soleil, les planètes. Mais quel fut son étonnement lorsque, vers la trentaine, une nuit qu'il dormait dans une grotte, au sommet de la falaise, il fut surpris par la vision d'Adonaï qu'il n'avait plus eue depuis son enfance... Alors — comme par un coup de foudre — il se souvint qu'il avait déjà été son prophète, quelque mille ans plus tôt. Il comprit, sous le torrent de feu qui l'envahit, que lui, Jésus de Nazareth, avait été Zoroastre, le prophète d'Ahoura-Mazda, sur les sommets de l'Albordj et chez le peuple des Aryas ! Il était donc revenu sur terre pour l'affirmer de nouveau ? Joie, gloire, félicité inouïe... il vivait, il respirait dans cette même lumière... Mais quelle mission nouvelle le Dieu redoutable attendait-il de lui ?

Des semaines d'ivresse silencieuse et concentrée suivirent, où le Galiléen revécut sa vie d'autrefois. Puis, cette existence s'effaça de nouveau comme un nuage dans un abîme. Il lui semblait maintenant qu'il embrassait les siècles écoulés depuis sa mort avec l'œil d'Ormuz-Adonaï — et cela lui causait une douleur aiguë. Comme la toile frissonnante d'un immense tableau, la décadence de la race aryenne, du peuple juif et du monde gréco-latin se déroula devant lui. Il vit les vices, les crimes, les souffrances. Il vit la terre abandonnée des Dieux. Car la plupart des anciens Dieux s'étaient retirés de l'humanité pervertie, et Dieu le Père, l'Insondable était trop loin de la pauvre conscience humaine. L'Homme dégénéré, devenu scélérat, mourait sans le savoir de la soif des Dieux absents. La Femme, qui a besoin de voir le Dieu dans l'Homme, mourait de l'absence du Héros, du Maître, du Dieu vivant. Elle devenait courtisane ou victime, comme la sublime et tragique Marianne, fille des Makabées, qui aima d'un grand amour le tyran Hérode et ne rencontra que jalousie, défiance et le poignard d'un assassin...

Et le maître Jésus, errant sur les falaises d'En-Gaddi, écoutait de loin la pulsation rythmique du lac. Cette voix lourde, qui s'amplifiait en se répercutant dans les anfractuosités des roches, comme un vaste gémissement aux mille échos, lui semblait alors le cri de la marée humaine montant vers Adonaï et réclamant de lui un prophète... un sauveur... un Dieu !

Et l'ancien Zoroastre, devenu l'humble Essénien, invoquait lui aussi le Seigneur. Le roi des Archanges solaires ne viendrait-il pas lui dicter sa mission ? Mais il ne venait pas. Au lieu de l'éblouissante vision, une croix noire hantait son sommeil et ses veilles. Intérieure, extérieure, elle flottait devant lui. Elle l'accompagnait sur la plage, le suivait sur les hautes falaises, et se dressait la nuit, ombre gigantesque, entre la Mer Morte et le ciel étoilé. Quand il interrogeait l'impassible fantôme, une voix répondait au fond de lui-même :

— Tu as dressé ton corps sur l'autel d'Adonaï comme une lyre d'ivoire et d'or. Maintenant c'est ton Dieu qui te réclame pour se manifester aux hommes. Il te cherche ! Il te veut ! Tu ne lui échapperas pas ! Offre-toi comme un holocauste ! Embrasse la croix !

Et Jésus frissonnait de la tête aux pieds.

A la même époque, des bruits étranges parvinrent

aux solitaires d'En-Gaddi. Deux Esséniens, qui revenaient du Jourdain, annoncèrent que Jean-Baptiste prêchait la repentance des péchés sur les bords du fleuve, au milieu d'une grande multitude. Il annonçait le Messie en disant : « Moi je vous baptise d'eau, celui qui doit venir vous baptisera de feu. » L'agitation se répandait dans toute la Judée.

Or, un matin, le maître Jésus se promenait sur la plage d'En-Gaddi avec le patriarche centenaire des Esséniens et dit au chef de la confrérie :

— Jean-Baptiste annonce le Messie. Qui sera-ce ?

Le vieillard regarda longuement le grave disciple, puis il dit :

— Pourquoi le demandes-tu, puisque tu le sais ?

— Je veux l'entendre de ta bouche.

— Eh bien, ce sera toi ! Voilà dix ans que nous te préparons. La lumière s'est faite dans ton âme, mais il y faut encore la volonté. Es-tu prêt ?

Pour toute réponse Jésus étendit ses bras en croix et baissa la tête. Alors le vieux thérapeute se prosterna devant son disciple et baisa ses pieds, qu'il inonda d'un torrent de larmes en disant :

— En toi donc descendra le Sauveur du monde.

Figé dans une pensée terrible, l'Essénien consacré au grand sacrifice le laissa faire sans bouger. Quand le centenaire se releva, Jésus dit :

— Je suis prêt.

Ils se regardèrent de nouveau. La même lumière et la même résolution brillaient dans l'œil mouillé du maître et dans l'œil flamboyant du disciple.

— Va donc au Jourdain, dit le vieillard, Jean t'attend pour le baptême. Va au nom d'Adonaï !

Et le maître Jésus partit avec deux jeunes Esséniens.

***

Jean-Baptiste, dans lequel plus tard le Christ voulut reconnaître le prophète Élie, représentait à cette heure la dernière incarnation du vieux prophétisme impulsif et spontané. En lui rugissait encore un de ces fauves ascètes, qui annonçaient aux peuples et aux rois les vengeances de l'Eternel et le règne de la Justice, quand l'Esprit les poussait. Autour de lui se pressait une foule houleuse et bariolée, composée de tous les éléments de la société d'alors, et qu'attirait sa parole puissante. Il y avait là des Pharisiens hostiles, des Samaritains enthousiastes, des péagers naïfs, des soldats d'Hérode, des pâtres iduméens barbus avec leurs troupeaux de chèvres, des Arabes avec leurs chameaux et même des courtisanes grecques de Séphoris, venues par curiosité en somptueuses litières avec un cortège d'esclaves. Tous venaient, avec des sentiments divers, écouter « la voix qui retentit dans le désert ». Se faisait baptiser qui voulait, mais ce n'était pas un jeu. Sous la voix impérieuse, sous la rude main du Baptiste, il fallait plonger dans l'eau du fleuve et y rester immergé quelques secondes. On en ressortait purifié de toute souillure et comme transformé. Mais quel dur moment à passer. Pendant la longue immersion, on risquait d'étouffer. La plupart croyaient mourir et perdaient connaissance. Plusieurs s'étaient noyés, disait-on. La dangereuse cérémonie n'en avait que plus d'attrait pour le peuple.

Or, ce jour-là, la foule qui campait autour de la boucle du Jourdain où Jean prêchait et baptisait, était en révolte. Un scribe malin de Jérusalem, instigué par les Pharisiens, l'avait ameutée et disait à l'homme vêtu de poil de chameau : « Voici un an que tu nous annonces le Messie, qui doit renverser les puissants de la terre et rétablir le royaume de David. Quand viendra-t-il ? Où est-il ? Qui est-ce ? Montre-nous ce Maccabée, ce roi des Juifs. Nous sommes en nombre et en armes. Si c'est toi, dis-nous le et conduis-nous à l'assaut de Makérous, du palais d'Hérode ou de la Tour de Sion qu'occupent les Romains. On dit que tu es Élie. Eh bien, manie la foudre !... »

Des cris s'élevèrent, des lances reluirent. Une vague menaçante d'enthousiasme et de colère poussa la foule vers le prophète.

Devant cette émeute, Jean fondit sur les mutins, avec sa face d'ascète barbu et de lion visionnaire et cria : « Arrière ! race de vipères et de chacals. Les foudres de Jéhovah sont préparées pour vous ! »

Depuis le matin de ce jour, des vapeurs sulfureuses s'étaient levées de la Mer Morte. Une nuée noire couvrait toute la vallée du Jourdain de ténèbres, un tonnerre lointain roula. A cette voix du ciel, qui semblait répondre à la voix du prophète, la foule, saisie d'une terreur superstitieuse, recula et se dispersa dans le campement. En un clin-d'œil, le vide s'était fait autour du prophète irrité, qui resta seul, au bord de l'anse profonde où le Jourdain forme une boucle dans une brousse de tamaris, de lentisques et de roseaux arborescents.

Peu après, le ciel s'éclaircit au zénith. Une brume légère, pareille à une lumière diffuse, couvrit la vallée, cachant les cimes et ne laissant voir que le bas des montagnes, où traînaient des lueurs cuivrées.

Jean vit arriver trois Esséniens. Il n'en connais

sait aucun, mais il reconnut l'ordre à leurs robes blanches. Le plus jeune lui dit :

— Le patriarche des Esséniens prie le prophète Jean d'accorder le baptême à notre frère élu, au Nazarien Jésus, sur la tête duquel n'a point passé le fer.

— Qu'il soit béni de l'Éternel et qu'il entre dans l'onde sacrée, dit Jean saisi de respect devant la majesté de l'inconnu, de haute stature, beau comme un ange et pâle comme un mort, qui s'avançait vers lui, les yeux baissés. Toutefois le Baptiste ne se doutait pas encore du mystère sublime dont il allait être l'officiant.

Le maître Jésus hésita un instant avant d'entrer dans le bassin où le Jourdain formait un léger remous, puis résolument il s'y plongea et disparut sous le flot. Jean tenait sa main étendue sur l'eau limoneuse en prononçant les paroles sacramentelles. De l'autre côté, les deux Esséniens demeuraient immobiles, rivés au sol, dans une angoisse mortelle. Il était défendu d'aider le baptisé à sortir de l'eau. On croyait qu'un effluve d'esprit divin entrait en lui par la main du prophète et par l'eau du fleuve. La plupart sortaient ravivés de l'épreuve ; quelques-uns en mouraient, d'autres en devenaient fous et comme possédés. On les appelait les démoniaques. [Pourquoi donc le maître Jésus tardait-il à sortir du Jourdain, dont le remous sinistre continuait à bouillonner sur la place fatidique ?

A cette minute, dans ce silence solennel, s'accomplissait pour notre monde un événement d'une portée incalculable. S'il eut des milliers de témoins invisibles, il n'en eut que quatre sur la terre ; les deux Esséniens, le Baptiste et le maître Jésus lui-même.

Trois mondes en furent sillonnés comme d'un éclair. Il venait du monde spirituel, à travers l'atmosphère astrale de la terre, pour retentir sur le plan physique humain. Les acteurs terrestres de ce drame cosmique en furent affectés de façon diverse, mais également foudroyante.

Et d'abord, que se passa-t-il dans la conscience du maître Jésus ? Une sensation de noyé sous l'immersion, suivie d'une convulsion terrible. Le corps éthérique est violemment arraché de son enveloppe physique. Pour quelques secondes, toute la vie passée tourbillonne en un chaos. Puis, un immense soulagement, et le noir de l'inconscience. Le moi transcendant, l'âme immortelle du maître Jésus a quitté pour toujours son corps physique et replonge dans l'aura du soleil qui l'aspire. Mais, du même coup, par un mouvement inverse, le Génie solaire, l'être sublime, que nous appelons le Christ, s'est emparé du corps abandonné pour en prendre possession jusqu'aux moelles et animer d'un feu nouveau cette lyre humaine, préparée par des centaines de générations et par l'holocauste de son prophète.

Est-ce pour cela que les deux Esséniens virent un éclair jaillir du ciel bleu et illuminer toute la vallée du Jourdain ? Ils fermèrent les yeux sous sa lueur perçante, comme s'ils avaient vu un Archange étincelant se précipiter, tête baissée, dans le fleuve, en laissant derrière lui des myriades d'esprits comme une traînée de flammes.

Le Baptiste n'avait rien vu de tout cela. Il attendait dans une angoisse profonde la réapparition de l'immergé. Lorsque enfin le baptisé sortit de l'eau, un frisson sacré secoua le corps de Jean, car le corps de l'Essénien semblait ruisseler de lumière et l'ombre qui voilait son visage s'était changée en une majesté sereine. Un tel éclat, une telle douceur émanait de son regard qu'en une seconde l'homme du désert sentit fondre toute l'amertume de sa vie. Quand le maître Jésus, aidé de ses disciples, eut remis sa longue robe d'Essénien, il fit au prophète un geste inneffable de bénédiction et d'adieu. Alors Jean, saisi d'un transport subit, vit l'immense auréole qui flottait tout autour du corps de Jésus. Puis, sur sa tête, miraculeuse apparition, il vit planer une grande colombe incandescente de lumière, comme l'argent en fusion qui sort du creuset. Jean savait, par la tradition des prophètes, que la Colombe Iona signifie, dans le monde astral, l'Éternel-Féminin céleste, l'arcane de l'Amour divin, fécondateur et transformateur des âmes, que les chrétiens devaient appeler le Saint-Esprit. En même temps il entendit, pour la seconde fois de sa vie, la Parole primordiale qui résonne aux arcanes de l'être et qui jadis l'avait poussé au désert comme un son de trompette. Maintenant elle retentissait comme un tonnerre mélodieux. Son sens était : « Ceci est mon Fils bien-aimé : *aujourd'hui je l'ai engendré* [1]. » Alors seulement Jean comprit que Jésus était le Messie prédestiné.

Il le vit s'éloigner à regret. Suivi de ses deux dis-

---

[1]. On lisait ces derniers mots dans l'Évangile hébreu primitif et dans les premiers textes des synoptiques. Plus tard on y substitua ceux qu'on y lit aujourd'hui : « Ceci est mon Fils bien aimé *en qui j'ai mis toute mon affection,* » ce qui est une répétition inutile. Il est juste d'ajouter que, dans la symbolique sacrée, dans cette *écriture occulte*, empruntée aux Archétypes du monde spirituel, la seule présence de la Colombe mystique au baptême de Jean indique l'incarnation d'un Fils de Dieu.

ciples, Jésus traversa le campement, où l'on voyait pêle-mêle des chameaux, des ânes, des litières de femmes et des troupeaux de chèvres, d'élégantes Séphoriennes et de farouches Moabites, avec des gens de toute espèce. Quand Jésus eut disparu, le Baptiste croyait encore voir flotter dans les airs l'auréole subtile dont les rayons se projetaient au loin. Alors le prophète attristé s'assit sur un tas de sable et posa son front dans ses mains.

Le soir était venu, le ciel s'était rasséréné. Enhardis par l'attitude humble du Baptiste, les soldats d'Hérode et les péagers, conduits par l'émissaire de la synagogue, se rapprochèrent du farouche prêcheur. Penché sur lui, le scribe narquois ricana :

— Eh bien, quand nous montreras-tu le Messie ?

Sans se lever, Jean regarda le scribe d'un air sévère et dit :

— Insensés ! il vient de passer au milieu de vous... et vous ne l'avez pas reconnu !

— Quoi ? cet Essénien serait le Messie ?... Alors pourquoi ne le suis-tu pas ?

— Cela m'est défendu. Il faut qu'il croisse et que je diminue... Ma tâche est finie... je ne prêcherai plus... Allez en Galilée !

Un soldat d'Hérode, sorte de Goliat à face de bourreau, qui avait le respect du Baptiste et aimait à l'écouter, dit en s'éloignant avec une pitié attendrie :

— Pauvre homme ! Son Messie l'a rendu malade !

Mais le scribe de Jérusalem partit d'un grand éclat de rire et s'écria :

— Imbéciles que vous êtes ! Il est devenu fou... Vous voyez bien que j'ai fait taire votre prophète !

*
* *

Telle la descente du Verbe solaire dans le maître Jésus.

Heure solennelle, moment capital de l'histoire. Mystérieusement — et de quel immense amour ! — les puissances divines ont travaillé d'en haut, pendant des millénaires, pour couver le Christ et le laisser luire sur l'humanité à travers d'autres Dieux. Vertigineusement — et de quel désir frénétique ! — l'océan humain s'est soulevé d'en bas, en un tourbillon, avec le peuple juif pour former, à son sommet, un corps digne de recevoir le Messie. Enfin le désir des anges, le rêve des mages, le cri des prophètes s'est accompli. Les deux spirales se sont touchées. Le tourbillon de l'amour divin a rejoint le tourbillon de la souffrance humaine. La trombe s'est formée. Et, pour trois ans, le Verbe solaire marchera sur la terre dans un corps plein de force et de grâce, pour prouver à tous les hommes que Dieu existe, que l'Immortalité n'est pas un vain mot, que ceux qui aiment, qui croient et qui veulent, peuvent atteindre le ciel à travers la mort et la résurrection.

CHAPITRE IV

RÉNOVATION DES MYSTÈRES ANTIQUES PAR LA VIE DU CHRIST. DE LA TENTATION A LA TRANSFIGURATION

Essayons de définir la constitution de l'être sublime et d'un genre unique sorti du baptême du Jourdain.

Le fils de Marie, le maître Jésus, l'initié des Esséniens qui abandonna au Christ son corps physique, lui livra du même coup son corps éthérique et son corps astral. Triple enveloppe admirablement évoluée et harmonisée. A travers elle, le Verbe solaire, qui a parlé à Zoroastre en vision astrale, à Moïse en corps éthérique sous la forme d'un Elohim, va parler aux hommes comme un homme en chair et en os. Il fallait cela pour les secouer et les convaincre, tant ils étaient devenus opaques à la lumière de l'âme et sourds à la voix de l'Esprit. Maintes fois et sous les formes les plus diverses, les Dieux s'étaient manifestés depuis les temps de l'Atlantide jusqu'aux temps héroïques de la Judée et de la Grèce. Ils avaient adombré des richis, illuminé des prophètes, surplombé des héros. Avec le Christ apparaît pour la première fois un Dieu complètement incarné dans un homme. Et ce phénomène ne se produit qu'une fois dans l'histoire, au moment central de l'évolution humaine, c'est-à-dire au point inférieur de sa descente dans la matière. Comment du noir abîme remontera-t-il aux clairs sommets de l'Esprit ? Il faut pour cela l'impulsion formidable d'un Dieu fait homme. L'impulsion donnée, le Verbe continuera d'agir sur l'humanité par son effluve, mais son incarnation ne sera plus nécessaire.

De là, le merveilleux organisme de l'être appelé Jésus-Christ. Par ses sensations, il plonge dans la chair ; par ses pensées, il remonte aux Archétypes. A chaque souffle, il respire le Divin. La totalité de sa conscience est contenue dans cette parole qui revient sans cesse sur sa bouche : « Moi et le Père nous sommes un ». Mais en même temps il se sent uni aux souffrances de l'humanité d'une tendresse invincible, par l'immense amour qui lui a fait accepter librement sa mission. Son âme est un feu vivant qui sort de la perpétuelle combustion de l'humain par le divin. Par là on peut se figurer la puissance de rayonnement et d'attraction d'un tel être. Son aura humaine est entourée d'une vaste auréole céleste qui le met en rapport avec toutes les puissances spirituelles. Sa pensée ne trébuche pas sur les sentiers scabreux du raisonnement ; elle jaillit comme un éclair de cette Vérité centrale qui embrasse toute chose. Attirées par cette force primordiale, les âmes se pressent vers lui, vibrent et renaissent sous ses rayons. Le but de sa mission sera la spiritualisation de la terre et de l'homme, leur élévation à un stade supérieur de leur évolution. Le moyen sera à la fois moral et intellectuel ; moral, par l'expansion de l'Amour, de ce sentiment d'universelle fraternité qui émane de lui comme d'une source inépuisable ; intellectuel et spirituel, par l'ouverture des Mystères à tous les esprits altérés de Vérité.

Ainsi, pendant sa carrière de trois ans, le Christ initie simultanément sa communauté à sa doctrine morale et ses apôtres aux anciens Mystères, qu'il renouvelle et rajeunit en les élargissant. Mais, à l'inverse de ce qui se passait jadis en Perse, en Égypte, en Grèce et en Judée, cette initiation, jadis réservée à une élite a lieu au grand jour et par des actes publics, afin que l'humanité entière y puisse participer. « La vie réelle de Jésus, dit Rudolf Steiner, fut un événement historique de ce qui avant lui ne se passait que dans l'initiation. Ce qui jusqu'à ce jour demeurait enseveli dans le mystère du temple devait par lui se dérouler sur la scène du monde dans une réalité poignante. La vie de Jésus est donc une confirmation publique des Mystères. »

* * *

La Tentation du Christ. Quoique Dieu, par son essence, le Christ devait traverser lui-même la première étape de l'initiation, avant de commencer son ministère. L'homme ordinaire ne peut acquérir la vision du monde astral qu'en apercevant son double inférieur qui la lui cache. La tradition occulte l'appelle le *Gardien du Seuil* et la légende le symbolise sous la figure du Dragon[1]. C'est une condensation

---

1. Voir, dans cet ouvrage, la description du *Gardien du seuil* au chapitre de l'*Illumination de Bouddha* dans le *Mystère de*

astrale de toutes ses incarnations précédentes sous une forme impressive et parfois terrifiante. Il ne peut dissiper ce fantôme redoutable qui lui barre le chemin du monde spirituel qu'en extirpant de son âme les derniers vestiges des basses passions. Le Christ, ce pur Génie solaire, n'a pas de double inférieur et point de *Karma*. Il est vierge de toute souillure, n'ayant jamais été séparé de Dieu. Mais l'humanité, où le Christ veut pénétrer, a son *Gardien du Seuil*, à savoir la puissance cosmique qui l'a fait évoluer précédemment, en la poussant au cour de la matière et grâce à laquelle elle a pu conquérir la conscience du moi. C'est cette puissance qui maintenant masque à l'immense majorité des hommes le monde spirituel. La Bible l'appelle Satan, qui correspond à l'Ahrimane persan. Ahrimane, je l'ai dit à propos de Zoroastre et de la magie kaldéenne, est l'ombre de Lucifer, sa projection et son déchet dans le monde inférieur, le Daïmôn qui a perdu sa conscience divine. Il est devenu le génie des ténèbres, tandis que Lucifer demeure, malgré sa chute le porte-lumière en puissance et le redeviendra en acte.

Voilà pourquoi le Christ devait vaincre Ahrimane dans l'aura magnétique de la terre avant de commencer sa mission. De là son jeûne de quarante jours et les trois épreuves, ramassées en trois images dans l'Évangile selon Mathieu. Le prince de ce monde soumet successivement le Christ à la tentation des sens (par la faim), à celle de la crainte (en lui montrant l'abîme où il va se jeter), à celle du pouvoir absolu (en

---

l'Inde et au chapitre sur *le Dionysos des Mystères* dans *le Miracle hellénique*.

lui offrant tous les royaumes de la terre). Et trois fois le Christ le repousse au nom de la parole de Vérité qu'il entend et qui résonne en lui comme l'harmonie des sphères. Par cette résistance infrangible, Ahrimane est vaincu. Il recule avec ses légions innombrables devant le Génie solaire. Une brèche a été faite dans le tissu ténébreux dont ils enveloppaient la terre. La porte de l'âme humaine s'est rouverte ; le Christ peut y entrer.

*
* *

Dans l'éducation que le Christ donne à sa communauté, nous allons retrouver maintenant les quatre tapes de l'initiation antique, formulées ainsi par Pythagore. 1° *Préparation* ou instruction, παρασκειή ; 2° *Purification*, κάθαρσις ; 3° *Achèvement* ou illumination, τελείωτης ; 4° Vision d'en haut ou synthèse, επιφάνια[1]. Les deux premiers degrés de cette initiation, étant destinés au peuple, c'est-à-dire à tous, s'enchevêtrent et sont simultanés. Les deux derniers degrés, réservés à ses apôtres et particulièrement à trois d'entre eux, s'échelonnent sur la fin de sa vie. Cette rénovation des Mystères antiques est, en un sens, une vulgarisation et un élargissement, dans un autre, un approfondissement et un entraînement à la voyance synthétique par une spiritualisation plus haute.

1. Voir *Pythagore* dans mes *Grands Initiés*.

Premier degré : Préparation.
Le Sermon sur la Montagne et le Royaume de Dieu.

L'œuvre du Christ commence par l'idylle galiléenne et l'annonce du « royaume de Dieu ». Cette prédication nous montre son enseignement populaire. Elle est en même temps la préparation aux mystères plus sublimes qu'il révélera graduellement aux apôtres, c'est-à-dire à ses disciples intimes. Elle correspond ainsi à ce qu'était la préparation morale dans les Mystères antiques. Mais nous ne sommes plus dans les temples et les cryptes. L'initiation galiléenne a pour théâtre le lac de Génézareth. Ses eaux claires et poissonneuses, ses bords alors fleuris et boisés, ses montagnes bleues et violettes, aux larges ondulations, qui l'enferment comme dans une coupe d'or, tout ce paradis embaumé d'une odeur d'herbes sauvages forme le contraste le plus absolu avec le paysage infernal de la Mer Morte. Un tel cadre, avec la population simple et naïve qui l'habite, est nécessaire aux débuts du Messie. Le Dieu, qui s'est incarné dans le corps de Jésus de Nazareth, porte en lui le plan divin qu'il a couvé pendant des siècles, en des lignes vastes comme les rayons solaires. Maintenant qu'il est homme et captif de la terre, dans le monde des apparences et des ténèbres, il faut qu'il cherche l'application de ce plan, pas à pas, d'étape en étape, sur son chemin rocailleux.

Il est armé pour cela. Il lit dans les consciences, il attire les cœurs. D'un seul regard, il perce les âmes, les destinées. Quand il dit au pêcheur Pierre, qui raccommode ses filets sur la plage : « Suis-moi, je ferai de toi un pêcheur d'hommes », Pierre se lève et le suit. Quand il apparaît, au crépuscule, dans sa robe blanche d'Essénien, avec l'étrange auréole qui flotte autour de lui, à Jacques et à Jean, ceux-ci lui demandent : « Qui es-tu ? » Il répond simplement : « Venez dans mon Royaume. » Et ils viennent. Déjà un cortège de pêcheurs, de péagers, de femmes jeunes et âgées, le suit de village en village, des synagogues à travers champs. Et le voilà qui prêche sur la montagne, à l'ombre d'un large figuier. Que dit-il ? « Heureux les pauvres en esprit ; car le royaume des cieux est à eux. — Heureux ceux qui sont dans l'affliction ; car ils seront consolés. — Heureux ceux qui ont faim et soif de la justice ; car ils seront rassasiés. — Heureux ceux qui ont le cœur pur ; car ils verront Dieu. » Ces vérités, imprégnées de la voix puissante et du regard du maître, ne s'adressent pas à la raison, mais au sentiment pur. Elles pénètrent dans les âmes comme une rosée céleste et elles contiennent des mondes. Tout le mystère de la vie spirituelle, avec la loi des compensations qui va d'une existence à l'autre y est contenu. Ceux qui reçoivent ces vérités n'en mesurent pas la portée, mais en pénètrent le sens par le cœur. Ils les boivent comme une liqueur enivrante et quand le maître ajoute : « Le royaume des cieux est au-dedans de vous », une fleur de joie s'épanouit au cœur des femmes, comme une rose qui donne tout son parfum sous un coup de vent.

Le mot de fraternité par lequel on définit d'habitude l'enseignement moral du Christ est très insuffisant pour en exprimer l'essence. Une de ses caractéristiques est *l'enthousiasme* qu'il provoque et *la foi* qu'il exige. « Avec le Christ, quelque chose de tout à fait nouveau pénètre dans le *moi* humain, quelque chose qui lui permet de percevoir, dans les dernières profondeurs de son âme, ce monde spirituel, qu'il n'avait perçu jusque-là que dans son corps astral et son corps éthérique. Avant cela, dans la voyance spontanée comme dans les Mystères, il y avait toujours eu une partie inconsciente. Le décalogue de Moïse, par exemple, ne parlait qu'au corps astral et se présentait sous forme de *Loi*, non de *Vie*. La *Vie de l'Amour* n'entra dans l'humanité que par le Christ. Le Bouddha, lui aussi, avait apporté au monde la doctrine de l'Amour et de la Pitié. Sa mission était de l'inculquer par le raisonnement. Le Christ, étant l'Amour en personne, a apporté l'Amour lui-même, qui agit par sa seule présence avec une puissance irrésistible comme un soleil rayonnant. Il y a une différence entre une *pensée* qu'on peut comprendre et une *force* qui entre en vous comme un torrent de vie. C'est *la substance de l'Amour* et pas seulement *la Sagesse de l'Amour* que le Christ a apportée au monde en se donnant lui-même, en se versant dans l'humanité[1]. »

De là vient la sorte de *foi* que le Christ réclame des siens. « La foi, dans le sens du Nouveau Testament, ne signifie pas comme le prétendent trop souvent les soi-disant orthodoxes, une adhésion et une soumission aveugle de l'intelligence à des dogmes abstraits et immuables, mais une conviction d'âme

---

1. RUDOLF STEINER, *Conférences de Bâle sur l'Évangile de Luc* 1910).

et une plénitude d'amour capables de déborder d'un moi sur un autre moi. C'est une perfection communicative. Le Christ a dit : « Il ne suffit pas que vous donniez à ceux qui peuvent vous rendre. Les péagers en font autant. Donnez aussi à ceux dont vous savez qu'ils ne vous rendront rien. » L'amour du Christ est un amour débordant et submergeant [1]. »

Telle la prédication de ce « royaume du ciel » qui réside dans la vie intérieure et que le divin maître comparait souvent à un grain de sénevé. Semé en terre, il repoussera en une haute plante et produira des milliers de graines. Ce royaume du ciel, qui est au-dedans de nous, contient en germe tout le reste. Il suffit aux simples, dont Jésus dira : « Heureux ceux qui n'ont pas vu et qui ont cru. » La vie intérieure est par elle-même une force et une félicité, mais dans la pensée du Christ elle n'est qu'une préparation à un plus vaste royaume, aux sphères infinies, le royaume de son Père, le monde divin dont il veut rouvrir la voie à tous les hommes et donner la vision éclatante à ses élus.

En attendant la jeune communauté qui entoure le maître s'accroît et voyage avec lui. Elle le suit d'une rive du lac à l'autre, sous les orangers de la plaine et les amandiers des collines, parmi les blés mûrs et les lys blancs au cœur violet qui poussent dans les hautes herbes des montagnes. Il prêche le royaume de Dieu aux foules dans la barque amarrée près du port, comme dans les petites synagogues ou sous les grands sycomores de la route. Cette foule l'appelle déjà le Messie, sans savoir ce que signifie

---

1. R. STEINER, *Ibid.*

ce mot, ni où il la conduira. Mais il est là, et cela suffit. Seules peut-être les femmes, qui l'adorent d'un impétueux et troublant amour, pressentent sa nature surhumaine et répandent sur ses pas des avalanches de fleurs. Lui-même jouit silencieusement, comme il convient à un Dieu, de ce printemps terrestre du Royaume. Sa divinité s'humanise et s'attendrit devant toutes ces âmes palpitantes, qui attendent de lui le salut et dont il démêle les destinées enchevêtrées, dont il devine l'avenir. Il jouit de cette floraison d'âmes comme l'époux silencieux des noces de Cana jouit de l'épouse muette, et parfumée au milieu de son cortège de paranymphes.

Selon les Evangiles, un dramatique épisode jette son ombre dans les flots de soleil qui ruissellent sur ce printemps de Galilée. Est-ce le premier assaut des forces hostiles qui déjà s'amassent dans l'invisible contre le Christ ? Pendant une traversée du lac, il s'éleva une de ces bourrasques terribles si fréquentes sur la mer de Tibériade. Jésus s'était endormi à la poupe. La barque ballotée allait-elle sombrer ? On réveilla le maître, qui de ses bras étendus calma les flots, tandis que l'esquif, poussé par un vent favorable, gagnait le port hospitalier. Voilà du moins ce que nous raconte Mathieu. Et pourquoi cela serait-il impossible ? L'Archange solaire, en communion étroite avec les puissances qui gouvernent l'atmosphère terrestre, peut bien projeter sa volonté comme un cercle magique dans le tourbillon d'Éole. Il peut trouer d'azur la noirceur du ciel et créer, pour un instant dans la tourmente, *l'œil de la tempête* avec le cœur d'un Dieu ! Réalité ou symbole ? dans les deux cas, vérité sublime. Le Christ dormant dans la barque de pêche, au sein des vagues irritées, quelle superbe image de la paix de l'âme, consciente de sa patrie divine, au milieu des élements furieux et des passions déchaînées !

Deuxième degré d'initiation (purification). Guérisons miraculeuses. La thérapeutique chrétienne.

Dans tous les mystères antiques, à la préparation morale et intellectuelle succédait une purification de l'âme qui devait créer en elle des organes nouveaux et la rendre capable, par la suite, de *voir* le monde divin. C'était essentiellement une purification du corps astral et du corps éthérique. Avec le Christ, nous l'avons dit, le Divin est descendu, à travers la plan astral et le plan éthérique, jusqu'au plan physique. Son action s'exercera donc jusque sur le corps physique de ses fidèles, à travers les deux autres. Elle transformera ainsi leur être de fond en comble. Car son influx, ayant traversé les trois sphères de vie, rejaillira du sang des veines jusqu'au sommet du moi. Le Christ est à la fois le médecin de l'âme et du corps. De là cette nouvelle thérapeutique aux effets immédiats, transcendants et foudroyants. Exemple magnifique, que nul n'égalera, mais sur les traces desquels marcheront les croyants de l'Esprit.

La conception ésotérique du miracle n'est pas celle d'une interruption ou d'un bouleversement des lois de la nature, mais d'une accumulation des forces éparses de l'univers sur un point donné et d'une accélération du progrès vital des êtres. Des miracles analogues à ceux du Christ avaient été opérés avant lui dans les sanctuaires d'Asie, d'Égypte et de Grèce, entre autres dans celui d'Esculape à Épidaure, dont témoignent de nombreuses inscriptions. Ceux du Christ se distinguent par leur intensité et par leurs effets moraux. Lépreux, paralytiques, aveugles ou démoniaques, ses malades une fois guéris de leurs maux, sentent leur âme transformée. L'équilibre des forces s'est rétabli dans leur corps par le fluide du maître, mais en même temps sa beauté divine leur a donné le rayon de l'espérance et son amour la lumière de la foi. Ils se ressentiront d'un tel contact dans toutes leurs existences futures. Cela ressort de la guérison du paralytique. Il avait attendu trente ans, près du lavoir de Bethesda, sans pouvoir se guérir. Le Christ lui dit simplement : « Lève-toi et marche ! » et le voilà debout. Jésus affirme à ses disciples que le mal de cet l'homme ne provenait ni de ses parents, ni de ses péchés, depuis sa naissance. Pourtant il dit au malade guéri : « Va et ne pèche plus. » C'est donc qu'il avait péché gravement dans une précédente existence.

« L'Amour transformé en action, voilà ce que donne le Christ. Luc a su comprendre en Jésus-Christ le médecin de l'âme et du corps. C'est parce que Luc a été médecin lui-même et a pratiqué l'art de guérir par l'Esprit qu'il a si bien compris le côté thérapeutique de Jésus. Voilà pourquoi les hauts enseignements du bouddhisme nous apparaissent dans Luc comme rajeunis par une fontaine de Jouvence [1]. »

---

1. R. STEINER, *Conférences sur l'Év. de Luc.*

Troisième degré d'initiation : Illumination.
La Résurrection de Lazare.

Une opinion généralement admise de nos jours est que Jésus n'entendait apporter le royaume de Dieu qu'aux simples, qu'il n'avait qu'un seul et même enseignement pour tous, que par suite sa doctrine mettait fin à tout mystère. Notre âge, qui croit naïvement avoir trouvé une nouvelle religion dans la démocratie, a voulu ramener le plus grand des Fils de Dieu à cet idéal grotesque et mesquin qui consiste dans l'écrasement de l'élite par la masse. Le plus illustre de ses biographes n'a-t-il pas cru devoir donner à Jésus, auprès du monde moderne, la plus irrésistible des recommandations en l'appelant « aimable démocrate » ?

Oui certes, le Christ voulait ouvrir le chemin de la vérité à toutes les âmes de bonne volonté, mais il savait aussi qu'il faut la doser selon le degré des intelligences. Le simple bon sens défend de croire qu'un esprit d'une telle profondeur ait méconnu la loi de hiérarchie qui domine l'univers, la nature et l'humanité. Mais l'opinion que l'enseignement du Christ n'avait ni degrés, ni mystères, est réfutée par tous les quatre Évangiles. Les apôtres ayant demandé à Jésus pourquoi il parle au peuple par similitudes, il répond : « Parce qu'il vous est donné de connaître *les mystères du royaume des cieux ;* mais cela ne leur est point donné. Car on donnera à celui qui a déjà, et il aura encore davantage ; mais pour qui n'a pas on lui ôtera même ce qu'il a. » (Math., XIII, 10 et 11). Cela veut dire que *la vérité consciente*, c'est-à-dire *cristallisée par la pensée* est indestructible et devient un centre d'attraction pour des vérités nouvelles, tandis que la *vérité instinctive et flottante* s'effrite et s'éparpille sous la multiplicité des impressions. Donc le Christ avait un enseignement secret, réservé à ses apôtres, enseignement qu'il appelait « les mystères du royaume des cieux ». Mais il y a plus. Lorsqu'on y regarde de près, la hiérarchie s'accentue et s'étage selon les quatre degrés de l'initiation classique : 1° D'abord *le peuple*, auquel il donne l'enseignement moral sous la forme de similitudes et de paraboles ; 2° Puis, *les soixante-dix*, qui ont reçu l'explication de ces paraboles ; 3° Ensuite *les douze apôtres*, initiés aux « mystères du royaume des cieux ». 4° Enfin, parmi eux, les trois élus : Pierre, Jacques, et Jean, initiés aux plus profonds mystères du Christ lui-même, les seuls qui assisteront à la transfiguration. Encore faut-il ajouter que, parmi ces derniers, Jean sera le seul *épopte* véritable dans le sens des mystères d'Éleusis et de Pythagore, c'est-à-dire *un voyant qui comprend ce qu'il voit*.

Et en effet l'Évangile de Jean a, d'un bout à l'autre, le caractère de la plus haute initiation. La Parole créatrice « la Parole qui était au commencement avec Dieu *et qui était Dieu elle-même* » y retentit dès les premiers versets, comme l'harmonie des sphères, éternelle mouleuse des mondes. Mais, à côté de cette métaphysique du Père, du Fils et du Saint-Esprit, qui est comme le *leitmotiv* de tout l'Evangile et où l'on a signalé justement l'influence alexandrine, au point de vue de la forme qu'ont revêtue ces idées, on trouve dans l'Évangile de Jean, une familiarité, un réalisme ému, des détails précis et saisissants qui trahissent une intimité spéciale du disciple avec le Maître. Cette remarque s'applique à tout le récit de la Passion et plus particulièrement à toutes les scènes de Béthanie, dont la résurrection de Lazare est la plus importante.

Lazare, que Jean désigne simplement comme le frère de Marthe et de Marie de Béthanie, est le personnage le plus énigmatique et le plus singulier des Évangiles. Jean seul le mentionne ; les synoptiques ne le connaissent pas. Il n'est là que pour la scène de la résurrection. Le miracle opéré, il disparaît comme dans une trappe. Pourtant il fait partie du groupe le plus proche de Jésus, de celui qui l'accompagne jusqu'au tombeau. Dès lors se pose une double question. On se demande involontairement : Quelle est cette vague individualité de Lazare qui passe comme un fantôme au milieu des autres personnages si vivants et si nettement dessinés du récit évangélique ? Que signifie d'autre part sa résurrection ? D'après la tradition générale, Jésus n'aurait ressuscité Lazare que pour prouver aux Juifs qu'il était le Messie. Mais cela ravale le Christ au rang d'un vulgaire thaumaturge. La critique moderne, toujours prête à nier en bloc ce qui l'embarrasse, tranche la question en déclarant que ce miracle est comme tous les autres un jeu de l'imagination populaire. Autant dire, comme certains, que toute l'histoire de Jésus n'est qu'une légende fabriquée après coup et que le Christ n'a jamais existé. Ajoutons que l'idée de la résurrection est le centre de la pensée chrétienne et le principe de son impulsion. L'interpréter et la comprendre, la ramener aux lois universelles, est nécessaire, mais la supprimer purement et simplement, c'est ôter au christianisme sa lumière et sa force. Son levier disparaît avec l'âme immortelle.

Or, la tradition rosicrucienne nous fournit de cette énigme troublante une solution aussi hardie que lumineuse[1]. Car, du même coup, elle fait sortir Lazare de sa pénombre et rend à sa résurrection son sens ésotérique, sa vérité transcendante. Pour ceux qui ont percé le voile des apparences, Lazare n'est autre que l'apôtre Jean lui-même. S'il ne l'a pas dit c'est par une sorte de pudeur d'âme et par l'admirable modestie que s'imposèrent les disciples de Jésus. Le désir de ne pas se mettre au-dessus de ses frères l'empêcha de raconter, sous son propre nom, le plus grand événement de sa vie, celui qui fit de lui un initié de premier ordre. De là le masque de Lazare dont s'est couvert, en cette circonstance, l'apôtre Jean. Quant à sa résurrection, elle prend par ce fait même un nouveau caractère, et se révèle à nous comme la phase capitale de l'initiation antique, celle du 3ᵉ degré.

En Égypte, l'initié, après de longues épreuves, était plongé par l'hiérophante dans un sommeil léthargique et passait trois jours dans un sarcophage placé dans le temple. Pendant ce temps, le corps physique, devenu glacé, avait toute l'apparence de la mort, tandis que le corps astral, complètement dégagé, pouvait s'épandre librement dans le Kosmos. Quant au corps éthérique, siège de la vie et de la mémoire, il se dégageait aussi et suivait l'autre, laissant dans le corps physique juste assez de lui-même

---

[1]. Voir *le Mystère chrétien et les mystères antiques*, par R. STEINER, traduction française (libr. Perrin).

pour empêcher la mort. A son réveil du sommeil cataleptique, provoqué par l'hiérophante, l'homme qui sortait du sarcophage n'était plus le même. Son âme avait voyagé dans l'autre monde et s'en souvenait. Il était devenu un véritable initié, membre de la chaîne magique « associé, selon une vieille inscription, à l'armée des Dieux supérieurs ». Le Christ, dont la mission fut de divulguer les Mystères aux yeux du monde entier et d'en élargir la portée, voulut faire traverser à son disciple préféré la crise suprême qui mène à la connaissance directe de la vérité. D'après le texte même de l'Evangile, tout était voulu par lui et préparé d'avance. Marie envoie de Béthanie un message à Jésus qui prêche en Galilée et lui fait dire : « Seigneur ! *Celui que tu aimes* est malade ! » (Cela ne désigne-t-il pas clairement l'apôtre Jean, *le disciple que Jésus aimait?*) Mais Jésus, au lieu d'accourir, attend deux jours et dit à ses disciples : « Cette maladie n'est point à la mort, mais elle est pour la gloire de Dieu afin que le Fils de Dieu soit glorifié... *Lazare, notre ami, dort; mais je vais l'éveiller.* » Ainsi Jésus sait d'avance ce qu'il veut et ce qu'il va faire. Il arrive à point pour le phénomène qu'il a prévu et préparé. Lorsqu'en présence des sœurs éplorées, des Juifs accourus, en face du tombeau taillé dans le roc dont on a reculé la pierre et où dort d'un sommeil léthargique, celui qu'on a cru mort, le maître s'écrie : « Lazare ! sors de là ! » Celui qui se lève devant la foule étonnée n'est pas le Lazare légendaire, pâle fantôme qui porte encore sur lui l'ombre du tombeau, mais un homme transfiguré, au front radieux. C'est l'apôtre Jean... et déjà les lueurs de Patmos flamboient dans ses yeux. Car il a vu la lumière divine ; pendant son sommeil il a vécu l'Éternel. Son prétendu linceul est devenu la robe de lin de l'initié. Il comprend maintenant ce que veut dire le mot du maître : « Je suis la résurrection et la vie ! » Le Verbe créateur : « Lazare ! sors de là ! » a retenti jusqu'à la moelle de ses os. Il a fait de lui un ressuscité de l'âme et du corps. Jean sait maintenant pourquoi il est le disciple que Jésus aime par-dessus tous les autres, car lui seul le comprend à fond. Pierre restera l'homme du peuple, le croyant impétueux et naïf, qui faiblit au dernier moment. Jean sera l'initié et le Voyant qui suivra le maître jusqu'au pied de la croix, jusque dans la nuit du tombeau et dans les splendeurs du Père.

Quatrième degré de l'Initiation : Vue d'en haut. La Transfiguration.

L'Épiphanie ou vue d'en haut signifiait, dans l'initiation pythagoricienne, la vue d'ensemble qui doit suivre la contemplation spirituelle. C'était la compréhension intime et l'assimilation profonde des choses vues en esprit. La voyance devait conduire à une *synthèse du Kosmos*. C'était le couronnement initiatique. A cette phase correspond, dans l'éducation donnée par le Christ à ses apôtres, le phénomène de *la Transfiguration*.

Rappelons les circonstances dans lesquelles se produisit cet événement. L'aurore printanière de l'idylle galiléenne avait pâli. Tout s'assombrissait autour du Christ. Ses ennemis mortels, les Pharisiens et les Sadducéens guettaient son retour à Jérusalem pour le saisir et le traduire en justice. Dans les fidèles bourgades de Galilée, les défections se produisaient en masse sous les calomnies de la grande Synagogue accusant Jésus de blasphème et de sacrilège. Bientôt le Christ, s'apprêtant à son dernier voyage, allait faire, du haut d'une colline, de tristes adieux à ses villes chéries et à son lac bien-aimé : « Malheur à toi, Capharnaüm ! Malheur à toi, Korazin ! Malheur à toi, Bétsaïda ! » Les assauts de la haine obscurcissaient de plus en plus son auréole d'Archange solaire. La nouvelle de la mort de Jean-Baptiste, décapité par Hérode Antipas, fut pour Jésus l'avertissement que son heure approchait. Il connaissait son destin et ne reculait pas devant lui. Mais la question devait naître en lui : « Mes disciples ont-ils compris mon verbe et sa mission dans le monde ? » La majeure partie des douze, imprégnée de l'idée juive, se figurait le Messie comme un dominateur des peuples par le glaive. Ils étaient encore incapables de comprendre la tâche que le Christ allait assumer dans l'histoire. Jésus voulut y préparer ses trois élus. Le récit de Mathieu est ici singulièrement significatif et d'un relief puissant.

« Six jours après, Jésus prit Pierre, Jacques et Jean, son frère, et les mena sur une haute montagne, à part. — Et il fut transfiguré en leur présence ; son visage devint resplendissant comme le soleil, et ses habits devinrent éclatants comme la lumière. — En même temps Moïse et Élie apparurent, qui s'entretenaient avec lui. — Alors Pierre, prenant la parole dit à Jésus : « Seigneur ! il est bon que nous demeurions ici ; si tu veux, faisons y trois tentes : une pour toi, une pour Moïse, et une pour Élie ». — Comme il parlait encore, une nuée resplendissante les couvrit ; et tout d'un coup une voix sortit de la nuée, qui dit : « C'est ici mon Fils bien-aimé, en qui j'ai mis toute mon affection, écoutez-le. » — Ce que les disciples ayant entendu, ils tombèrent la face contre terre, et furent saisis d'une très grande crainte. — Mais Jésus, s'approchant, les toucha, et leur dit : « Levez-vous, et n'ayez point peur ». — Alors, élevant leurs yeux, ils ne virent plus que Jésus seul. » (Math. XVII, 1-8.)

Dans son tableau de *la Transfiguration*, Raphaël a merveilleusement compris, avec son génie angélique et platonicien, le sens transcendant de cette vision. Les trois mondes : *le monde physique* ou terrestre, *le monde animique* ou astral et *le monde divin* ou spirituel, qui domine et pénètre les autres de son éclat, y sont nettement séparés et figurés en trois groupes, qui forment les trois étages du tableau. — Au bas de la montagne, on voit les apôtres non initiés et la foule. Ils raisonnent et se disputent en gestes violents sur un miracle, mais ne voient pas le Christ. Seul, parmi eux, le possédé guéri aperçoit la vision et pousse un cri. Chez les autres, les yeux de l'âme ne se sont pas encore ouverts. — Au sommet de la montagne, Pierre, Jacques et Jean dorment d'un profond sommeil. Ils ne sont pas encore capables d'être des voyants de l'esprit à l'état de veille. Le Christ, qui apparaît soulevé de terre, dans les nuées éclatantes entre Élie et Moïse, représente la vision des trois élus. En contemplant et en comprenant cette vision, les trois apôtres initiés, ont devant eux, en ces trois figures, un résumé de toute l'évolution divine. Car Moïse, le prophète du Sinaï, le formidable condensateur de *la Genèse*, représente l'histoire de la terre depuis l'origine du monde. — C'est tout le passé. — Élie représente Israël et tous ses prophètes, annonciateurs du Messie. — C'est le présent. — Le Christ lui-même est l'incarnation transparente et rayonnante du Verbe solaire, le Verbe créateur qui soutient notre monde depuis l'origine et qui maintenant parle à travers un homme. — C'est tout l'avenir [1]. — La voix qu'entendent les apôtres est la Parole universelle du Père, de l'Esprit pur, d'où sortent tous les Verbes. Elle est semblable à la musique des sphères, qui roule sur les mondes et en ordonne les rythmes, et qu'entendent seuls les clairaudients. — A cette heure unique et solennelle, elle se traduit en langage humain pour les apôtres.

Ainsi, la vision du Thabor ramasse en un tableau d'une simplicité grandiose toute l'évolution humaine et divine. *La Transfiguration* fut le commencement d'un nouveau mode d'extase et de vision spirituelle approfondie.

---

1. Dans mes *Grands Initiés*, à la page 512, j'ai tenté de décrire ce qui se passait dans l'âme du Christ lui-même, au moment de la Transfiguration.

CHAPITRE V

LES NOUVEAUX MYSTÈRES, LA PASSION, LA MORT, ET LA RÉSURRECTION DU CHRIST

Souriantes, ensoleillées furent les trois années du ministère de Jésus. La vie errante sur les rives du lac et à travers champs s'y mêle aux plus graves enseignements. La thérapeutique de l'âme et du corps alterne avec des exercices de haute voyance. Parfois on dirait une ascension vertigineuse du maître pour entraîner les siens à sa propre hauteur spirituelle. A mesure qu'il monte, la plupart s'égrènent en route. Trois seulement l'accompagnent au sommet, où ils tombent comme foudroyés sous la révélation. Telle la manifestation radieuse, d'une force et d'une beauté croissante, du Christ à travers le maître Jésus. Puis brusquement le Dieu descend de cette gloire dans un gouffre d'ignominie. Volontairement, aux yeux de ses disciples, il se laisse prendre par ses ennemis et se livre sans résistance aux derniers outrages, au supplice et à la mort. Pourquoi cette chute profonde ?

Platon, ce modeste et prodigieux initié, qui sert de transition entre le génie hellénique et le christianisme, a dit quelque part que « l'âme du monde est crucifiée sur la trame de l'univers dans toutes les créatures et attend sa délivrance ». Mot étrange, où l'auteur du *Timée* semble avoir pressenti la mission du Christ dans son sens le plus intime et le plus transcendant. Car cette parole contient à la fois l'énigme de l'évolution planétaire et sa solution par le mystère de la croix. Après le long enchevêtrement de l'âme humaine dans les liens de la matière, il ne fallait rien moins que le sacrifice d'un Dieu pour l'en arracher et lui montrer le chemin de l'Esprit.

Autrement dit, pour accomplir sa mission, le Christ, après avoir initié ses disciples, devait, pour achever leur éducation, traverser une initiation personnelle. Le Dieu devait descendre jusqu'au fond de la douleur et de la mort, pour s'identifier avec le cœur et le sang de l'humanité et imprimer à la terre une impulsion nouvelle. La puissance spirituelle est en raison directe du don de soi. Voilà pourquoi ce fut pour le Christ lui-même un agrandissement de se donner à l'humanité en entrant dans un corps humain et en acceptant le martyre.

Ce sont là de nouveaux mystères, d'un genre unique, tels qu'on n'en avait pas encore vus et tels qu'on n'en reverra sans doute jamais pendant les futures évolutions de la terre qu'attendent encore bien des métamorphoses. Car dans ces mystères, un Dieu, l'Archange solaire est l'initié — et l'Esprit pur, le Père, est l'hiérophante. Le Christ ressuscité en sort Sauveur de l'humanité. Le résultat en est, pour l'homme, un élargissement immense de sa zone de perception spirituelle et, par suite, un agrandissement incalculable de sa destinée terrestre et céleste.

*
* *

Depuis plus d'un an, les Pharisiens guettaient Jésus, mais il ne voulait se livrer qu'à son heure. Que de fois il avait discuté avec eux, au seuil des synagogues et sous le grand portique du temple de Jérusalem, où se promenaient en robes somptueuses les plus hauts dignitaires du pouvoir religieux. Que de fois il les avait réduits au silence par sa dialectique serrée, répondant à leurs pièges par des pièges plus subtils. Mais que de fois aussi il les avait épouvantés par des mots qui semblaient tomber du ciel comme la foudre : « En trois jours je renverserai le temple... en trois jours, je le rebâtirai ! » Trop souvent il les avait bravés en face et certaines de ses épithètes étaient restées dans leurs chairs comme des harpons : « Hypocrites ! race de vipères ! sépulcres blanchis ! » Et quand, furieux, ils avaient voulu le faire saisir dans le temple même, Jésus, à plusieurs reprises, s'était servi du même moyen qu'emploiera plus tard Apollonius de Tyane, au tribunal de l'empereur Domitien. Il avait jeté un voile sur leurs yeux et s'était rendu invisible. « Et il passa au milieu d'eux sans être vu », disent les Evangiles.

Cependant tout est prêt dans la grande Synagogue pour le jugement du dangereux prophète qui a menacé de détruire le temple et qui se dit le Messie. Au point de vue de la loi juive, ces deux griefs suffisent pour le condamner à mort. Caïphe a dit en plein sanhédrin : « Il est bon qu'un seul homme meure pour tout le peuple d'Israël. » Quand le ciel parle par la bouche de l'enfer, la catastrophe est imminente.

Enfin la conjonction des astres sous le signe de la Vierge a marqué l'heure fatidique au cadran du ciel comme au cadran de l'histoire. Elle a jeté sa flèche noire dans l'âme solaire du Christ. Il rassemble ses apôtres dans sa retraite habituelle, une caverne du Mont des Oliviers et leur annonce sa mort prochaine. Consternés, ils ne comprennent pas ; ils ne comprendront qu'après. C'est le jour de Pâques. Jésus ordonne le repas d'adieu dans une maison de Jérusalem.

Et voici les douze assis dans la salle voûtée, vers la tombée de la nuit. Sur la table fume l'agneau pascal, qui commémore pour les Juifs la fuite d'Égypte et qui va devenir le symbole de la plus haute victime. Par les fenêtres en arcade, on aperçoit la sombre citadelle de David, le toit étincelant d'or du temple d'Hérode, la sinistre tour Antonia où commande la lance romaine — et, par-dessus, le crépuscule blafard. Un silence oppressant, une vapeur pesante et rougeâtre flotte dans l'air. Jean, qui voit et devine plus que les autres, se demande pourquoi, dans l'obscurité croissante, apparaît autour de la tête du Christ un pâle halo d'où sortent des rayons furtifs aussitôt éteints, comme si l'âme de Jésus tremblait dans ses profondeurs et frémissait devant une résolution dernière. Et silencieusement le disciple aimé penche sa tête vers le cœur du maître. Enfin celui-ci rompt le silence : « En vérité, je vous dis qu'un de vous me trahira ce soir. » Murmuré d'une voix grave, le mot passe sur les douze comme l'alarme du naufrage sur un navire en détresse. — « Qui ? qui ? » Jésus ayant désigné Judas, qui serre convulsivement sa bourse, ajoute sans colère : « Va et fais ce que tu as à faire ». Se voyant découvert, le traître sort dans sa colère concentrée.

Alors Jésus, rompant le pain et présentant la coupe, prononce solennellement les paroles qui consacrent sa mission et qui retentiront à travers les siècles : « Prenez... ceci est mon corps... buvez ; ceci est mon sang... » Moins que jamais les apôtres interdits comprennent. Seul le Christ sait qu'il accomplit en ce moment l'acte le plus formidable de sa vie. Par ces paroles, qui s'inscrivent dans l'Invisible, il s'est livré à l'humanité, il s'est sacrifié d'avance. Avant cela, le Fils de Dieu, le Verbe, plus libre que tous les Elohim, aurait pu revenir en arrière, refuser l'holocauste sanglant. Maintenant il ne le peut plus. Les Puissances ont reçu son serment. Comme une immense auréole, les Elohim sentent monter vers eux la partie divine de Jésus-Christ, son âme solaire avec tous ses pouvoirs, et la retiennent dans leur cercle attentif, gage fulgurant du divin sacrifice. Les Elohim ne la lui rendront qu'après sa mort. Il ne reste sur la terre que le Fils de l'Homme, une victime marchant au supplice.

Mais lui seul aussi sait ce que signifie « le corps et le sang du Christ ». — Jadis les Trônes ont donné leur corps pour la création de la nébuleuse ; les Archées ont donné leur dernier souffle pour faire sortir le soleil de la nuit saturnienne ; les Archanges leur âme de feu pour créer les Anges, prototypes de l'Homme. Maintenant le Christ donnera son corps pour sauver l'humanité. De son sang doit sortir la fraternité humaine, la régénération de l'espèce, la résurrection de l'âme... Et, tandis qu'il fait boire ses disciples dans le calice où rougeoie l'âpre vin de

Judée... Jésus repense à son rêve céleste... à son rêve cosmique avant son incarnation... alors qu'il respirait encore dans la zone solaire... et que les douze grands prophètes lui offrirent, à lui treizième, le calice redoutable... qu'il accepta !

Mais les apôtres, sauf Jean qui devine l'ineffable, ne peuvent comprendre. Ils sentent que quelque chose de terrible va se passer. Ils tremblent, ils pâlissent. L'incertitude, le doute, père de la lâche peur, les saisit. Quand le Christ se lève et dit : « Allons prier à Géthsémani ! » les disciples le suivent, deux par deux. Le triste cortège sort par la profonde poterne de la porte d'or, descend dans la sinistre vallée d'Hinnom, le cimetière des Juifs et la vallée de l'Ombre de la Mort. Il passe le pont du Cédron, pour se cacher dans la caverne du Mont des Oliviers. Les apôtres demeurent muets, impuissants, atterrés.

Sous les grands arbres du Mont des Oliviers, aux gestes anguleux, au feuillage épais, le cercle infernal se resserre sur le Fils de l'Homme pour l'étreindre dans son carcan.

Les apôtres dorment. Jésus prie et son front se couvre d'une sueur de sang. Il faut qu'il subisse l'angoisse suffocante, qu'il boive le calice jusqu'à la lie, qu'il savoure l'amertume de l'abandon et du désespoir humain. Enfin des torches et des armes luisent sous les arbres. C'est Judas avec les sergents. Il donne à Jésus le baiser de la trahison, qui le désigne aux soldats mercenaires. Il y a une douceur vraiment infinie dans la réponse du Christ : « Mon ami, pour quel objet es-tu ici ? » douceur si écrasante, qu'elle poussera le traître jusqu'au suicide, malgré la noirceur de son âme. Après cet acte d'amour parfait, Jésus restera impassible jusqu'au bout. Il s'est cuirassé contre toutes les tortures

Le voilà devant le grand prêtre Caïphe, type du sadducéen endurci et de l'orgueil sacerdotal sans foi. Jésus s'avoue le Messie et le pontife déchire sa robe; c'est la condamnation à mort. Au prétoire de Rome, Pilate essaye de sauver le Galiléen qu'il juge un rêveur inoffensif. Car ce prétendu « roi des Juifs » qui se dit « fils de Dieu » ajoute que « son royaume n'est pas de ce monde ». Mais, les prêtres Juifs ayant évoqué l'ombre jalouse de César, et la foule hurlant : « Crucifie ! » le proconsul, après s'être lavé les mains de ce crime, a livré le Messie aux mains brutales des légionnaires romains. On l'a revêtu du manteau de pourpre; on a meurtri son front avec la couronne d'épines; on a placé dans ses mains le roseau comme un sceptre dérisoire. Les coups pleuvent avec les insultes. Pour marquer son mépris aux Juifs, Pilate leur dit : « Voilà votre roi ! » Puis il ajoute, avec une amère ironie : *Ecce Homo !* comme si toute la misère et toute l'abjection humaine se résumait dans ce prophète flagellé.

L'antiquité finissante et même les Stoïciens n'ont pas mieux compris le Christ de la Passion que Pilate. Ils n'en ont vu que l'extérieur affligeant et son apparente inertie, qui provoquait leur indignation. Mais tous les actes de la vie de Jésus ont à la fois un sens symbolique et une action mystique sur l'humanité future. Les stations de la Croix, évoquées en images astrales par les saints du moyen âge, devinrent pour eux un instrument d'initiation et de perfection. Les frères de Saint-Jean et les Templiers, les Croisés qui conçurent la conquête de Jérusalem, pour

en faire la capitale du monde, les mystérieux Rose-croix du quatorzième siècle qui préparèrent la réconciliation de la Science et de la Foi, de l'Orient et de l'Occident dans une sagesse supérieure, tous ces hommes d'action spirituelle, dans le sens le plus intense du mot, devaient trouver dans la Passion du Christ une source incalculable de force. Quand ils avaient la vision de *la Flagellation*, la figure meurtrie du Christ leur disait : « Apprends de moi à rester impassible sous le fouet de la destinée, à résister à toutes ses souffrances, et tu acquerras un sens nouveau : la compréhension de toutes les douleurs, le sentiment de l'unité avec tous les êtres. Car c'est ainsi que j'ai consenti à souffrir pour les hommes, afin de pénétrer jusqu'au fond de leur âme. »
— *La Couronne d'épines* leur enseignait à braver le monde moralement et intellectuellement, à supporter le mépris et l'attaque contre tout ce qui nous est le plus cher. Elle leur disait : « Reste debout, quand tout le monde te frappe. Sache dire : *oui !* quand tout le monde dit : *non !* Ainsi seulement tu deviendras *toi-même*. » La scène du *Portement de la Croix* leur enseignait une autre vertu et leur disait : « Apprends à porter le monde sur ta conscience comme le Christ a consenti à porter la Croix pour s'identifier à la terre. Apprends à porter ton corps comme une chose extérieure. Il faut que l'esprit tienne le corps dans sa volonté comme la main tient le marteau ! » Ainsi ce n'est point la passivité que le Mystère de la Passion enseigna à l'Occident et aux peuples du Nord, mais une énergie nouvelle par l'Amour et le Sacrifice.

La scène de *Golgotha* est le dernier terme de la

vie du Christ, le sceau posé à sa mission, et par là le mystère le plus profond du christianisme. Gœthe a dit justement à ce propos : « Le mystère suprême de la souffrance est une chose si sacrée qu'en étaler l'image aux yeux de la foule peut paraître une profanation sacrilège. » Pourquoi la lugubre scène de la crucifixion ? disaient les payens des premiers siècles. Est-ce de cette cruelle horreur que doit sortir le salut du monde ? Et maint penseur moderne a répété : L'humanité ne pouvait-elle être sauvée que par la mort d'un juste ? L'univers est donc un chevalet de torture et Dieu un bourreau ! La réponse la plus philosophique à ce poignant problème a été donnée par Rudolf Steiner : « La preuve que le spirituel triomphe toujours du matériel devait être mise sous les yeux du monde. *Une initiation transposée sur le plan de l'histoire universelle, voilà l'événement de Golgotha.* Un torrent de vie spirituelle sort des gouttes de sang versées sur la croix. Le sang est la substantialisation du moi. Avec le sang versé à Golgotha, l'amour du Christ va pénétrer l'égoïsme humain comme un fluide vivifiant. »

Lentement, la croix s'est dressée sur la sinistre colline qui domine Sion. Dans la victime sanglante, qui palpite et frissonne sous l'infâme gibet, respire une âme surhumaine. Mais le Christ a abandonné ses pouvoirs aux Elohim. Il se sent comme coupé de son aura solaire, dans une solitude affreuse, au fond d'un gouffre de ténèbres où crient des soldats et vocifèrent des ennemis. Un noir nuage pèse sur Jérusalem. Car l'atmosphère terrestre n'est qu'un prisme de la vie universelle. Ses fluides, ses vents, ses esprits élémentaires se gorgent parfois des passions humaines, en même temps qu'ils répondent aux impulsions cosmiques par leurs tempêtes et leurs convulsions. Et voici pour Jésus les heures de l'agonie, lourdes comme des éternités. Malgré les déchirements du supplice, il reste le Messie. Il pardonne à ses bourreaux, il console le larron qui a conservé la foi. Aux approches de la mort, Jésus a senti la soif dévorante des suppliciés, présage de la délivrance. Mais, pour vider son calice, il faut qu'il en vienne jusqu'à ce sentiment d'esseulement qui lui fera dire : « Mon Père, pourquoi m'as-tu abandonné ? » suivi du mot suprême : « Tout est accompli » qui met le sceau de l'Éternel sur le front des siècles étonnés.

Un dernier cri est sorti de la poitrine du crucifié, strident comme un clairon ou comme le son d'une harpe dont on déchirerait toutes les cordes à la fois. Si terrible et si puissant est ce cri que les légionnaires romains ont reculé en balbutiant : « Serait-ce le Fils de Dieu ? »

Jésus est mort — mais le Christ est vivant — plus vivant que jamais ! Aux yeux des hommes, il ne reste de lui qu'un cadavre pendu à un gibet, sous un ciel plus noir que l'enfer. Mais dans le monde astral et dans le monde spirituel, éclate un coup de lumière suivi d'un coup de foudre aux mille échos. D'un seul bond, l'âme du Christ a rejoint son aura solaire, suivi par des océans d'âmes et salué par l'hosanna des légions célestes. Dès à présent, les voyants d'outre-tombe et les Elohim savent que la victoire est gagnée, que la mort a perdu son aiguillon, que la pierre des sépulcres est brisée et qu'on verra des âmes glorieuses planer sur leurs mâchoires vides. Le Christ a réintégré son royaume avec des pouvoirs centuplés par son sacrifice. Déjà, d'un nouveau bond, il serait prêt à rentrer au cœur de l'Infini, au centre bouillonnant de lumière, d'amour et de beauté qu'il appelle son Père. Mais sa pitié le ramène vers la terre dont il est devenu le maître par son martyre.

Une brume sinistre, un morne silence couvrent toujours Jérusalem. Les saintes femmes pleurent sur le cadavre du maître; Joseph d'Arimathée l'ensevelit. Les apôtres se cachent dans les cavernes de la vallée d'Hinnôm. Leur maître mort, ils ont perdu tout espoir. Rien n'est changé, en apparence, dans le monde opaque de la matière. Cependant un fait singulier s'est passé au temple d'Hérode. Au moment où Jésus expirait, le voile splendide, tressé de lin, couleur de pourpre et d'hyacinthe, qui cache le tabernacle, s'est rompu de haut en bas. Un lévite qui passait a vu, dans le sanctuaire, l'arche d'or flanquée de ses Kéroubim d'or massif, leurs ailes dressées vers la voûte. Chose inouïe, des yeux profanes ont pu contempler le mystère du saint des saints, où le grand pontife lui-même ne doit pénétrer qu'une fois l'an. Les sacrificateurs effrayés chassent le peuple pour qu'il ne soit pas témoin du sacrilège. — Ce signe a un sens. — L'image du Kéroubim, au corps de lion, aux ailes d'aigle, à tête d'ange, est pareille à celle du sphinx. Elle symbolise toute l'évolution de l'âme humaine, sa descente dans la chair et son retour à l'Esprit. Grâce au Christ, le voile du sanctuaire est déchiré, l'énigme du Sphinx est résolue.

Désormais le mystère de la vie et de l'évolution est ouvert à tous ceux qui osent et qui veulent.

Pour expliquer maintenant l'œuvre accomplie par l'esprit du Christ pendant que les siens veillaient à *la mise au tombeau* de son corps, il nous faut rappeler une fois encore le fait capital de l'initiation égyptienne. L'initié passait trois jours et trois nuits, dans un sarcophage, plongé dans un sommeil léthargique sous la surveillance de l'hiérophante. Pendant ce temps, il accomplissait son voyage dans l'autre monde, proportionné à son degré d'avancement. Comme il s'en souvenait à son réveil et qu'il avait visité d'avance l'empire des morts, il était comme ressuscité et *deux fois né* selon la langue des temples. Le Christ, lui aussi, accomplit son voyage cosmique, pendant sa mise au tombeau, avant sa résurrection spirituelle aux yeux des siens. Ici encore il y a parallélisme, entre l'initiation antique et les nouveaux Mystères apportés au monde par le Christ. Parallélisme, mais aussi élargissement immense. Car le voyage astral d'un Dieu, ayant passé par l'épreuve de la mort terrestre, devait être d'un autre genre et d'une portée plus vaste que la timide bordée d'un simple mortel dans le royaume des morts, sur la barque d'Isis[1].

Deux courants psychofluidiques enveloppent le globe terrestre de leurs anneaux multiples comme des serpents électriques toujours en mouvement. L'un nommé *Horeb* par Moïse, *Érèbe* par Orphée, pourrait s'appeler aussi *force centripète*. Car il a son centre dans la terre et ramène à elle tout ce qui tombe dans son flux torrentiel. C'est le gouffre des générations, du désir et de la mort, la sphère de l'épreuve, aussi nommée purgatoire par les religions. Toutes les âmes encore livrées à leurs passions terrestres

---

1. Cette barque était en réalité le propre corps éthérique de l'initié, arraché par l'hiérophante au corps physique et emporté dans le tourbillon des courants astraux.

sont emportées dans ses remous, et ses tourbillons. L'autre courant est nommé *Iona* par Moïse et pourrait s'appeler *force centrifuge*. Car en lui réside *la puissance d'expansion* comme dans l'autre celle de *contraction ;* et il est en rapport avec tout le Kosmos Par lui les âmes remontent au soleil et au ciel ; par lui aussi viennent les influences divines ; par lui le Christ était descendu sous le symbole de la Colombe. Si les initiés, préparés au voyage cosmique par une âme fortement évoluée, avaient su de tout temps rejoindre le courant d'Iona après leur mort, la grande masse des âmes obscurcies par les fumées de la chair n'y parvenait plus que difficilement et ne sortait guère de la région d'*Horeb*, d'une incarnation à l'autre. Le passage du Christ dans les limbes crépusculaires y fit une trouée, y laissa des cercles lumineux et rouvrit à ces âmes éperdues comme celles du 2ᵉ cercle de l'Enfer du Dante, les routes célestes. Ainsi la mission du Christ devait illuminer et élargir la vie après la mort, comme il avait élargi et illuminé la vie sur la terre.

Mais l'essentiel de sa mission était de faire entrer la certitude de la résurrection spirituelle dans le cœur des apôtres qui devaient répandre sa pensée par le monde. Après être ressuscité pour lui-même, il fallait ressusciter en eux et par eux, et faire planer ce fait sur toute l'histoire future. La résurrection du Christ devait être le gage de la résurrection des âmes dès cette vie comme de leur foi dans l'autre. Et pour cela il n'eût pas suffi que le Christ se manifestât aux siens, en vision astrale, pendant le sommeil profond. Il fallait qu'il se montrât à eux pendant la veille, sur le plan physique et que sa résurrection leur parût un fait en quelque sorte matériel. Difficile à d'autres, ce phénomène était facile au Christ. Car le corps éthérique des grands adeptes — et celui du Christ devait être d'une vitalité particulièrement intense et subtile — se conserve longtemps après leur mort et garde une partie de sa puissance sur la matière. Il suffit à l'Esprit de l'animer pour la rendre visible en de certaines conditions.

La foi en la résurrection ne s'empara pas brusquement des apôtres. Elle devait s'insinuer en eux comme une voix qui persuade par l'accent du cœur, comme un souffle de vie qui se communique. Elle gagna leur âme comme le jour se fait peu à peu, après la nuit profonde. Telle l'aube claire qui se lève sur la grise Palestine. Les apparitions du Christ se graduent pour produire des effets de plus en plus grands. D'abord légères et fugitives comme des ombres, elles augmentent en force et en éclat. Mais comment le corps de Jésus a-t-il disparu ? A-t-il été consumé par le Feu-Principe, sous le souffle des Puissances, comme ceux de Zoroastre, de Moïse et d'Élie, et la terre en a-t-elle tremblé avec les gardiens renversés, comme le veut l'Évangéliste ? Ou bien, affiné, spiritualisé au point de n'être presque plus de la matière, s'est-il fondu de lui-même aux éléments, comme un aromate dans un liquide, comme un parfum dans l'air ? Quoi qu'il en soit, par une merveilleuse alchimie, sa quintessence exquise a été bue par l'atmosphère.

Mais voici Marie-Magdeleine, la porteuse de baumes, qui voit dans le sépulcre vide « deux anges dont la face est comme l'éclair et les habits blancs comme la neige ». Effrayée, elle se retourne et aperçoit un personnage qu'elle ne reconnaît pas dans son trouble, mais à la voix qui prononce son nom « Marie !... » et qui la bouleverse jusqu'aux moelles, elle a reconnu le Maître et se précipite à ses pieds pour toucher le pan de sa robe. Mais Lui, comme s'il craignait l'attouchement trop matériel de celle dont il a « chassé sept démons » : « Ne me touche pas... Va dire aux apôtres que je suis ressuscité ! » Ici le Sauveur parle à la femme passionnée, à la pécheresse convertie en adoratrice du Seigneur. D'un seul mot, il verse jusqu'au fond de son cœur le baume de l'éternel Amour. Il sait qu'à travers la Femme il atteindra l'âme de de l'humanité. — Quand Jésus apparaît ensuite aux onze réunis portes fermées, dans une maison de Jérusalem et leur donne rendez-vous en Galilée, c'est le Maître qui rassemble l'élite de son troupeau pour l'œuvre future. — Dans le crépuscule pathétique d'Emmaüs, c'est le divin guérisseur d'âmes qui rallume la foi dans le cœur brûlant des deux disciples attristés. — Sur les plages du lac de Tibériade, il apparaît à Pierre et à Jean pour les préparer à leur lourde destinée. — Lorsqu'enfin il se montre aux siens pour la dernière fois, sur une montagne de Galilée, c'est pour leur dire ces paroles suprêmes : « Allez et prêchez l'Evangile à toute nation... Et voici, je suis avec vous jusqu'à la fin du monde ! » C'est l'adieu solennel du Maître et le testament du Roi des Archanges solaires.

Ainsi le fait mystique de la résurrection, qui vient à poindre chez les apôtres comme une timide aurore, s'éclaire et grandit pour s'achever en un glorieux couchant, qui trempe à jamais leur pensée de sa pourpre somptueuse et prophétique.

Une fois encore, quelques années plus tard, le Christ apparaîtra d'une manière exceptionnelle à son adversaire Paul, sur le chemin de Damas, afin d'en faire son plus fougueux défenseur. Si les précédentes apparitions du Christ, sont comme enveloppées d'un nimbe de rêve, celle-ci a un caractère historique incontestable. Plus inattendue que les autres, elle est d'une clarté victorieuse. Ici encore la quantité de force déployée se mesure à l'effet voulu. Car de cette vision et de cette parole foudroyante sortira la mission de l'apôtre des Gentils qui devait convertir au Christ le monde gréco-latin et par lui tout l'Occident.

*
* *

Comme une étoile brillante, promesse d'un monde futur, plane sur la brume épaisse de l'horizon, le fait de la résurrection spirituelle plane donc sur l'œuvre entière du Christ. Il en est la conclusion nécessaire et la résume. — Ni la haine, ni le doute, ni le mal ne sont terrassés. Ils ne doivent pas l'être encore, car ils sont eux-mêmes des ferments de l'évolution. Mais désormais l'Espérance immortelle ne pourra plus être arrachée du cœur de l'homme. Par-dessus toutes les défaites et toutes les morts, un chœur inextinguible chantera à travers les âges : « Christ est ressuscité !... Les routes de la terre au ciel sont rouvertes ! »

CONCLUSION

L'AVENIR

> *Christus Luciferus verus.*
> SENTENCE ROSICRUCIENNE.

CONCLUSION

L'AVENIR

Nous venons de traverser, à grandes étapes, l'évolution planétaire et le développement humain jusqu'à son point central : la venue du Christ. J'ai conscience de toutes les lacunes de cette esquisse. J'espère du moins qu'elle prouvera une chose, à savoir, qu'il y a une tradition ésotérique occidentale et qu'elle se rattache au Christ comme à l'axe de l'humanité. Il y apparaît comme l'accomplissement de son passé et le gage de son avenir.

L'Histoire ne serait qu'un exercice de pédants ou un divertissement de conteurs futiles, si elle ne savait qu'enfiler en chapelets les faits épars dans les annales humaines. Non, l'Histoire n'est pas une geôlière morose qui nous enferme dans ses cellules, mais une Muse sereine qui nous affranchit, en nous transportant sur les sommets, où tout se déroule librement sous l'immense espace. Qu'elle ne joue pas le rôle d'une Parque impassible, toujours prête à couper le fil de la vie, mais d'une Ariane intelligente, qui nous guide dans son labyrinthe. En nous dévoilant les Lois éternelles et les Causes premières, elle nous confie le flambeau éclaireur pour percer les ténèbres qui nous enveloppent. Armés ainsi, sachons voir et vouloir. Il en est de l'humanité comme de l'homme. Se ressaisir dans son passé, c'est ramasser toute sa force acquise pour s'élancer vers l'avenir, sous les impulsions qui jaillissent de notre âme et du mystère de l'Infini.

*
* *

Deux grands courants se dessinent à la surface de l'histoire depuis deux mille ans. On les aperçoit partout sur cette mer agitée que forme l'humanité en mouvement. Tantôt ils se heurtent en chocs furieux, tantôt ils s'apaisent et se frôlent insidieusement de leurs caresses, comme s'ils voulaient se joindre dans leurs accalmies trompeuses. Quelquefois même ils s'entremêlent, ils essayent de se fondre, mais sans y réussir — et toujours recommence la lutte de leurs vagues rebroussées. C'est la lutte entre le monde religieux et le monde laïque, entre la Foi et la Science, entre le Christianisme et le Paganisme, entre l'Eternel et le Présent. Lutte obsédante, impérieuse, acharnée, à laquelle personne n'échappe. C'est le malheur et la grandeur, le fléau et l'honneur de notre temps ; car toute l'histoire y aboutit comme à une crise inévitable.

Dans ce livre nous avons tenté de remonter jusqu'aux causes occultes de cette lutte, qui s'appelle dans la tradition ésotérique *le Combat dans le Ciel*, et nous en avons trouvé les contre coups de planète en planète, d'époque en époque, de race en race et de peuple à peuple.

En les considérant synthétiquement dans leur cause initiale et dans leurs effets sur une durée indéterminée, il nous sera permis d'appeler ces deux courants : *le courant du Christ et le courant de Lucifer*.

Voyons d'abord leurs effets dans l'histoire extérieure.

Ce que le Christ avait apporté au monde et enseigné à ses apôtres n'était pas un dogme abstrait, mais une vie nouvelle, une impulsion souveraine, une foi immense dans la terre rénovée, dans le ciel rouvert, par la présence même du Divin qui rayonnait de sa personne. Ce rayonnement, prolongé pour un temps, par le phénomène de la résurrection spirituelle, créa les premières communautés chrétiennes et leur suffisait. Pour elles, tout le passé humain, toutes les religions, toute l'initiation antique, toute la science acquise par l'Asie, l'Égypte et la Grèce, se confondait avec la décadence gréco-latine et leur semblait l'œuvre du démon. Le Christ seul existait. N'avait-il pas marché sur la terre comme Dieu lui-même ? Malgré cela, pendant les deux premiers siècles, un certain nombre de communautés chrétiennes conservèrent le principe antique de l'initiation hiérarchisée et graduée. C'est ce qu'on appelait *la gnose*. L'union avec le Christ était pour eux un phénomène mystique, supérieur à tous les autres, une réalité à la fois individuelle et collective. Mais dès que saint Augustin eut affirmé le dogme que la foi en l'Église établie tient lieu de tout le reste, le principe de l'initiation fut supprimé et la foi aveugle se substitua à la véritable connaissance. La soumission à l'Eglise et à ses prescriptions remplaça l'union avec le Christ vivant. Tandis que les saints et les martyrs convertissaient les peuples du Nord par leur exaltation sublime et leur sang versé, l'Eglise de plus en plus romanisée, se rétrécit dans son dogme, ne songea plus qu'à sa domination temporelle et à l'asservissement des âmes par la mutilation de l'esprit. Il est vrai que les derniers grands docteurs de l'Eglise, connus sous le nom de scolastiques, Albert le Grand, Scot Érigène et saint Thomas d'Aquin, construisirent une métaphysique remarquable en combinant les systèmes d'Aristote et de Platon avec le christianisme. Mais il manque à leurs doctrines ce qu'exige l'esprit moderne, la connaissance de la nature, déjà contenue synthétiquement dans l'initiation antique, et l'idée de l'évolution psychique contenue dans le principe de la réincarnation et de la pluralité des existences. Le rétrécissement intellectuel de l'Eglise, déjà considérable depuis saint Augustin, atteignit son comble devant les deux phénomènes parallèles de la Réforme et de la Renaissance, dont la première réclamait la liberté de conscience, et la seconde la liberté de l'investigation scientifique. L'Église brûla Jean Huss pour sa foi indépendante ; elle condamna Galilée qui affirmait que la terre tournait autour du soleil ; elle brûla le dominicain Giordano Bruno parce qu'il voyait Dieu dans le Kosmos et l'adorait dans l'Infini.

La proclamation du dogme de l'infaillibilité papale peut être considérée comme le dernier terme de l'agnosticisme religieux, du césarisme spirituel et du matérialisme de la foi. Il dépouille l'Eglise militante et pensante de ses armes et de sa dignité.

Plus n'est besoin de Jésus-Christ, puisque nous avons le Pape. Que les ténèbres règnent dans la conscience, pourvu que la carcasse de l'Église subsiste ! Serait-ce là ce que ce pauvre Brunetière appelait « le fait pontifical » et qu'il adopta comme unique article de foi, faute d'en trouver une en lui-même ?

Tel le recul du Christianisme vu du dehors, après son magnifique épanouissement au douzième et au treizième siècle, floraison due à sa réserve ésotérique et à l'influx mystérieux des forces divines. Sa marche du quatorzième au vingtième siècle représente plutôt une contraction qu'un développement. En disant à ses disciples et au peuple de Galilée : « Le royaume du ciel est au-dedans de vous », Jésus avait promis au monde la conquête du ciel par la vie intérieure. Nous venons de voir à quel point l'Église a pu voiler le ciel du Kosmos et le ciel de l'âme par l'étroitesse intellectuelle et l'esprit de domination spirituelle.

Voyons maintenant à quel résultat en est arrivé le *courant luciférien de la Science*, qui n'a cessé de couler à côté du *courant chrétien de l'Église*, de lutter avec lui et qui, à l'heure actuelle, le déborde jusqu'à le couvrir de toutes parts.

*
* *

Il a sa source dans le monde grec. Quand Socrate posa l'axiome qu'on peut atteindre la vérité par la seule raison et que la dialectique est la route infaillible qui conduit à la perfection morale comme au bonheur suprême, il formulait en quelque sorte le principe de toute la science contemporaine, dont le dernier terme devait être la philosophie positiviste. Parallèlement, en établissant toutes les sciences sur l'observation des phénomènes de la nature, Aristote inaugurait la nouvelle méthode d'investigation scientifique. Observation, analyse, raisonnement, ces facultés, qu'on érigea bientôt en maîtresses uniques de la vérité, devaient écarter peu à peu du domaine scientifique la contemplation, l'intuition et la voyance, qui seules atteignent les principes des choses et qui avaient gouverné jusque-là les hautes races humaines par les centres d'initiation et les temples-écoles. Endormi par l'activité guerrière des races du Nord et réprimé par l'Église, le besoin scientifique sommeilla pendant toute la première partie du moyen âge et ne se réveilla que par les explorations mondiales et les découvertes splendides du quinzième et du seizième siècle. Christophe-Colomb ayant prouvé que la terre était ronde, Galilée qu'elle tourne autour du soleil, Copernic et Képler ayant mesuré les astres et leurs distances, l'esprit humain, entré en possession de l'univers physique, devait changer du tout au tout. Remarquons que ces grands astronomes étaient encore, dans une large mesure, des croyants et des voyants à l'ancienne manière. Ils concevaient l'univers comme un être vivant, animé d'un principe divin, prouvé par son unité et sa merveilleuse harmonie. De même que les derniers grands docteurs de l'Église, Albert le Grand, Scot Érigène et saint Thomas d'Aquin, rendaient hommage à la raison humaine qu'ils s'efforçaient de concilier avec la théologie, de même ces pionniers des espaces stellaires savaient encore voir et adorer Dieu dans la Nature. On peut même affirmer que, sans cette foi qui leur venait de leur intuition, ils n'auraient jamais pénétré les lois qui gouvernent les mondes. Il n'en fut pas de même par la suite. Si l'Église se rétrécit graduellement en chassant la Nature de la Religion, les savants devaient obscurcir leur esprit en chassant les concepts de Dieu et de l'Ame de la Science. De nos jours, il est advenu que l'homme, à force de capter les éléments matériels de la Nature, corps chimiques, vapeur, lumière, électricité, et de s'en servir pour ses besoins, s'en croit le seul maître, méconnaissant les forces divines dont ils ne sont que les vêtements. Il les traite comme un enfant égoïste et tyrannique, il en abuse, si bien que, par un contre-coup occulte, ces forces devenues hostiles se retournent contre lui, le poussent à une frénésie de cupidité et de matérialisme cruel. C'est ainsi que les nouveaux apôtres de la science, qui interprètent à faux ses admirables découvertes, en sont arrivés à ne plus croire qu'à leurs instruments et à la matière décomposée qu'ils manient dans leurs cornues, à nier l'Ame et Dieu qui sont dynamisés à travers tous les règnes de l'immense Nature, mais qui ne se révèlent que, dans les hauteurs sereines de la contemplation, à l'intuition et à la voyance. Cette méthode exclusive a des résultats féroces, qui sont l'anarchie intellectuelle et sociale. Elle désagrège l'être humain, stérilise sa puissance créatrice et tend à tuer en lui le principe immortel et jusqu'au principe vital. Avec toutes ses machines, tous ses instruments et toutes ses théories, elle est déjà parvenue à détruire la beauté extérieure de la vie.

Grâce à cette mentalité, il advient que si, détournant son regard de sa terre laborieusement conquise, l'homme le reporte sur lui-même, il n'y trouve que le chaos anarchique de ses passions déchaînées, et, s'il l'élève au ciel, il s'y perd dans un vide effrayant et glacé.

Telle la double impasse où aboutit le christianisme tronqué par la suppression de l'initiation et la science veuve de Dieu. D'un côté, l'ossification dans le dogme abstrait ; de l'autre, l'asphyxie dans la matière morte.

*
* *

Toutefois il a existé, depuis l'origine de notre ère, une minorité méconnue et persécutée, mais indestructible et puissante, dont l'effort incessant et le but suprême fut de *réconcilier le courant chrétien avec le courant luciférien*, en joignant en un faisceau vivant, en un tout organique la Foi et la Raison, la Religion et la Science et d'élever ainsi l'initiation antique à la hauteur de la révélation du Christ. Il est très difficile de deviner ces hautes personnalités à travers les documents mutilés et travestis qui nous restent de leur passage terrestre. Elles durent le plus souvent se cacher, se déguiser et se glisser comme des fantômes dans la pénombre de l'histoire. Car elles étaient également suspectes à la religion établie et à la science officielle.

Ces déclassés sont presque toujours taxés d'hérétiques ou de sorciers. On les trouve un peu partout, clairsemés, mais répandus dans tous les pays, dans toutes les professions, à tous les rangs de la société. Philosophes solitaires, médecins habiles, savants rabbins, moines silencieux qui dérobent leurs vastes pensées sous l'étroit scapulaire, alchimistes qui cherchent l'arcane des éléments au fond de leurs athanors, astrologues scrutant la loi des destinées dans le cours des astres. Ce sont parfois des princes curieux ou des rois pensifs au fond de leurs palais; et ce sont aussi des pâtres rêveurs, perdus dans leurs landes, ou d'humbles conteuses de légendes au fond de leurs huttes. Une sympathie secrète unit cette vaste confrérie. Ils se reconnaissent à un signe, à un regard, à l'atmosphère magnétique émanant de leur être, à leurs silences plus encore qu'à leurs paroles. Ce sont les frères de l'Ame et les martyrs de la Pensée.

Autant que *les Frères du Christ*, ils ont le besoin *d'aimer et de croire;* autant que *les Enfants de Lucifer*, ils ont le désir *de savoir et de comprendre*. Ces puissances se joignent dans leur être en une seule force, en une seule conscience, en une seule volonté. Sur le visage des plus grands d'entre eux, on voit flotter le voile d'une étrange mélancolie. Car la grande tragédie de l'univers pèse de tout son poids sur leur cœur et leur cerveau. Ils s'en sentent responsables comme des parcelles de cette Providence terrestre qui veille sur les destinées humaines. Mais, à travers ce crêpe léger, on voit luire, comme une auréole, la joie intime de ceux qui voient le Divin. Ils savent que les douleurs du monde sont les douleurs de Dieu, comme les couleurs du prisme sont les souffrances de la Lumière. Ils se sentent reliés à tous les êtres par un fil invisible. Ils ont le souvenir plus ou moins clair de leurs existences passées et préparent leurs existences futures, mais jamais ils ne consentiraient à parler à la foule de ces mystères qu'ils taisent même à leurs disciples. Les divulguer serait les profaner, fomenter la superstition et le charlatanisme. Ces choses-là n'ont de valeur que pour ceux qui les ont vues et vécues. Alors, elles deviennent la citadelle de diamant des forts et des purs.

Le trait essentiel de l'ésotérisme occidental est donc d'être à la fois intellectuel et mystique. C'est un fils de Lucifer et un servant du Christ. Je viens d'en donner la caractéristique générale. Bien autrement dramatique et colorée serait son histoire si l'on pouvait en ressusciter les héros illustres, ou obscurs, tous frappés d'ostracisme et marqués au front du fatal *signum reprobationis* des hérétiques et des maudits.

Je ne puis ici qu'en montrer la filiation et en énumérer sommairement les étapes.

On les voit poindre avec les Gnostiques. A travers leurs écrits enveloppés et leur exposition confuse, on devine qu'ils eurent le sens profond du Verbe divin dans l'univers et de ses hypostases, dont la dernière et la plus éclatante est le Christ. — Mais l'ésotérisme chrétien ne se constitue solidement qu'au quatrième siècle avec le mystérieux et puissant Manès, père du Manichéisme. Ce fut la première tentative de faire rentrer le courant luciférien dans le courant chrétien. Aucun personnage religieux n'a été plus outrageusement défiguré, on pourrait presque dire plus radicalement extirpé de la tradition que ne le fut Manès par l'Église officielle, qui voyait en lui un rival dangereux. Tous ses écrits furent détruits jusqu'aux derniers feuillets. On ne les connaît que par les réfutations et les calomnies de ses adversaires. Sa grande personnalité a cependant laissé son empreinte dans les colères qu'il suscita et dans les confréries qui s'inspirèrent de ses doctrines. Elève des mages persans, il eut une révélation personnelle du Christ. Comme il avait formé de nombreux disciples, parmi lesquels se trouvait le fils du roi, l'Église byzantine organisa une sorte de concile où il vint se défendre contre ses nombreux accusateurs. Excommunié et condamné, il mourut peu après dans une forteresse des montagnes, les uns disent par la volonté du roi, les autres sur l'instigation de chrétiens fanatiques. L'originalité de sa pensée fut sa conception du mal comme un contrepoids nécessaire au bien dans le système du monde et l'idée de la réincarnation introduite dans le christianisme. On comprend que saint Augustin, qui avait été manichéen, soit devenu l'ennemi juré de cette doctrine qui, en rétablissant l'initiation graduée, enlevait à l'Église son pouvoir sans contrôle [1]. — Les idées manichéennes se répandirent en Occident. Les Katharres les propagèrent en Hongrie, les Albigeois en France, et les Templiers, devenus si puissants pendant les Croisades, les répandirent dans toute l'Europe et même en Orient. Mais le roi de France et le Pape s'entendirent pour détruire l'ordre du Temple. Préparé par eux, le massacre général de tous les Templiers commença le même jour en Europe et se poursuivit jusqu'à l'extermination de tous les membres de l'ordre. Leurs archives et les instruments de leur rituel furent brûlés. On avait sévi avec la même rigueur contre les Albigeois. Ce furent les Vêpres Siciliennes de la monarchie absolue contre la chevalerie indépendante, et ce fut la Saint-Barthélemy de la papauté contre l'ésotérisme chrétien.

1. Voir le très savant livre de BEAUSOBRE sur *Manès et le Manichéisme*.

Une ère féconde ne commence pour la science occulte en Occident qu'avec l'insaisissable Rosenkreutz, fondateur de la Rosecroix au quatorzième siècle. Il eut le génie de prévoir la nécessité de l'union entre la mystique chrétienne et la science naissante et de comprendre qu'il fallait rattacher la science de l'Occident à la sagesse orientale pour combler l'abîme qui se creusait dans l'esprit humain et préparer un tampon pour les chocs formidables de l'avenir. — On peut dire que les grands occultistes du seizième siècle, comme l'alchimiste Paracelse, le cordonnier visionnaire Jakob Boehm, le philosophe de la magie Cornélius Agrippa, furent imprégnés de son souffle régénérateur. La grande idée, qui domine ces savants subtils et ces chercheurs intrépides, est le parallélisme absolu, l'harmonie profonde qui règne entre *le microcosme* et *le macrocosme*, c'est-à-dire entre l'homme et l'univers. La hiérarchie des règnes dans la constitution de l'univers (règnes minéral, végétal, animal et humain) correspond à la hiérarchie des forces dans la constitution de l'homme (corps physique, corps éthérique ou vital, corps astral ou dynamique et moi conscient). L'homme, étant un extrait de tout l'univers, devient ainsi l'image de Dieu. C'est là une découverte d'une portée incalculable et le centre rayonnant de la vérité ésotérique. Il est certain que cette vérité se trouve implicitement contenue, sous forme d'images et de symboles, dans les anciennes mythologies. Mais les occultistes du seizième siècle l'ont pour la première fois scientifiquement exposée et démontrée. Chez eux, la vision intuitive se combine avec la conscience raisonnée.

La situation des occultistes du dix-septième, du

dix-huitième et du dix-neuvième siècle apparaît très diverse. Moins persécutés par l'Église qui continue à les redouter mais dont le pouvoir diminue, ils le sont maintenant par la science officielle, dont le crédit augmente, qui s'empare peu à peu de la direction intellectuelle et morale et se confine de plus en plus dans l'observation des phénomènes matériels. On ne peut plus brûler et pendre les adeptes de la science occulte comme démoniaques ou comme hérétiques, mais on essaye de les tuer par le ridicule en ne relevant que leurs défauts et leurs excès. Ils ont néanmoins fourni un fécond et indispensable apport à la sagesse ésotérique par les travaux d'hommes tels que Court de Gébelin, Saint-Martin le théosophe du dix-huitième siècle, Fabre d'Olivet, Eliphas Lévy, Saint-Yves d'Alveydre et beaucoup d'autres. Sur la grande fraternité humaine, qui est la pensée morale du christianisme, vient se greffer chez eux la fraternité des religions sorties d'une source commune et aspirant au même but. Ainsi les bras du Christ s'ouvrent, immenses, pour étreindre tous les prophètes et tous les initiés.

Si, à côté de la tradition occulte proprement dite, on tient compte des sous-courants qui remuent la conscience profonde de l'humanité, courants qui résultent parfois d'influx supérieurs, il faut ajouter à ces manifestations les innombrables et merveilleuses intuitions des poètes du dix-neuvième siècle. Les vérités de l'au-delà brillent à tout moment dans leurs œuvres comme le firmament à travers les interstices des nuages. Le *Faust* de Gœthe est, à ce point de vue, une sorte d'encyclopédie de l'occultisme. Que d'aperçus surprenants dans le *Manfred* et le *Caïn* de

Byron, comme dans le *Prométhée délivré* de Shelley ! Quelles gerbes de pensées ésotériques on pourrait cueillir dans les œuvres de Lamartine, de Victor Hugo et même d'Alfred de Vigny, qui, à travers son désespoir tranquille et son doute stoïque, entrevoit les plus sublimes vérités ! Quant à Richard Wagner, c'est le plus grand occultiste inconscient qui ait jamais vécu. Son Wotan, ses Walkyries, sa tétralogie évoquent en symboles fulgurants tous les mystères des peuples du Nord. Lohengrin et Parsifal magnifient l'initié chrétien. Quant à sa musique, elle regorge de toutes les magies et semble presque, comme celle de Beethoven, avoir retrouvé le verbe primordial, la parole créatrice.

Pour compléter cette énumération, rendons un hommage respectueux aux philosophes de profession qui s'aventurent volontairement ou involontairement dans l'occulte. Schelling n'a-t-il pas salué, dans la clairvoyance de l'état somnambulique, la personnalité supérieure et immortelle de l'homme ? L'idéaliste Hegel n'a-t-il pas vu dans la nature une involution de l'Esprit dans la matière et dans l'histoire une évolution de la matière vers l'Esprit ? Le pessimiste Schopenhauer lui-même, se moquant de tous ses contemporains, n'a-t-il pas osé mettre l'intuition au-dessus de la logique comme instrument de la connaissance ? Reprenant et précisant cette idée, M. Bergson a déclaré récemment que « la philosophie n'était pas autre chose qu'un retour conscient et réfléchi aux données de l'intuition ». Il n'en fallut pas davantage pour que le haut clergé de l'athéisme lui accolât l'étiquette de « clérical ». De son côté, M. Boutroux a mis en colère beaucoup de hérissons positivistes en déclarant que les états profonds de l'hypnose, où le moi change de personnalité et se crée lui-même son objet, rouvraient la porte à la métaphysique, depuis un demi-siècle honteusement exilée de la philosophie.

*
* *

Par tant de trouées faites dans le mur épais du matérialisme, nous pouvons aujourd'hui jeter un regard plus assuré sur l'avenir.

La science matérialiste, obstinément enfermée dans l'observation des phénomènes du monde visible et l'Église racornie en des dogmes abstraits et en des rites, dont le sens profond est de moins en moins compris, ne sont certes pas au bout de leur mission. Elles suffisent aux esprits et aux âmes qui vivent plus dans le passé que dans le futur. Elles se transformeront d'ailleurs par la force des choses, mais seulement sous le choc de nouvelles puissances organisées qui, du dehors, menaceront leur pouvoir. D'autre part, la Religion, la Science et l'Art futurs ont besoin de nouveaux groupements, qui ne peuvent s'obtenir que par une cristallisation sous l'impulsion d'un nouveau principe.

Il ressort de tout le mouvement intellectuel et spirituel depuis deux mille ans, dont je viens de marquer les grandes lignes, que cette cristallisation n'est possible que par *une synthèse du principe chrétien et du principe luciférien.*

L'un et l'autre se sont transformés avec le temps et ne nous révèlent qu'aujourd'hui leurs arcanes. Voici comment le plus profond et le plus lumineux théosophe du temps actuel définit l'arcane du christianisme : « La terre est un kosmos de sagesse, grâce aux puissances cosmiques qui ont élaboré ses éléments et construit son organisme selon une harmonie savante. La terre actuelle est composée de ces éléments de sagesse. L'homme les y retrouve. Mais une nouvelle force est entrée dans cette sagesse. Elle amène l'homme à se sentir le membre indépendant d'un monde spirituel. *Le Kosmos de la Sagesse doit se transformer en Kosmos de l'Amour.* Tout ce que le moi peut épanouir en lui-même doit devenir Amour, et le plus large, le plus compréhensif modèle de l'Amour est le Christ, le sublime esprit solaire. Par lui le germe de l'Amour a été déposé dans le noyau de l'être humain. De là l'Amour doit s'épandre dans le monde. De même que la sagesse primordiale s'est exprimée dans les forces extérieures de la terre, de même à l'avenir *l'Amour se manifestera comme une force naturelle. C'est là le secret de tout le développement futur. Tout ce que l'homme accomplira, en harmonie consciente avec l'ensemble de l'évolution terrestre, sera une semence d'Amour.* Par son essence même, la connaissance spirituelle se change en amour... La sagesse extérieure de l'univers s'intériorise dans l'homme. L'Amour est la sagesse réenfantée par le moi [1]. »

Le principe chrétien, qui est le Sacrifice à Dieu, conduit donc à la Connaissance par l'Amour sans limites. Le principe luciférien, qui est l'Individualité et la Puissance, conduit à l'inverse à l'Amour par la Connaissance. Car, poussé à bout, il atteint le Sacrifice par l'affirmation suprême de l'Individualité et par

---

1. Rudolf Steiner, *Die Geheimwissenschaft*, pp. 400-408.

le désir de créer à son tour. Le sacrifice volontaire, étant toujours une création, n'est plus une mort, mais une résurrection. Ainsi les deux principes se complètent et se confirment en se rejoignant. Leur collaboration devient donc la condition même de la cristallisation future.

D'après ces données, nous pouvons prévoir ce que seront à l'avenir la Religion, la Science et l'Art. Nous pouvons nous les figurer, non pas sans doute dans leur physionomie extérieure, qui sera l'œuvre du génie et de la liberté humaine, aidés des nations libres et des individus créateurs, mais dans leurs traits spirituels, intellectuels et moraux, qui ressortent logiquement de toute l'évolution antérieure.

J'ai dit dans la préface de cet ouvrage que l'ésotérisme occidental devait accentuer son caractère helléno-chrétien, parce que la Grèce résume pour nous tout l'Orient et qu'elle est en plus l'inventrice de l'Art et de la Science ; que, d'autre part, le Christ est la plus haute manifestation religieuse de l'histoire et la plus synthétique.

Jésus-Christ et les autres *Messies* ses frères continueront donc d'avoir leurs sanctuaires, plus splendides que jamais, illuminés par la voyance et l'amour divin. — *Lucifer*, comme représentant de l'élite humaine ascendante, correspond au *culte des Héros*, dont les plus grands auront leurs temples dans la religion future. — Au-dessus du Verbe, du *Fils* et de ses plus hautes manifestations, on honorera et on adorera l'Esprit universel, le grand Créateur, l'Insondable, l'Invisible et l'Eternel, le *Père* et sa faculté manifestante, la Nature invisible, la Vierge-Mère d'Hermès, l'Alma Mater, la Lumière incréée, Kybèlè mère de Déméter dans la religion orphique, le *Saint-Esprit* de la religion chrétienne, symbolisé par la Colombe Iona, la Faculté féminine de Dieu. — Quant à ses rayons, les Elohim avec leurs armées d'Archanges, qui furent les Dévas des Aryas et les Dieux des Grecs, après avoir reconnu leur action cosmique et psychique, on réinstaurera leurs sciences, leurs arts, leurs cultes approfondis.

A une religion nouvelle il faut une nouvelle architecture, exprimant sa pensée dominante. — Le temple grec, avec son architrave et son fronton posés sur la colonnade, avec sa cella nue où se dressait la statue d'un Olympien ou d'une déesse, représentait admirablement le Dieu demeurant sur la terre et enseignant les hommes, mais inaccessible et impénétrable à leur intelligence. — La cathédrale gothique, dernier terme de l'art chrétien pur, représente merveilleusement aussi, avec ses ogives et sa flèche aiguë, l'aspiration de l'âme vers le ciel, l'invocation des fidèles, dont les deux mains jointes en prière attirent les saints et les anges qui planent dans la nef. — Le temple nouveau aura pour mission de représenter l'influx des puissances divines sur la terre et au cœur de l'humanité, de rendre sensible en quelque sorte leur pénétration réciproque, par leur mouvement ascendant et descendant. Dans ce but, il prendra pour motifs la colonne ronde, élancée, à chapiteaux diversement et savamment fleuris et la coupole allongée. Le plan de l'édifice aura pour base non plus le quadrilatère, comme le temple grec ou la croix comme le dôme chrétien, mais le cercle ou plusieurs cercles intersectés. La frise intérieure du temple sera décorée par les signes des planètes et par les constellations du zodiaque, qui rappelleront les phases antérieures et les phases futures de la terre.

Cette religion sera expliquée et soutenue par une science nouvelle, qu'on peut appeler la théosophie ou mieux encore *la Science de l'Esprit*. Son but sera de rechercher, derrière tous les phénomènes, les principes et les causes, de remonter partout du visible à l'invisible, du matériel au spirituel. Dans ce but, elle s'efforcera de faire la synthèse des sciences d'observation physique en cultivant, par les disciplines propres à l'initiation graduée, les facultés de voyance, d'inspiration et d'intuition nécessaires pour pénétrer dans la sphère astrale et dans la sphère spirituelle.

L'apôtre principal et le propagateur de ces nouvelles formes de la conscience sera *l'Art initiateur et sauveur.* Celui-là sera vraiment l'interprète inspiré, l'hiérophante et le porte-flambeau de la Science intégrale et de la Religion universelle. La parole humaine redeviendra créatrice et la poésie chose sainte. Le récit lu ou parlé, dans le cercle familial ou dans la vie civique, sera, comme jadis l'épopée, le passé ressuscité ou la vie contemporaine idéalisée. La poésie lyrique apparaîtra de nouveau, ce qu'elle fut aux grandes époques, la révélation de l'Ame immortelle aux âmes incarnées, le flambeau de l'enthousiasme allumé dans les ténèbres de la vie. Le drame redeviendra la représentation des Mystères sacrés. On y contemplera les destinées humaines avec leurs perspectives infinies. Les Dieux y reparaitront sous des formes nouvelles et le drame divin y percera, par endroits, derrière le drame humain comme un couchant de pourpre violette à travers les déchirures d'un orage. Aucun dogme, aucune règle ne seront imposés, sauf la noblesse et la dignité. Selon la parole du Christ, c'est par leurs fruits qu'on jugera les œuvres et les hommes. Le fécond sera jugé le vrai. L'élite adoptera ce qui embellit le corps, ce qui épanouit l'âme et illumine l'esprit. Elle repoussera ce qui les entame, les contamine et les dissocie.

Dans l'organisation sociale et dans l'éducation, comme dans les cultes et les arts, on tiendra compte de *l'échelle humaine naturelle* et du *principe hiérarchique* inhérent à la nature. Car l'humanité se divisera toujours en instinctifs, en passionnels, en intellectuels et en spirituels. L'éducation et la sélection sociale ne peuvent se faire que d'après ce principe. Les hommes peuvent s'élever d'un degré au degré supérieur, mais en observant les étapes.

Le gouvernement de l'humanité appartient aux intellectuels inspirés par les spirituels, qui la dirigent de haut. L'anarchie sévit dans le corps social par leur discorde, l'harmonie s'y répand par leur entente.

Ainsi se formera peu à peu une humanité nouvelle, où se placeront au premier rang les sages-voyants, au second, le poète et l'artiste, le penseur et le savant. La femme intuitive et voyante aura son rôle dans le temple, sous le contrôle des initiés. L'amour désintéressé, dont les hautes confréries offriront le modèle en action, pénétrera l'élite et produira ses effets sur les passionnels et les instinctifs. L'amour entre l'homme et la femme deviendra plus intense et plus profond, par la fusion plus intime des âmes et des esprits. Les couples parfaits offriront des modèles divers de l'union parfaite de l'Éternel-Masculin et de l'Eternel-Féminin, qui réside dans le mystère de la Divinité et travaille de haut en bas dans l'univers. En eux, la passion transfigurée deviendra créatrice de vie et de beauté. La femme aura en outre un rôle immense et capital dans l'éducation de l'enfant et du peuple.

Telle est, en ses traits les plus généraux, l'image idéale de l'élite humaine qui se sélectera hors de la masse par l'effort individuel et le groupement organique. Mais ne croyons pas que cette élite se formera et se maintiendra sans combat. La lutte des forces d'inertie, de discorde et de destruction contre les forces de progrès, d'harmonie et de création, sera incessante, acharnée. Elle ira même en grandissant. Car, à mesure que se grouperont et s'organiseront les forces du Bien, les forces du Mal se masseront en hordes plus nombreuses et plus puissantes. Il en résultera une lutte autrement redoutable que la guerre des classes à laquelle nous assistons. Celle-ci est âpre sans doute et le sera davantage encore ; mais il ne s'agit là que d'intérêts économiques et de possession matérielle. Dans la lutte future, il s'agira d'intérêts spirituels, de vérités transcendantes et du gouvernement des âmes. D'un côté, on verra l'égoïsme, la haine et l'esprit de négation, armés de magie noire (car cette science alors sera répandue partout) ; de l'autre, l'amour, la sagesse et la foi armés de magie blanche (qui fut de tout temps l'art royal des initiés).

Ainsi se réalisera la prédiction du Christ et de l'Apocalypse sur la division de l'humanité en deux camps, les Bons et les Méchants, entre lesquels l'esprit du Christ réapparu et manifesté spirituellement sera le juge [1]. Alors se reproduira, sous des formes

---

[1]. Ceux qui parlent aujourd'hui d'une réincarnation prochaine du Christ prouvent par là qu'ils n'ont pas encore compris la véritable nature du Christ et la mission du christianisme. Le

nouvelles, plus subtiles et plus aiguës, la prodigieuse lutte entre la magie blanche et la magie noire, qui signala les derniers temps de l'Atlantide et qui sera, comme alors, un prodrome de nouveaux cataclysmes terrestres. Les armes uniques des élus seront la science divine et l'amour divin. Ils n'auront pas de plus grande ambition que d'arracher à la perversion, à la destruction et à la mort le plus d'âmes possibles. A l'époque de Atlantes, la magie noire l'avait emporté. Elle avait forcé l'élite blanche à s'exiler sur d'autres continents, tandis que ses partisans triomphèrent sur le grand continent de l'Atlantide, qui plus tard s'effondra et fut submergé par l'Océan. Dans la lutte future, la victoire finale demeurera à la science divine, à la magie blanche, qui, visible ou cachée, reconnue ou niée, exaltée ou maudite. n'a cessé de gouverner le monde depuis l'origine — et une race nouvelle en sortira.

*
* *

Les premiers initiés du Saint-Graal racontaient sur Lucifer une surveilleuse légende. Les Rosecroix ont repris ce symbole en lui donnant toute sa portée.

Lors de sa chute, des sphères de la lumière incréée

Christ est un être qui devait s'incarner une fois pour prouver aux hommes que le Verbe existe et imprimer à l'humanité une impulsion définitive vers la spiritualité. Mais ce phénomène ne doit pas se renouveler, et s'il se renouvelait ce serait un recul et non un progrès. Le Christ a promis de revenir non en chair et en os, mais « sur les nues », c'est-à-dire en corps éthérique « pour juger les vivants et les morts ». Les vivants sont les âmes vivantes qui sauront le voir et qui avancent. Les morts sont les âmes mortes qui vivent dans leurs ténèbres et qui reculent.

dans le cercle ténébreux de la terre, l'Archange rebelle perdit une pierre précieuse qui brillait comme une étoile dans sa couronne. C'est dans cette pierre précieuse que fut taillée la coupe dans laquelle Joseph d'Arimathie recueillit le sang du Christ. Ainsi, l'âme humaine, qui a reçu de Lucifer son moi avec la soif inextinguible de l'individualité grandissante, se remplira, goutte à goutte, de l'Amour divin qui vient du Christ. Lorsqu'elle aura compris toute la portée de son sacrifice et rempli sa mission, l'Archange Lucifer, libéré et plus brillant que jamais, sera devenu le dieu de la planète Vénus qui lui fut primitivement destinée et dont il ressent toujours la nostalgie dévorante. A ce moment, le Christ sera complètement identifié à la terre et à l'humanité. La croix noire, signe du péché, de l'expiation et de la mort, sera devenue la croix blanche, la croix de lumière, signe resplendissant de la Résurrection, d'où pleuvent les roses de l'Amour éternel, roses vivantes et parfumées comme des bouches angéliques.

Quant à Lucifer, ayant reconquis son astre et son diadème, il rassemblera ses légions pour des créations nouvelles. Attirés par les flammes de sa torche, des esprits célestes descendront vers lui pour se baigner dans la robe vaporeuse de Vénus, et il enverra aux hommes de la terre ces messagers des sphères inconnues. Alors le flambeau de Lucifer dira : « Par le Ciel à la Terre ! » et la croix de Christ répondra : « Par la Terre au Ciel ! »

Notre planète subira encore bien des métamorphoses et l'humanité traversera bien des phases avant sa transfiguration finale. Mais du milieu des luttes présentes, il nous est permis de contempler ce rêve des initiés comme un symbole fécondant. Qu'il brille donc, comme une étoile lointaine — mais étincelante et fixe — au-dessus de nos odyssées et de nos tempêtes.

FIN

TABLE DES MATIÈRES

Pages.

Préface. I

LIVRE PREMIER

L'ÉVOLUTION PLANÉTAIRE ET L'ORIGINE DE L'HOMME

Chap. I. — L'énigme du sphinx et la sagesse primordiale. 3

Chap. II. — Le Feu-principe et la hiérarchie des Puissances. 11

Chap. III. — La période saturnienne. Le sacrifice des Trônes. Le réveil des Archées 23

Chap. IV. — La période solaire. Incubation des Archanges par les Kéroubim. Signification occulte du zodiaque 30

Chap. V. — Formation de Jupiter et de Mars. Le combat dans le ciel. Lucifer et la chute des Archanges. 35

Chap. VI. — La Terre primitive ou Terre-Lune. Développement des Anges. Naissance de l'Homme. 40

Chap. VII. — Séparation de la Lune et de la Terre. Commencement de la Terre actuelle. La race lémurienne. Développement des sexes. Chute des anges. Destruction du continent lémurien par le feu 43

LIVRE II

L'ATLANTIDE ET LES ATLANTES

Pages.

Chap. I. — Tradition sur l'Atlantide. Sa configuration et ses périodes géologiques. 61
Chap. II. — L'Atlante primitif. Communion avec la nature et voyance spontanée. Le paradis du rêve et le règne des dieux 67
Chap. III. — La civilisation atlantéenne. Les rois initiés. L'empire des Toltèques 76
Chap. IV. — L'explosion du moi. Décadence et magie noire. Cataclysme et déluge. 83
Chap. V. — Premier développement de la race blanche. Sa religion solaire et son exode 89

LIVRE III

LE MYSTÈRE DE L'INDE

Chap. I. — Le monde védique et brahmanique. . . . 99
Chap. II. — La vie de Bouddha. 135
    I. La jeunesse de Bouddha 138
    II. La vie solitaire et l'illumination . . 142
    III. La tentation. 153
    IV. L'enseignement et la communauté bouddhiste. La mort de Bouddha. . 156
    V. Conclusions 166

LIVRE IV

LES ÉTAPES DU VERBE SOLAIRE

I

ZOROASTRE.

Les étapes du Verbe solaire 177
Zoroastre 181
Chap. I. — La jeunesse de Zoroastre 183

		Pages.
Chap. II.	— La voix dans la montagne et le Verbe solaire.	191
Chap. III.	— Le grand combat et l'Ange de la Victoire	203

LIVRE V

LES ÉTAPES DU VERBE SOLAIRE

II

UN MAGE KALDÉEN AU TEMPS DU PROPHÈTE DANIEL.

Un mage de Babylone au temps du prophète Daniel.		215
Chap. I.	— Le soleil couchant de Babylone	218
Chap. II.	— Le mystère de la parthénogénie.	229
Chap. III.	— Le rêve de Nabou-Nassir : la descente d'Istar aux Enfers	234
Chap. IV.	— Le ministère de Daniel prophète.	239

LIVRE VI

LES ÉTAPES DU VERBE SOLAIRE

III

LA MORT DE CAMBYSE ET LE SOLEIL D'OSIRIS.

La mort de Cambyse et le soleil d'Osiris 247

LIVRE VII

LE MIRACLE HELLÉNIQUE

APOLLON ET DIONYSOS. LES MYSTÈRES D'ÉLEUSIS ET LA TRAGÉDIE.

Chap. I.	— Le nœud gordien.	265
Chap. II.	— La Grèce qu'on voit. L'Apollon de Delphes.	275
Chap. III.	— La Pythonisse.	284
Chap. IV.	— La Grèce qu'on ne voit pas. Déméter et Perséphone	295
Chap. V.	— Le Dionysos des mystères.	304
Chap. VI.	— Les dessous de la tragédie.	321

LIVRE VIII

LE CHRIST COSMIQUE ET LE JÉSUS HISTORIQUE

	Pages.
Chap. I. — Le Christ cosmique.	343
Chap. II. — Le maître Jésus, ses origines et son développement	353
Chap. III. — Séjour de Jésus chez les Esséniens. Le baptême du Jourdain et l'incarnation du Christ	363
Chap. IV. — Rénovation des mystères antiques par la vie du Christ. De la Tentation à la Transfiguration	377
Premier degré : Préparation. Le Sermon sur la montagne et le royaume de Dieu	382
Deuxième degré d'initiation (purification). Guérisons miraculeuses. La thérapeutique chrétienne	387
Troisième degré d'initiation : Illumination. La résurrection de Lazare	389
Quatrième degré de l'initiation : Vue d'en haut. La transfiguration	394
Chap. V. — Les nouveaux mystères, la Passion, la Mort et la Résurrection du Christ.	398

CONCLUSION

L'avenir. 417

3197. — Tours, imprimerie E. Arrault et Cie.

www.ingramcontent.com/pod-product-compliance
Lightning Source LLC
Chambersburg PA
CBHW070531230426
43665CB00014B/1651